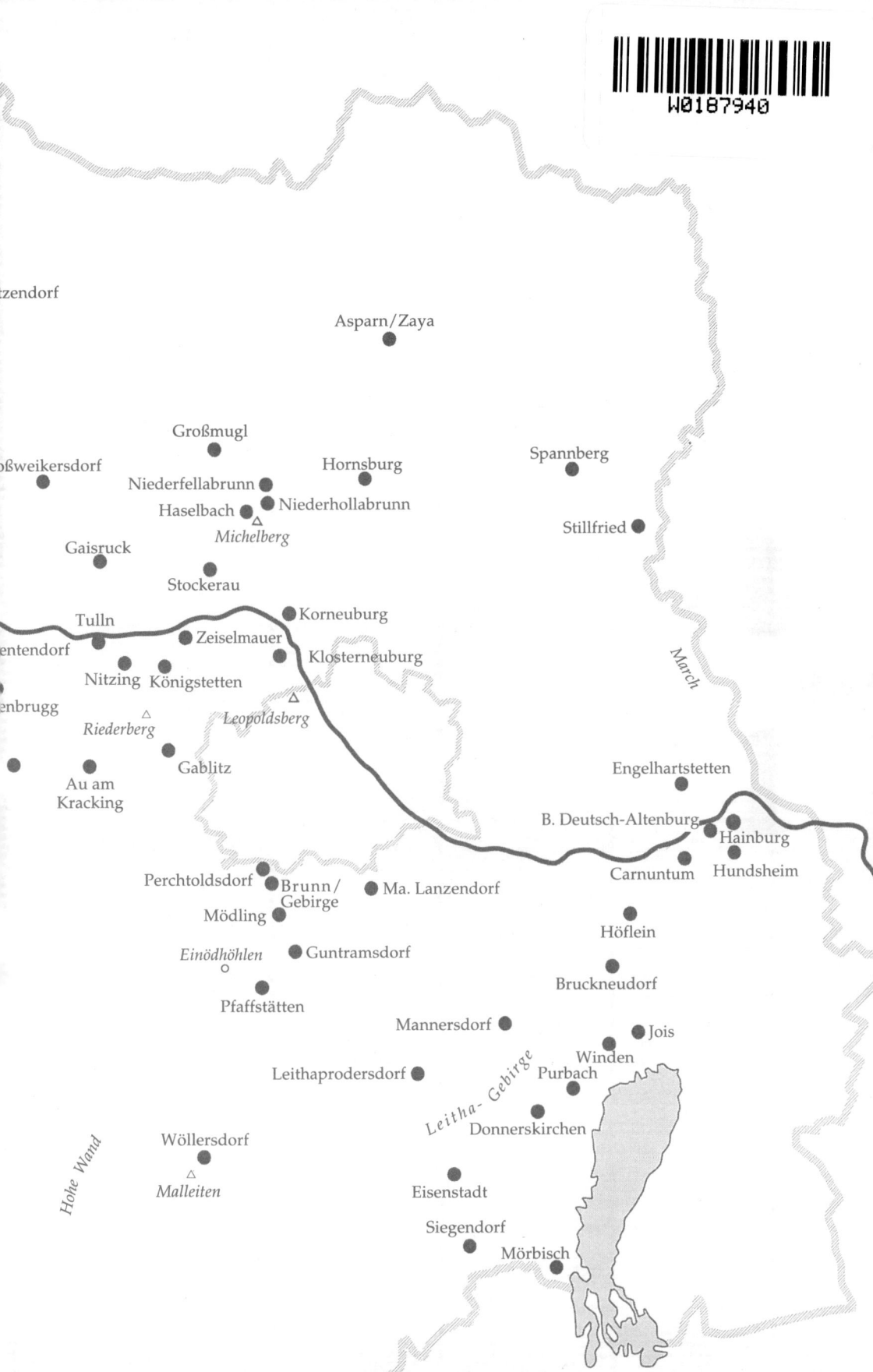

W0187940

tzendorf

Asparn/Zaya

Großmugl

Hornsburg

Spannberg

oßweikersdorf

Niederfellabrunn

Haselbach

Niederhollabrunn

Michelberg

Stillfried

Gaisruck

Stockerau

Tulln

Korneuburg

Zeiselmauer

entendorf

Klosterneuburg

Nitzing

Königstetten

March

enbrugg

Riederberg

Leopoldsberg

Gablitz

Engelhartstetten

Au am
Kracking

B. Deutsch-Altenburg

Hainburg

Carnuntum

Hundsheim

Perchtoldsdorf

Brunn/
Gebirge

Ma. Lanzendorf

Mödling

Höflein

Einödhöhlen

Guntramsdorf

Bruckneudorf

Pfaffstätten

Mannersdorf

Jois

Leitha- Gebirge

Winden

Purbach

Leithaprodersdorf

Donnerskirchen

Hohe Wand

Wöllersdorf

Malleiten

Eisenstadt

Siegendorf

Mörbisch

Alte Welt im Donauland

Karl Lukan

Alte Welt im Donauland

Kulturhistorische Wanderungen

Umschlagbild vorne: Keltischer Reliefkopf im Flußbett der Aschach (Foto: Fritzi Lukan)

ISBN 3-85431-129-X

© 1996 by Edition Austria in der Verlagsbuchhandlung Pichler GmbH.
Alle Rechte vorbehalten

Fotos: Fritzi Lukan
Umschlaggestaltung: Bruno Wegscheider
Layout: A. Hoffmann, Klosterneuburg
Reproduktion: Repro Tangente, Wien
Druck und Bindung: Elbemühl, Wien

INHALT

ALTE WELT IM DONAULAND

Am Wiener Stephansdom befindet sich in einem Winkel neben dem Bischofstor ein recht skurriles Kulturdenkmal ... eine Tafel mit einer im frühen 15. Jahrhundert verfaßten Inschrift über einem urtümlichen Eisengitter vor einer leeren Nische. Das ist der Tatermann-Winkel.

Die Tatermänner waren antike Götterstatuetten, die einst in der Nische zur Schau gestellt worden sind. Von der Unterwelt (Tartarus) wird das Wort „Tatermann" abgeleitet, und die Inschrift darüber besagt (in freier Übersetzung): „Wir Menschen glauben an Gott und halten Christi Gebot / Das haben die Heiden nicht getan, sie beteten an die Tatermann, die sie selber bereitet haben / Dafür werden sie bestraft im Höllenfeuer."

Im Mittelalter wurde der Triumph des Christentums über die Heiden auf oft seltsame Weise demonstriert ... römische Porträtköpfe wurden als Götzenbilder in Kirchenmauern eingesetzt oder Sarkophage als Bausteine verwendet (wobei sie absichtlich quer oder sogar auf den Kopf gestellt wurden), antike Statuen in irgendeine Ecke gestellt, wo sie verspottet und auch mit Steinen beworfen wurden (wie ein Venustorso in Trier). Am Wiener Stephansdom wurde im frühen 15. Jahrhundert eine eigene Nische für die schnurstracks in den Tartarus, in die Hölle zu verbringenden Tatermänner geschaffen, wo sie hinter Gittern wie in einem Narrenkotter dem Spott ausgesetzt waren ...

Es sollen zwei in Guntramsdorf gefundene Mars- und Jupiter-Statuetten gewesen sein; nach einer anderen Darstellung waren es drei kleine antike Bronzefiguren (welche später im 17. Jahrhundert für die Heiligen Drei Könige gehalten wurden). Dann sind sie (nach Aussage eines Ende des 17. Jahrhunderts verstorbenen Domherrn, der nur noch von der Inschrift und einer leeren Nische berichten konnte) „entfremdet", was soviel heißt wie gestohlen worden.

Im Tatermann-Winkel am Wiener Stephansdom wird also offensichtlich, wie verschieden zu verschiedenen Zeiten die Beziehungen zur Vergangenheit sein können. Im Mittelalter hat man in unseren Vorfahren nur Heiden gesehen, die für alle Zeiten im Höllenfeuer braten müssen.

Kaiserin Maria Theresia (1717–1780) war eine fest im Leben stehende Frau. Im Schloß Schönbrunn hatte sie sogar einen Aufzug einbauen lassen, der in einer zeitgenössischen Beschreibung als ein wahres Wunderwerk, als ein „wandelbares Kabinett" geschildert wird. Der Architekt Johann F. Hetzendorf von Hohenberg hatte 1773 diese „Hebemaschine für ihre Majestät" installiert, derselbe Architekt, der einige Jahre später

im Auftrag der Kaiserin für den Park von Schönbrunn auch einen scheinbar so vollkommen unnützen Bau errichtete wie die Römische Ruine ...

Die Römische Ruine im Park von Schloß Schönbrunn ist eine Allegorie.
So wie die Römer Karthago besiegt haben und ihren Triumphbogen auf
die Trümmer eines Tempels stellten, so sollte/wollte auch das Haus
Habsburg über alle Feinde triumphieren. (In Beschreibungen älterer Zeit
wurde der Bau auch richtig „Die Ruinen Karthagos" genannt, „Römische
Ruine" hat sich erst etwas später eingebürgert.)

Auch ein Obelisk wurde nahe der Römischen Ruine aufgestellt. An ihm
sollten Hieroglyphen von den Taten der Habsburger erzählen. Doch weil
man damals diese Schriftzeichen noch nicht lesen konnte (erst 1822 veröffentlichte Champollion seine Entzifferungen), meißelte man wahllos ein
Kauderwelsch von x-beliebigen Phantasie-Hieroglyphen und Bildern in
den geduldigen Stein ... Hauptsache, es schaut schön ägyptisch aus!

Etwas genauer war man bei der Gestaltung der Gartenplastiken von
Schönbrunn. Konkrete Anweisung von Architekt Hohenberg an den k.k.
Hofstatuarius Wilhelm Beyer: „Cariditen, das sind Weiber von Tyroler
Marmor, diese müssen neuneinhalb Schuch hoch seyn und tragen Grüge
mit Früchten und Gräutern angefüllt auf ihren Häuptern, sie müssen
schön, geschlank, reizend von edler Stellung, mit leichtem aber doch an-
tiquem Gewand, denen Gratien nicht ganz ungleich gemacht werden."

Der Hofarchitekt Hohenberg war bekannt mit dem deutschen Gelehrten Johann Joachim Winckelmann, der durch seine 1764 erschienene „Geschichte der Kunst des Altertums" zu einem Begründer der Archäologie
geworden ist. Doch daß die Kaiserin – von Winckelmann fürs Altertum
inspiriert – den Auftrag zur Erbauung der Römischen Ruine (1778) gab,
ist kaum anzunehmen. Hatte sie doch erst wenige Jahre zuvor einen von
der Vergangenheit schwärmenden Hofbibliothekar zu Innsbruck er-
mahnt, er solle „nicht soviel auf die allzu weit entfernten grauen Al-
terthümer als auf die neue Landesgeschichtsschreibung Bedarf nehmen."

Im Römertum sah man am österreichischen Kaiserhof den Glanz und
die Glorie, in den ruhmreichen Cäsaren nur die Vorläufer der Habsbur-
gerkaiser. Noch baute man Ruinen, noch grub man sie nicht aus.

Kuffarn ist ein kleines Haufendorf an den Hängen des Traisentales, ein
sehr stilles Dorf. Und doch ist sein Name europaweit bekannt geworden
durch einen wahrhaft großartigen Fund, der dort gemacht wurde – der
Situla von Kuffarn.

Situlen sind figürlich verzierte Bronzeblecheimer, die um die Mitte des
1. Jahrhunderts v. Chr. – in der sogenannten Hallstattzeit – wahrscheinlich speziell für den Totenkult angefertigt worden sind, obwohl darauf

Szenen aus dem alltäglichen Menschenleben dargestellt wurden (so wie auch bei den Wandmalereien in etruskischen Grabkammern).

In unseren Zonen gibt es nur wenige Darstellungen, welche einen konkreten Einblick in das Leben der Menschen dieser Zeit geben können. Im Gegensatz zu anderen Kulturkreisen schätzte man bei uns mehr das Abstrakte. Bloß einige Felsgravuren vermögen etwas Aufschluß zu geben über Hausformen oder bäuerliche Arbeitsgeräte. Umso wertvoller, ja geradezu kostbar sind daher die Situlen mit den szenischen Darstellungen. Leider wurden bis jetzt nur wenige davon gefunden.

Die Situla von Kuffarn ist nicht nur eine der schönsten, sie ist auch besonders detailreich – und das macht sie doppelt wertvoll. Dargestellt sind auf ihr ein Faustkampf, ein Wagenrennen und eine Trinkszene (Leichenspiele und Leichentrunk zu Ehren des Toten). Die Bilder dieser Situla lassen besonders deutlich das Faible der Kelten zum leicht Karikierten erkennen. Der vornehme Trinker mit angedeutetem Doppelkinn sitzt nicht, sondern lümmelt gemütlich auf seinem Sessel, und der Diener schreitet nicht mit den ausgesoffenen Eimern dahin, sondern schwenkt sie leicht beschwingt durch die Luft. Zum lockeren Stil der Asterix-Comics haben wahrscheinlich die nicht weniger lockeren Situlenbilder wesentlich beigetragen.

Wie diese Situla gefunden wurde, ist eine kleine Geschichte für sich ...

Im Frühling 1891 meldete der Straßenmeister von Mautern dem an Altertümern sehr interessierten Pater Lambert Karner von Stift Göttweig (siehe auch Seite 52), daß man in Kuffarn in einer Schottergrube ein eisernes Schwert und „Pfitschipfeile" gefunden hatte. Worauf sich Pater Karner sofort dorthin begab und dann nach langen Palavern mit dem – anders kann man es nicht nennen – Einsammeln der Funde begann ...

Die Frau des Schottergrubenbesitzers erzählte, daß Kinder mit einem Messingstück, an dem ein Kettlein hing, gespielt, dieses aber dann verloren hätten. Die Frau des Straßenräumers, welcher die Sachen in der Grube gefunden hatte, gab dem Pater zunächst einige Lanzenspitzen und ein größeres Messer. Ob sie noch etwas habe? Sie brachte den Boden der Situla und die zwei Endstücke des Henkels. Einen „luketen Löffel" hätte sie auch gehabt – den hätten aber die Kinder verlegt. Nach langem Suchen fand sie ihn schließlich doch – einen Schöpflöffel, so wie ihn der Mundschenk des Situlenbildes in den Händen hält!

Lambert Karner: „Später erzählte mir der Schottergrubenbesitzer von zerschlagenen Häfen und einem Feldkessel. Ich war sehr erstaunt, als mir an Ort und Stelle der Straßenräumer auf meine Frage um den Feldkessel aus Sand und Schotter die größere Hälfte der Bronzesitula hervorzog. Wenngleich durch Sand stark verunreinigt, sah ich doch gleich die getriebenen Figuren und erkannte sofort, welch einen kostbaren und bedeutenden Fund ich in den Händen hielt."

Bleibt die Frage: Was wäre aus den „Pfitschipfeilen", dem „luketen Löffel", den „zerschlagenen Häfen" und dem „Feldkessel" wohl geworden, wenn es nicht den neugierigen und emsigen Pater Lambert Karner gegeben hätte?

Er hatte seinen Bericht mit den Worten geschlossen: „Die Situla sammt den dazugehörigen Funden habe ich mir erlaubt, dem k.k. Naturhistorischen Hofmuseum für alle Zeiten zu übergeben, zu Nutz und Frommen der Wissenschaft."

So war das noch am Ende des 19. Jahrhunderts, an dessen Anfang der Direktor vom k.k. Münz- und Antikenkabinett noch die Entdeckung eines römischen Mithrasheiligtums in Stixneusiedl mangels anderer Publikationsmöglichkeiten in der „Wiener Modenzeytung" (1816) kundtun mußte und in Carnuntum die adelige Jägerschaft noch die in den Mauern des Schüttkastens eingemauerten römischen Grabsteine als Zielscheiben für ihre Schießübungen benützte. So war das noch anno dazumal im 19. Jahrhundert, in dem nicht nur die Glühbirne erfunden worden ist, sondern in dem es auch die ersten Versuche gab, in das Dunkel der Vorzeit vorzustoßen.

Doch dann fanden die Altertumsforscher bald Anerkennung, und ihr Selbstbewußtsein stieg.

1902 wurde in Eggenburg das Krahuletzmuseum eröffnet. Johann Krahuletz (1848–1928), gelernter Büchsenmacher und einer der bedeutendsten Urgeschichtsforscher dieser Zeit, hatte mit den von ihm gesammelten Funden das Museum begründet. 1904 kam sogar Kaiser Franz Joseph nach Eggenburg, um es zu besichtigen. Bei der Führung durch das Haus wollte der Kaiser wissen, wie Krahuletz das Alter der Funde erkenne …

„An den Schichten, Majestät!"

„Und wie erkennen Sie das Alter der Schichten?"

Worauf Krahuletz antwortete: „O Majestät, i kenn mi scho aus!"

So verschieden wie in älteren Zeiten die Beziehungen der Menschen zur Vergangenheit waren, so verschieden sind sie auch heute noch. Während Wissenschaftler mit modernsten technischen Methoden Vor- und Frühgeschichte archäologisch aufarbeiten, gibt es noch immer oder schon wieder Menschen, welche an alten Kultplätzen Wiesenblumen hinterlegen und Kerzen anzünden.

Auch dieses Buch entstand aus einer individuellen Beziehung zur Vergangenheit …

Österreichs Geschichte hat nicht nur im Millennium-Jubeltrubeljahr 1996 erst mit den Babenbergern begonnen. Auch für den Geschichtsunterricht an den Schulen von seinerzeit galt das Historikercredo, nach

Der Bronzeeimer aus Kuffarn (darüber die Trinkszene) und noch einige andere figürliche Darstellungen von solchen Situlen (Aus: Franz Eppel, Fund und Deutung, Wien 1958)

dem Geschichte erst zu jenem Zeitpunkt beginnt, der auch schriftlich festgehalten ist. So war also unser Österreich vor den Babenbergergrafen anscheinend nur ein ödes, unbewohntes Land. Es waren zwar die Römer
vorher da (aber das waren Fremde) und nachher gab es die Hunnen und
Awaren, die Slawen und Ungarn (ebenfalls Fremde). Und früher haben
hier bloß einige bloßfüßige Steinzeitmenschen in Höhlen gehaust. Und
weil damals in unserem Nachbarland Deutschland ab 1933 die Germanen als ganz große Helden galten und unsere Schulpäpste keine Jung-
germanen heranziehen wollten, haben sie Langobarden und Bajuwaren
einfach aus dem Geschichtsunterricht gestrichen und uns umso mehr von
den edlen und frommen Habsburgern erzählen lassen.

Österreichs Schüler vor dem Jahr 1938 haben also eine andere Geschichte
ihrer Heimat erzählt bekommen als die nach dem Jahr 1938, und nach
1945 gab es wieder eine neue. Kann man wirklich aus der Geschichte ler-
nen? Und aus welcher Fassung, bitte schön?

Es war sozusagen ein geistiger Nachholbedarf, der mich später in die
Vor- und Frühzeit unseres Landes führte. Und so wandern meine Frau
und ich bereits an die vier Jahrzehnte immer wieder in die Vergangenheit, wobei wir wohl ein bisserl mehr sehen wollen als bloß einige Ruinen oder Fundstücke in Museumsvitrinen; es interessiert uns auch, wie
die Menschen damals gelebt haben und vor allem das, was uns heute rätselvoll an ihnen erscheint und bei dem auch ein Johann Krahuletz nicht
mit Sicherheit hätte sagen können „I kenn mi scho aus!"

„Alte Welt im Donauland" ist insofern ein zutreffender Titel für dieses
Buch, weil es in diesem Land noch besonders viel Altes gibt, das von den
Kulthöhlen aus der Altsteinzeit bis zu den in der Neuzeit errichteten
künstlichen römischen Ruinen reicht. Und weil hier die Vergangenheit
auch noch in volkstümlichen Überlieferungen weiterlebt. Wo lassen sich
sonst noch so viele sogenannte Awarenringe, Türkenhügel, Schwedenschanzen finden. Wo liegen sonst noch die Grabhügel eines Attila oder
Árpáds nebeneinander?

In diesem Donauland Ostösterreichs haben sich nicht nur viele ver-
schiedene Völker die Hand gegeben oder einander bekämpft, in diesem
Land befindet sich auch – wie es der Kunst- und Kulturhistoriker Anton
Macku formulierte – eine „unsichtbare Grenze von ungeheurer Stärke".

Es kann nicht Zufall sein, daß kein Volk aus dem Osten für länger diese Grenze überschreiten konnte, weder Hunnen, Awaren, Magyaren, Türken und auch nicht die Russen nach dem Jahre 1945. Aber auch der Westen konnte sich nicht auf Dauer im Osten halten, das gelang weder einem Karl dem Großen noch den Habsburgern. Diese unsichtbare Grenze
trennt außerdem nicht nur die Tier- und Pflanzenwelt, sie ist auch eine
klimatische …

Freunde von uns haben östlich von Wien und der Donau ein kleines Häuserl mit großem Garten. Und immer, wenn es bei unseren gemeinsamen Wienerwald- oder Voralpenwanderungen schnürlregnet und wir klatschnaß wieder nach Hause fahren, trösten sie sich damit, daß sie an diesem Abend wenigstens nicht ihren Blümchengarten gießen müssen. Fast jedesmal sind sie dann bitter enttäuscht, wenn bei ihnen zu Hause drüber der Donau kein einziges Regentröpfchen vom Himmel gefallen ist. Die Grenze!

Es gibt keine eindeutige Erklärung für dieses Phänomen ... so wie es auch noch für manch andere keine gibt ...

Seit einigen Jahren beschäftigt sich meine Frau mit Geomantie und Radiästhesie, und jetzt ist es interessant festzustellen, daß die meisten jener Plätze, die wir noch als „Stätten der Verehrung" (wie es damals in der Volkskunde hieß) kennengelernt haben, sich auch als „Orte der Kraft" (wie man neuerdings sagt) erweisen.

Ich gehe nicht mit der Wünschelrute, obwohl ich an sie glaube. Für mich ist sie ein unerklärbares Phänomen, so wie der liebe Gott, der ebenfalls unerklärbar ist, und an den ich dennoch glaube. Ich glaube nur nicht, daß alles meßbar ist und halte mich bei solchen Plätzen weiterhin lieber an Sagen und Überlieferungen, archäologische Untersuchungen und Funde, an volkskundliche und völkerkundliche Vergleiche von Brauchtum – und ein kleines bisserl auch ans Gefühl. Instinkt und Gefühl hatten auch schon die Leute von seinerzeit bei der Wahl ihrer Siedlungs- und Kultplätze, und jeder, der heute ihren Spuren folgt, kann davon profitieren, weil es zumeist besonders schöne oder besonders interessante Plätze sind, die er dabei kennenlernt.

Natürlich sind die Pyramiden Ägyptens gewaltiger, eindrucksvoller, faszinierender als die Denkmäler der Alten Welt in unserem Land. Doch dieser Lebensraum entspricht unserem Lebensgefühl und liegt uns daher näher. Das auch im wahrsten Sinne des Wortes: Zum Kugelberg von Großweikersdorf können wir jederzeit mit Auto, Bus oder mit der Franz-Josefs-Bahn oder mit dem Fahrradl hinfahren. Und geheimnisvoll ist auch er ...

DER STEINKOPF IN DER ASCHACH

Aus dem Zusammenfluß von Fauler Aschach und Dürrer Aschach entsteht die Aschach, welche nächst Aschach an der Donau in die Donau mündet.

Weder faul noch dürr war leider der zur Aschach gewordene Fluß, in den wir vorsichtig hineinwateten. Auf dem glitschigen, steinigen Boden konnten wir nur dürftigen Halt finden und bald ging uns das kalte, reißende Wasser bis hoch über die Knie …

„Ich glaub, i hab die blödeste Stell' erwischt!" maulte Hermann Schwammenhöfer, der unermüdliche Altertumsforscher.

„Die blödeste Stell' hab' schon ich!" rief darauf seine Frau Lotte …

… grad als ich sagen wollte, daß ich die allerblödeste Stelle erwischt hätte!

Uns allen voran stapfte der Tierarzt aus Aschach, Siegfried Arthofer, der uns jene geheimnisvolle Entdeckung zeigen wollte, die er inmitten des Flusses gemacht hatte.

Es war im Jahre 1981, als der sich auch als Heimatforscher betätigende Magister bei einer Geländebegehung im Talbereich unter der Burgruine Stauf (aus dem 12. Jahrhundert) auf einem Stein in der Aschach ein ausgehauenes Gesicht zu sehen glaubte. Eine Täuschung? Es war keine.

Arthofers erste Vermutung war, daß den Steinkopf jemand aus Jux ausgehauen hatte. Doch wer sollte in dem wilden einsamen Tal damit gefoppt werden? Arbeit von Steinmetzlehrlingen? Die hätten sich dafür einen an Land liegenden Stein ausgesucht und nicht einen mitten im reißenden Wasser. Und nach den Flechtenbildungen und Sinterablagerungen muß die Bearbeitung schon vor langer Zeit vorgenommen worden sein.

Eine starke Faszination strahlt dieses steinerne Antlitz aus, und nachdem wir den Felsen endlich erreicht hatten, standen wir zwar noch immer im eiskalten Wasser aber auch zugleich in einer heißen Diskussion …

Der Kopf ist ein etwas überlebensgroßes Halbrelief. Gesamthöhe 41 cm, Breite 31 cm. Er hat wie Henkel wegstehende Ohren, runde Glupschaugen, Keilnase, einen zu einem Grinsen hochgezogenen Mund. Nach unten hat er einen Halsfortsatz, der wie abgeschlagen wirkt.

Das läßt an einen *Tête coupée* (abgeschlagenen Kopf) denken. So werden im Bereich der Kelten die Steinköpfe mit pfahlähnlichem Hals genannt. Der Kopf galt bei den Kelten als Träger der Lebenskraft oder auch vom Unsterblichen des Menschen. Daher brachten sie die Köpfe von getöteten Feinden wie auch von bedeutenden Persönlichkeiten zur Abwehr von Unheil an der Außenseite von Gebäuden und auch an Steinschäften

(Kopf auf der Stange) an. Dieser Brauch hatte in von Kelten bewohnten Gebieten ein Nachleben auch noch in christlicher Zeit, in der man originale keltische Steinköpfe wie auch nachgemachte an den Außenseiten von Kirchen anbrachte – was sich besonders eindrucksvoll im Keltenland um den Magdalensberg in Kärnten zeigt.

Verblüffend ist die Ähnlichkeit, welche der Kopf in der Aschach mit den auf dem Magdalensberg gefundenen Tonbechern mit den grotesken Menschenköpfen hat, von denen die Archäologin Hedwig Kenner schreibt: „Mit Masken und Köpfen die Außenseiten von Schalen und Schüsseln zu verzieren, ist keltische Sitte, um den Inhalt des Gefäßes vor der Einwirkung böser Geister zu bewahren." Diese Karikaturgefäße vom Magdalensberg sind in der keltisch-römischen Übergangszeit (Ende 1. Jahrhundert n. Chr./Anfang 2. Jahrhundert n. Chr.) entstanden. Aus dieser Zeit könnte auch der Flußkopf stammen, welcher noch den für die Kelten charakteristischen Hang zum Grotesken und leicht Karikierten erkennen läßt (siehe auch Seite 9).

Eine gewisse Ähnlichkeit zeigt der Kopf auch mit den geheimnisvollen Steinstelen aus Klosterneuburg, welche man zunächst für spätkeltisch hielt, jetzt aber als Werke aus dem frühen Mittelalter erkennen will (Text auf Seite 149, Abbildung auf Seite 34). Werke der Volkskunst sind irgendwie zeitlos und neutral und es ist nicht immer leicht, sie dieser oder jener Volksgruppe zuzuschreiben.

Was für eine Datierung des Flußkopfes in die keltisch-römische Übergangsperiode spricht, ist seine Lage in dem Flußbett, welche eher in diese Zeit paßt als ins Frühmittelalter. Heidnische Stein-, Wasser- und Baumkultplätze wurden im Mittelalter nur noch im Geheimen aufgesucht, offiziell waren sie von den Christen längst verteufelt worden, und neue dürfen kaum noch entstanden sein.

Der Stein, auf dem sich der Reliefkopf befindet, ist etwa vier Meter lang und erreicht eine Dicke von fast zwei Metern, von denen bei Normalwasser etwa 50 cm über dem Wasserspiegel liegen. Er gleicht einer Steinsäule, einem großen Menhir, ist aber nur einer von den vielen im Wasser liegenden Felsblöcken. Warum der Kopf gerade an diesem Stein angebracht wurde? Er befindet sich an keiner markanten Stelle (starke Verengung oder größere Breite) in diesem Aschachdurchbruch, außer man hätte in dem ganzen wildromantischen Engtal eine solche gesehen. Merkwürdig ist allerdings, daß ausgerechnet bei diesem Stein starke Strahlungen feststellbar sind.

Jeder Deutungsversuch muß davon ausgehen, daß das Wasser für unsere Vorfahren auch eine magische Bedeutung hatte. Schon lange vor der Taufe Christi gab es Wasserkulte um seine reinigende Kraft. So war auch das Ertränken nicht bloß irgendeine Hinrichtungsart, sondern das Was-

ser sollte mit dem Verurteilten auch sein Böses hinwegschwemmen …wie
bei dem in die Enns geworfenen St. Florian seine Mißachtung römischer
Staatsgötter.

Es gab auch den Glauben, daß ein Fluß oder Strom alljährlich sein Menschenopfer haben müsse. So berichtet der Volkskundler Leopold Schmidt,
daß bei den Donauschiffern bis in die Neuzeit hinein jeder rettungslos
ertrinken mußte, der als erster im Jahr ins Wasser fiel. Niemand half ihm
(und schwimmen konnte damals keiner der Leute). Er war das Strom-
opfer des Jahres.

In seinem Buch „Keltisches Erbe" erzählt Alfred Weitnauer von dem in
Bayern und Schwaben bis in das 19. Jahrhundert ausgeübten Pfingst-
brauch des „Wasservogels": Ein in Birkengrün gewickelter Bursche oder
ein Strohmann wurden zum Dorfbach oder Dorfweiher geführt und hin-
eingeworfen. Das sollte das Land während des Sommers vor Dürre aber
auch vor Hochwasser bewahren. Weitnauer sieht in dem Brauch eine
Nachfolge der alten Flußopfer von lebendigen Menschen in humanisier-
ter Form – das Opfer wurde nunmehr nur symbolisch vollzogen.

Den Kelten – bei denen der Kopf zentrale Bedeutung hatte – könnte es
auch genügt haben, in einen länglichen im Fluß liegenden Felsen bloß einen Kopf einzuhauen, um damit einen ganzen Menschen darzustellen
–kein Strohmann als Flußopfer, sondern ein Steinmann. Den Steinkopf in
der Aschach mit Wasser- oder Flußopfer in Verbindung zu stellen, ist
allerdings bloß eine Hypothese. Ob sie stimmt, das wissen nur die
(Fluß)Götter.

Einen Monat später machten wir einen Gipsabdruck von dem Kopf. Wir
hatten eine Schönwetterperiode abgewartet, aber die Aschach war noch
immer recht tief. Es war der erste Gipsabdruck, den mein Freund Leo und
ich machten, wir waren sehr aufgeregt dabei. Am spannendsten war der
Transport des Abdrucks ans Ufer … ein Ausrutschen auf den glatten Steinen und … „Pfiat di Gott, Maxl!"

Jetzt ist der Kopf für mich der Maxl. Er hängt an der Wand meines Ar-
beitszimmers. Manchmal rede ich mit ihm … „Sag was, sag, wer du bist!"
Der Maxl grinst nur. Höhnisch, wie mir scheint.

 Um den Stein vor mutwilligen Verschandelungen zu bewahren, wird keine genaue Lagebeschreibung gegeben. Ernsthaft Interessierten sei nur soviel verraten, daß er sich in der Aschach neben der von der B130 nach
Waizenkirchen führenden Aschachtalstraße befindet, und zwar flußauf-
wärts und nahe von der am Straßenrand bezeichneten Gemeindegrenze
Hartkirchen–Stroheim.

IM KELTENDORF VON MITTERKIRCHEN

Im Frühling 1980 – ein Jahr bevor der Steinkopf in der Aschach entdeckt wurde – fand etwas donauabwärts bei Mitterkirchen der Bauer Josef Dierneder beim Pflügen einige Bronzestücke. Er meldete den Fund, und bei den im folgenden Jahr begonnenen Grabungen konnte außer einer jungsteinzeitlichen Siedlung (mit Gräbern) aus dem 5. Jahrtausend v. Chr. und einigen frühmittelalterlichen Gehöften aus dem 8. Jahrhundert vor allem ein hallstattzeitlicher Siedlungsplatz aus dem 7. Jahrhundert v. Chr. mit einem großen mehr als 70 Grabkammern umfassenden Hügelgräberfeld freigelegt werden. Vor der Grabung war keiner der Grabhügel in dem durch maschinelle Feldbestellung geebneten Land zu sehen gewesen.

Machland wird das linksseitige Donauufer zwischen Mauthausen und Grein genannt – ein Flachland, ein Bauernland. Archäologisch galt es bis zum Jahr 1980 als uninteressant. Nach Beendigung der bis in das Jahr 1990 dauernden Ausgrabungen, welche nicht nur sensationelle Funde brachten, sondern auch überraschende neue Erkenntnisse, war der Name der kleinen Marktgemeinde Mitterkirchen europaweit in Fachkreisen bekannt geworden.

Urgeschichtliches Freilichtmuseum Mitterkirchen. Rekonstruktion der Wagenbestattung. (Nach Grabungsbefund 1983 von Manfred Pertlwieser)

Nach den reichen Grabbeigaben müßten hier sehr wohlhabende Menschen gelebt haben, und beim jetzigen Forschungsstand ist man der Ansicht, daß Rinderzucht wie auch Salzhandel (Donau-Uferlage) diesen Wohlstand bewirkt haben: Fleisch gegen Salz vom Hallstätter Salzberg.

Zwei von den an die 50 Grabhügel waren besonders aufschlußreich. In einem mit 25 Meter Durchmesser war in einer Holzkammer ein auffallend großer Mann auf einem Wagen liegend bestattet worden, ein Anführer, wie aus den wenigen Beigaben geschlossen wird, welche Grabräuber vor 2700 Jahren übriggelassen haben. Es waren Zeitgenossen aus dem Umkreis des Bestatteten, die einen Gang in den Hügel gegraben, den noch nicht verwesten Leichnam beiseite geworfen und sich der Wertsachen bemächtigt hatten … Urzeitkriminalität!

Wenige Meter neben diesem Hügel wurden in einem anderen zwei Holzkammern gefunden. In der einen lag eine Frau auf einem Prunkwagen, dem man die Räder abmontiert und danebengestellt hatte. Und auf dem Wagen – zu Füßen der Frau – stand ein Prunkstuhl. Damit die Tote im Jenseits nicht darben mußte, war ihr in schönen Gefäßen reichlich Speise und Trank mitgegeben worden, auch Fleisch von Kalb, Schwein, Ziege, Schaf und Hirsch (sogar mit einem Tranchiermesser daneben). Ungefähr 160 Kilogramm muß diese Fleischbeigabe gewogen haben – von Vollwertkost scheint die Dame nicht viel gehalten zu haben.

Vor der Holzkammer war in einer ovalen Grube in dem Grabhügel eine junge Frau in Hockerstellung beigesetzt worden. Ein Rundpfahl lag im Schädel-Brustbereich auf dem Skelett. Es wird angenommen, daß die Frau eine Dienerin war, die getötet wurde, um der Herrin auch im Jenseits dienen zu können.

In der zweiten Holzkammer in diesem Grabhügel lagen die Skelette einer etwa 30jährigen Frau und eines etwa 18jährigen Mädchens nebeneinander. Die Frau war mit einem prunkvollen, von Tausenden Bronzeblechknöpfchen besetzten Fellmantel bekleidet. Sie war die Herrin. War das Mädchen ebenfalls eine Dienerin, welche der Herrin ins Jenseits folgen mußte?

Man weiß nicht, wer die beiden Frauen waren, die so hochherrschaftlich beigesetzt worden sind. Sicher ist nur, daß sie mehr als nur Frauen von „Herren" waren. Das beweisen vor allem der Prunkwagen und der Prunksessel in der einen Grabkammer. Noch heute gibt es Königsthrone und Staatskarossen, doch in der Alten Welt hatte der besondere Sitz, das besondere Fahrzeug eine wesentlich stärkere und erhöhte Bedeutung, waren Privilegien für bedeutende Menschen. Bis jetzt wurde nur immer von „Salzherren" gesprochen … „Von frühem Eisen und reichen Salzherren" nannte Karl Kromer ein 1964 erschienenes Buch; „Krieger und Salzherren" hieß 1970 eine Ausstellung in Linz. Hatte es auch „Salzfrauen" gegeben? Haben sich schon vor 2700 Jahren tüchtige Frauen durchgesetzt, ohne daß ein Parlament als Forum zur Verfügung gestanden hat?

Nach Beendigung der Ausgrabungen entschloß man sich neben dem Gräberfeld ein Freilichtmuseum zu errichten: 1991 wurde es eröffnet. Es ist mehr als ein Museum geworden. Neben einer Rekonstruktion der Grabkammer mit dem Prunkwagen wurde ein ganzes Keltendorf gebaut, in dem herumzuwandern ein reines Vergnügen ist. Und es ist kein Asterix-Disneyland geworden, sondern allem, was in diesem Dorf gebaut ist und was in ihm gezeigt wird, liegt der gegenwärtige archäologische Wissensstand zugrunde.

Die Inneneinrichtungen der Häuser wurden nach hallstattzeitlichen Bildern auf Situlen (mehr darüber auf Seite 8) rekonstruiert. Diese Bilder auf diesen Bronzeeimern sind sehr klein und interessant ist nun, wie figurale Motive (Mensch und Tier) wirken, wenn sie auf normale Größe übertragen werden. Sie zeigen, daß die Kelten nicht nur einen Hang zum Grotesken hatten, sie stellten auch ihre Fabeltiere eher als Schmunzelmonster dar und die Heroen weniger heroisch und oft sogar leicht karikiert. Worauf wir natürlich an den Steinkopf in der Aschach denken mußten, den wir am Vortag gesehen hatten (siehe Seite 14).

Im Keltendorf gibt es auch eine urgemütliche Keltentaverne, in der sogar – Kolumbus schau oba! – ein Keltenmenü mit gegrilltem Truthahn und Bratkartoffeln sowie ein Hallstattgröstl auf der Speisekarte stehen. Und ein Kontrasterlebnis bietet nachher das gewisse Örtchen … außen ein schilfgedecktes Holzhäuschen, innen ein modernes weißverkacheltes Wasserklosett!

Neben dem Keltendorf steht der Bauernhof jenes Josef Dierneder, der durch seine Fundmeldung sozusagen zum Vater dieses Dorfes geworden ist. Man nennt ihn seither „Hallstattbauer", und sein Hof ist mit einem aus keltischen Motiven bestehenden Freskenband verziert. Bei einem Glas Ziegenmilch erzählte er uns, daß sein Vater bereits um 1950 einen Bronzering auf dem Feld vor dem Stubenfenster gefunden hat. Wir sind dann auch hinausgegangen auf dieses Mitterkirchner Gräberfeld. Dort, wo einst die Toten unter den Hügeln ruhten, ist´s jetzt bretteleben; es war Mohn auf dem Feld angebaut worden, und wir standen vor einem grellbunten Blütenmeer.

Während der Ausgrabungsarbeiten erinnerten sich damals auch ältere Leute an dies oder das … vor etwa sechzig Jahren seien auf den Feldern noch Hügel zu sehen gewesen, und eine Magd habe einen goldenen Reifen gefunden, den sie um viel Geld an einen Uhrmacher verscherbelte. Und als um 1965 der erste Tiefpflug über das Feld gerattert ist, war nachher der Boden mit Tonscherben übersät gewesen. Durch weiteres Pflügen lag zuletzt nur noch eine hauchdünne Erdschicht über den Bestattungen.

Die Fundmeldung des „Hallstattbauern" hatte in allerletzter Minute zu
den rettenden Ausgrabungen geführt …

Das war 1980, fast gestern. Ist es nicht herrlich, daß es auch noch morgen Dinge in unserem Land zu entdecken gibt, von denen wir heute noch
nichts wissen?

I   Das Urgeschichtliche Freilichtmuseum Mitterkirchen befindet sich zwei
    Kilometer östlich des Ortes. Öffnungszeiten von Mitte April bis Ende
    Oktober von 9–17 Uhr.

Wallsee: Niederösterreichs erste Molkerei

Außergewöhnlich und sehr originell war die Entdeckung des Römerkastells Adjuvense in Wallsee …

Daß die Römer einst in Wallsee waren, wußte man schon lange; immer wieder stieß man auf etwas Römisches. Man dachte an eine kleine Siedlung. Daß es ein bisher unbekanntes Römerkastell für 1000 Mann Besatzung war, konnte in den 60er Jahren der damalige Schuldirektor Elmar Tscholl mit einer im wahrsten Sinne des Wortes hausgemachten Methode feststellen und beweisen …

1966 stieß man beim Kanalbau im Schulgelände auf mehr als zwei Meter breite Grundmauern – und die paßten ganz und gar nicht zu einer römischen Kleinsiedlung. Der weitere Verlauf dieser Mauer hätte nur durch archäologische Grabungen innerhalb des Ortes festgestellt werden können – und dagegen haben nun einmal die Besitzer schöner Häuser etwas. Elmar Tscholl hatte aber inzwischen eine interessante Beobachtung gemacht: In der Fortsetzung der aufgedeckten breiten Grundmauer zeigten die Hausmauern des Ortes feine Sprünge. Erklärung: Mauern auf normaler Fundamentierung machen alle Bewegungen des Bodens mit, die auf der schon vorhandenen römischen Grundmauer aufgesetzten Hausmauern taten das nicht und bekamen die Sprünge.

Tscholl ging allen Sprüngen nach und hatte dann den Verlauf und Umfang (160 x 200 Meter) einer römischen Kastellmauer festgestellt. Sondierungen der Archäologen (1971 und 1972) bestätigten das. Inzwischen hatte auch der Besitzer von Schloß Wallsee, Theodor Salvator Habsburg-Lothringen (ein Enkel Kaiser Franz Josephs), eine Arbeit verfaßt mit dem Nachweis, daß der Name des Kastells Adjuvense gewesen sei.

Jetzt wußte man auch, warum die Pfarrkirche von Wallsee nicht in Wallsee ist, sondern im einen Kilometer weit entfernten Sindelburg. In Römerkastellen gab es keine Tempel, diese befanden sich stets außerhalb der Mauern. Der von Adjuvense dürfte sich auf jener Höhe befunden haben, wo heute die Sindelburger Kirche steht. Sie ist wahrscheinlich am Platz des Heidenheiligtums errichtet worden; Grabungen nach einem solchen haben bis jetzt allerdings noch nicht stattgefunden.

In den neben Römerkastellen gelegenen Zivilsiedlungen wurden bis jetzt schon Gewerbebetriebe der verschiedensten Art lokalisiert. In Wallsee wurde 1978 erstmals eine Molkerei entdeckt, sozusagen die „erste niederösterreichische Molkerei".

Bei Aushubarbeiten für ein Wohnhaus stieß man auf einen antiken Keller, in dem Fragmente von Gefäßen ungewöhnlicher Größe lagen. Die Re-

konstruktion von einem davon ergab den Durchmesser von fast einem
Meter, Volumen etwa 64 Liter – die größte bis jetzt gefundene Römer-
schüssel! Es fand sich aber auch eine besonders große Reibschale.

Reibschalen – so wurden bisher antike Tongefäße genannt, deren Boden aus kleinen, harten Splittern besteht. Zum Reiben? Elmar Tscholl
dachte an etwas anderes. Diese sogenannten Reibschalen dienten wahrscheinlich zur Rahmgewinnung; die an den Rauhigkeiten haftenden
Milchsäurebakterien sollten ein rascheres Dickwerden der Milch ermög-
lichen.

Durch diese Funde wie auch die Lage des Raumes – nach Meinung von
Molkereiexperten ideal für Rahmgewinnung – bestand hier ein milch-
verarbeitender Betrieb. Und nach weiteren Ausgrabungsergebnissen muß
es ein sehr gewinnbringender Betrieb gewesen sein, denn das dazu-
gehörige Haus war das aufwendigste der Zivilsiedlung, war luxuriös ausgestattet mit Bodenheizung, Terrazzoböden und mit Wandmalereien geschmückt. Woraus zu ersehen ist, daß an der Milch schon seit alter Zeit
„dick" verdient wurde von denen, welche den Rahm abschöpften.

Daß der Molkereibesitzer ein gutes Geschäft gemacht hat, erklärt sich
vor allem daraus, daß die römischen Legionäre keine Warmverpflegung
bekamen, sondern nur die Zutaten und sich ihren Brei oder ihr Süppchen
selber kochen mußten. Auch in großen Kastellen wie Carnuntum gab es
nur Bäckereien und keine Küchen.

Eine ausgezeichnete Dokumentation (auch mit schönen Funden) über
das Römerkastell ist im Rathaus Wallsee zu besichtigen. Das ist jenes Gebäude im Zentrum des Ortes, das der Fremde zunächst für die Kirche hält,
das jedoch das Rathaus ist. Im Römerkastell stand an dieser Stelle die
Principia, das Kommandantenhaus. Der Verlauf seiner Mauern ist auf dem
Boden mit grüner Farbe markiert worden.

Der unermüdliche Elmar Tscholl hat auch – dort wo keine Häuser stehen – die Umfassungsmauern des Römerkastells mit dicken grünen Stri-
chen markiert. Archäologisch ist das sehr anschaulich. Nur manche Au-
tofahrer mißverstehen das und finden, daß es in diesem Ort ganz eigenartige Parkplatzmarkierungen gibt …

WIRBL UND STRUDL UM EINE STILLE INSEL

Quizfrage: Welche Insel im heutigen Österreich gehörte einst Königin Viktoria von Großbritannien?

Es ist die Donauinsel Wörth im Strudengau bei Grein – und das ist wahrhaftig eine seltsame Insel!

„Zu wilder Hast tosend und gurgelnd jagen die Donauwogen im engen Felsenbette dahin, und wildschäumend brechen sich die bläulich grünen Fluten an den massiven Granitblöcken, um dann mit gesteigerter Wucht an der Insel vorbei talwärts zu stürzen …

Dort nun, wo die vorbeitosenden Wogen den granitenen Felsenleib der Insel mit weißlichem Gischte netzen, ragt ein hoher, steil abfallender Felsenkogel empor, der auf seiner Spitze ein steinernes Kreuz – das Wörtherkreuz – trägt, indessen in der Nähe des Kreuzes die zerfallenden Trümmer einer einst trotzigen Feste der ehemaligen Burg Wörth im Schatten der Bäume verborgen liegen.

Tiefdunkler Waldbestand und undurchdringliches Weidengebüsch hüllt die Insel ein. Ein kleiner, melancholischer Teich, von verwitterten moosbedeckten Granitblöcken umsäumt, liegt im Felsenmassiv der Insel eingebettet. Alte Tannenbäume, von Epheu umrankt, der den Stämmen entlang zu den sonnigen luftigen Baumwipfeln emporklettert, spiegeln sich in der düsteren Fläche des kleinen Inselteiches."

So wurde im Jahre 1918 in einem von der „Insel-Wörth-Gesellschaft" herausgegebenen „Flugblatt Nr. 2 von der Insel Wörth" diese Insel von dem Schriftsteller Franz Herndl geschildert. Eine Nummer 3 dieser höchst originellen Inselzeitschrift ist nicht mehr erschienen.

Der Strudl und die Donauinsel Wörth mit dem Wörtherkreuz auf seiner Spitze.
Aus: Matthäus Merian, Topographia Austriae, Frankfurt 1649

Nach einer grundbücherlichen Eintragung dieser Zeit hatte die Insel eine Länge von 1216 Metern und eine höchste Breite von 512 Metern, heute sind es etwa 700 Meter und 300 Meter. Sie teilt den Donaustrom in zwei Teile, von denen der rechte – Hößgang genannt – nunmehr künstlich erweitert und schiffbar gemacht worden ist.

Bevor dies geschah, gab es nur eine Passage durch die linke, von gefährlichen Felsriffen durchsetzte Engstelle mit dem Strudl und Wirbl zwischen Grein und St. Nikola. Im 18. Jahrhundert wurden unter Kaiserin Maria Theresia die ersten Arbeiten zur Sicherung der Schiffahrt durchgeführt. Trotzdem wurde auch noch nachher in einer Reisebeschreibung empfohlen, daß man die gefürchteten Stromschnellen am besten „mit geschlossenen Augen passieren soll". Und weiterhin bat man den Himmel mit all seinen Heiligen um Beistand …

In der kleinen Kirche von St. Nikola hängt eine große alte Blechbüchse mit einem Bild von St. Nikolaus (der nicht nur am 6. Dezember brave Kinder belohnt, sondern auch Schutzpatron der Schiffer ist). In die Sammelbüchse soll jetzt das Geld für die in der Kirche aufliegenden Ansichtskarten geworfen werden. Bis zum Jahre 1913 hatte sie einem anderen Zweck gedient. Da sind die „Daunifahrer" mit einer Zille zu den soeben heil durch den Strudl und Wirbl durchgekommenen Schiffen hinausgefahren, hingen sich mit einem Haken daran und hielten an einer Stange die Sammelbüchse hoch, um für den von St. Nikolaus gewährten Schutz Spenden einzusammeln. Einst diente das Geld zur Erhaltung des im 12. Jahrhundert gegründeten Hospitals für Pilger und Reisende …

In dem 1838 erschienenen Buch „Wien und seine Österreicher" der englischen Mistreß Frances Trollope wird diese Sammlung allerdings etwas anders geschildert. Nachdem das erste Schifflein entschwunden war, kam ein zweites. Und wieder spendete jeder … „Nach einer kleinen Viertelstunde erschien eine Frau mit einem Bild der heiligen Jungfrau, dann ein Mann mit einem Christusbilde, dann ein Knabe mit einem Heiligen, dann wieder eine Jungfrau, und so ging es fort, bis wenigstens ein Dutzend dieser Flußheiligen für unsere sichere Fahrt über den Strudl und Wirbl hergehalten hatten." – Nepp, anno dazumal!

Die letzten Arbeiten zur Beseitigung der gefährlichen Felsriffe wurden im 20. Jahrhundert durchgeführt, doch bereits im Jahre 1575 kamen in kaiserlichem Auftrag Bergknappen aus Schwaz nach Grein. Sie hatten – wie es hieß – Übung im Steinbrechen unter Wasser und sollten die gefährlichsten Felsen beseitigen …

Alarm für die Greiner!

Für sie waren Strudl und Wirbl das große Geschäft. Sie stellten die Lotsen für das Passieren der Engstelle. Sie betrieben den Transport kostbarer oder zu gewichtiger Waren auf dem Landweg zwischen Grein und

Sarmingstein. Ihnen und der Grundherrschaft gehörte – nach alten Privilegien – das Strandgut zerschellter Schiffe. Und weil die Greiner „nit gar so gern sehen, wenn die Furcht dies Orts geräumt, die Gefahr gewendet und ihnen dadurch ihre alte lang hergebrachte Dienste und Nahrung abgestrickt würde" – darum mußten die Schwazer Bergknappen wieder heimfahren und die gefährlichen Felsen unversehrt lassen. Fürs Geschäft ist man auch schon anno dazumal sogar über Wasserleichen gegangen.

Angst vor dem Strudl und Wirbl hatten schon die ersten Donauschiffer in der Urzeit. Und sie haben dem Strom oder der Wassergottheit ihre Bitt- und Beschwichtigungsopfer dargebracht … Steinbeile, auffallend viele Bronzeobjekte, Münzen in späterer Zeit. Die bei den Stromregulierungen gemachten Funde reichen von der Jungsteinzeit bis ins Mittelalter, und eine von Josef Kneidinger 1942 veröffentlichte Bestandsaufnahme trägt den etwas außergewöhnlichen Titel „Der Greiner Strudel als urgeschichtliche Fundstätte". Darin heißt es: „Durch Jahrtausende lag altes Kulturgut im Strombett der Donau, bis es ans Tageslicht gebracht wurde und Zeugnis ablegte, daß der Nibelungenstrom nicht nur in geschichtlicher, sondern auch in vorgeschichtlicher Zeit seine bedeutsame Rolle spielte. Stromauf und stromab fuhren schon die Urmenschen mindestens seit der jüngeren Steinzeit – auf ihren schwankenden Booten über die gefährlichen Stromschnellen der Enge …"

Schon seit dem vergangenen Jahrhundert wird vermutet, daß sich auf der Insel Wörth auch ein Kultplatz befand …

„Die Kelten waren Vererer und Anbeter der Naturkräfte. Sie erkannten

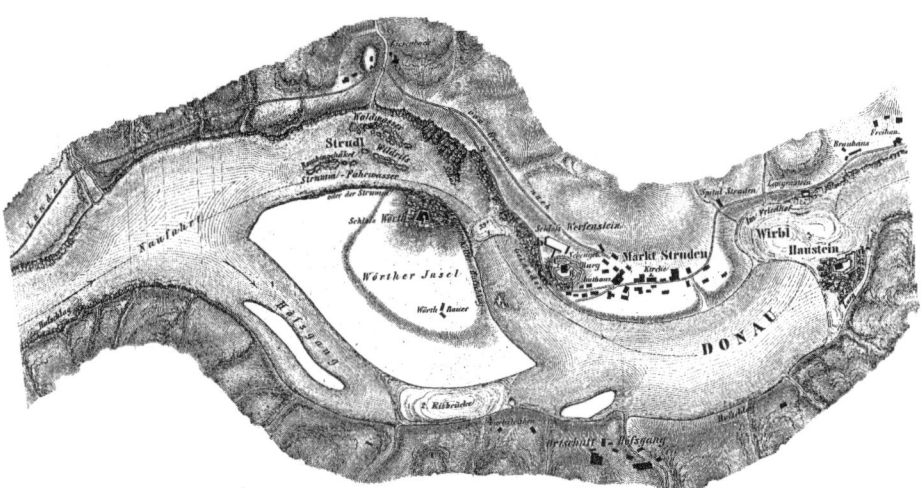

Strudl und Wirbl am Ende des 18. Jahrhunderts. Aus: Josef Roidtner (k.k. Strombauleiter in Grein), Die Fundplätze der keltischen, römischen und altdeutschen Waffen, Münzen und Gerätschaften am Donau-Strudl und Wirbl, Linz 1871

iren Gott in den Erscheinungen der Natur, sie fanden da seine Gegenwart, errichteten an freien Plätzen, an geheimnisvollen, schaudererregenden Stellen die Altäre. Wundervolle und unerklärliche Ereignisse heiligten den Ort, denn die Gottheit hatte hier iren Sitz. Kaum durfte im ganzen Noricum in dieser Hinsicht eine Stelle bestanden haben, die jener am Strudel und Wirbel nur änlich gewesen wäre. Die riesenhaften Gestalten des Granits in seinem dunklen, ernsten Kleide und unter inen freistehenden, turmartigen, zum Himmel ragenden Pyramiden mit kleinen, nakten Kronflächen, die nur durch Anstrengungen erstiegen werden konnten. Ringsherum volle Wildniss, tobendes Getöse von den unzähligen Klippen, woran sich die Wogen schäumend brachen. Musste dieses Alles dem keltischen Volke nicht eine heilige Ehrfurcht einprägen? Wenn aber die Gottheit zürnte, und die Natur durch Hochwässer, Stürme, Gewitter in Aufrur gesetzt war, wenn zahllose Unglücksfälle sich ereigneten, dann wird wol der Druide die heiligen Spitzen und Plätze im Size der Gottheit erklettert haben, um da die Sün- und Versönungsopfer darzubringen. Aenliche ergreifende Scenen muss auch die Feier der Sonnenwende in diesen heiligen Räumen der ausserordentlichen Naturerscheinungen verursacht haben." – So schrieb der k.k. Strombauleiter zu Grein, Josef Roidtner, im Jahre 1871.

Gegen einen keltischen Kultplatz sprechen jedoch die Fundberichte (die natürlich unvollständig sind weil während der Regulierungsarbeiten auch viele Objekte beiseite geschafft wurden):

Funde aus dem 3. Jahrtausend v. Chr.   an die 100
Funde aus dem 2. Jahrtausend v. Chr.   an die 200
Funde aus keltischer Zeit   kümmerliche 7
Funde aus römischer Zeit   mehr als 400

Größere archäologische Untersuchungen gab es bisher keine. Wenn sich ein prähistorischer Kultplatz auf der Insel befand, dann dürfte er schon in vorkeltischer Zeit (späte Bronzezeit, 1200–800 v. Chr.) entstanden sein, und zwar auf dem großen Felsen, auf dem später im 12. Jahrhundert die Burg Wörth errichtet worden ist und 1552 das „Wörther-Kreuz" aufgestellt wurde.

Die Sage vom Wörther-Kreuz: Im Jahre 1540 reiste ein Tiroler Graf mit seiner eben angetrauten jungen Frau nach Wien. Im Strudl kenterte das Schiff. Ein Diener brachte den Grafen ans Ufer, die Gräfin und die Schiffsmannschaft verschwanden in den Fluten, wurden aber nach St. Nikola abgetrieben. Jeder der Eheleute glaubte an den Tod des anderen. Die Frau reiste weiter nach Wien, der Mann wurde zum Einsiedler auf der Insel Wörth. Zwölf Jahre später erfuhr die Frau von dem Einsiedler, und so trafen sich die Eheleute wiederum. Zum Gedenken an das Unglück und an das Wiedersehen nach langer Trennung ließen sie das Steinkreuz mit der Muttergottes auf dem höchsten Punkt des Felsens aufstellen.

Aus dem Urgestein gehauene Stufen bringen durch die Steilwand hinauf auf den etwa 30 Meter hohen Felsen mit den wildverwachsenen Trümmern der mittelalterlichen Burg. Ob die Stufen erst bei der Erbauung der Burg ausgehauen wurden oder schon früher, ist nicht feststellbar. Radiästhetische Messungen zeigen im Zentrum des kleinen Gipfelplateaus stark positive Strahlungen an, einen „Ort der Kraft".

Unterhalb des Felsens ist ein aus größeren Blöcken gebildetes turmförmiges Halbrund (Durchmesser 2 1/2 Meter), das als Brunnen der Burg gilt; ein Ziehbrunnen bis zum Grundwasser der Donau soll es gewesen sein. Doch nur einige Meter daneben fließt die Donau (und den Begriff Wasserqualität gab es im Mittelalter noch nicht). Außerdem dürfte der Boden in dem Halbrund ebenfalls felsig sein, und es ist also gar nicht so sicher, ob es da Grundwasser gibt.

In einer bereits 1918 verfaßten Beschreibung der Burgruine wurde daher ebenfalls die Frage offen gelassen, ob das Gemäuer überhaupt ein Brunnen war. Es paßte auch nicht zu der mittelalterlichen Burg. Wenn aber tatsächlich – wie es auch heißt – ein burgartiger römischer Wachtturm auf dem Felsen gestanden ist, dann könnte der kleine Rundbau der Rest eines Halbgewölbes gewesen sein, in dem die Statue eines Fluß- oder Schutzgottes gestanden sein mag.

An der anderen Seite des Burgfelsens befindet sich ein markanter Felsspalt mit einer (in neuerer Zeit restaurierten) Vermauerung des Eingangs. Er soll das Burgverlies gewesen sein – was er ganz bestimmt nicht war. Und daß der Spalt zu einem unterirdischen Gang brachte, der unter der Donau zur Burg Werfenstein am anderen Ufer geführt hat, ist nur ein Märchen (so wie auch das vom Verbindungsgang unter der Donau zwischen Kreuzenstein und Greifenstein). Auffallend viele Keramikscherben sind vor dem Spalt zu finden und stark positive Strahlungen – so wie oben auf dem Gipfel – in seinem Inneren.

Die Burgruine Wörth ist nur eine von den fünf Befestigungen (neben Werfenstein, Haustein, Langenstein, Bojenstein), welche im 12. Jahrhundert als Sperre an dieser Donauenge erbaut worden sind. Nur Werfenstein ist erhalten geblieben. Ab 1907 war sein Besitzer ein recht eigenartiger Mann …

„Der Mann, der Hitler die Ideen gab" hieß ein 1958 erstmals erschienenes Buch des Psychoanalytikers Wilfried Daim über den Lehrersohn Adolf Lanz, der sich später Jörg Lanz von Liebenfels (1874–1954) nannte. Dieser war Frater in Stift Heiligenkreuz, trat aus dem Kloster wieder aus, gründete einen „Neuen Templerorden", der seinen Sitz auf Burg Werfenstein hatte, und wurde Herausgeber der Zeitschrift „Ostara" – eine „Zeitschrift zur Erforschung und Pflege des heroischen Rassentums und Mannesrecht". Adolf Hitler war ein eifriger Leser dieser Zeitschrift und ein Groß-

TRUTZBURG KONTRA TEMPELBURG

Jörg Lanz von Liebenfels war ein Frauenfeind. Die von ihm herausgegebene „Osta-ra" nannte er „die erste und einzige Zeitschrift, welche in allen Fragen des öffentli-chen und häuslichen Lebens gegen die Anmaßung feministischer und anarchistischer Umstürzler für Mannes- und Herrenrecht in entschiedener Weise Stellung nimmt". Der Dichter Franz Herndl war ein Frauenfreund, der „in der Freiheit des Weibes das Heil einer höheren Entwicklung der Menschheit erblickte".
Nachdem Lanz (für den die „Freiheit des Weibes nur den Niedergang jeder Rasse" bedeutete) im Jahre 1907 Burg Werfenstein zum Sitz seines antifeministischen Neu-en Templerordens gemacht hatte, wollte Herndl auf der gegenüberliegenden Insel Wörth eine Trutzburg als Zentrum einer freiheitlichen Frauen- und Mädchenbewe-gung errichten. In seinem 1909 erschienenen sozial-reformatorischen Roman „Die Trutzburg" verkündete er sein Programm:

„1. Unterstützung aller für die Freiheit des Weibes eintretenden Aktionen.
2. Bekämpfung aller die Veredlung der Menschenrasse direkt verschlechternden Fak-toren (z.B. die Errichtung eines staatlichen Heiratsverbotes bei Personen mit vererb-lichen oder ansteckenden Krankheiten).
3. Unterstützung aller die Veredlung der Menschenrasse direkt begünstigenden Fak-toren (z.B. direkte Auslese der anthropologisch schönsten Typen des Menschenge-schlechtes, materielle Unterstützung derselben durch Aussetzung namhafter nach Ländern und Provinzen zu erteilender Schönheitspreise, Ausschreibung und Abhal-tung jährlicher Schönheitskongresse auf der in einen herrlichen Naturpark zu ver-wandelnden Insel Wörth, Anlage einer luxuriösen Villenkolonie auf jenem romanti-schen Donaueiland, Einladung jener Männer und Mädchen, die schon durch ‚Provinz-Schönheitspreise' ausgezeichnet wurden, als Ehrengäste ersten Ranges für die Dau-er von acht Wochen auf die Insel Wörth anläßlich des alljährlichen dort abzuhalten-den Schönheitskongresses, weitgehende Begünstigungen etwa einzugehender Ehen zwischen Männern und Mädchen, die durch Schönheitspreise ausgezeichnet worden sind).
4. Anlage einer Galerie und eines kinematographischen Archivs von Porträts, einzel-nen photographischen Bildern oder von ‚lebenden' Gruppenlichtbildern solcher Ver-treter oder Vertreterinnen des Menschengeschlechtes, die aus den alljährlichen Schön-heitskongressen als Sieger hervorgegangen sind."

Ein leichtes Gruseln überkommt uns heute, wenn wir in dem zu einer Utopie gewor-denen Roman weiter lesen, wie sich Franz Herndl den von einer Trutzburg A.G. vor-genommenen Ausbau der Insel erträumte …
… mit einer drei Stockwerke hohen Burg für die auf ein Jahr gewählte Schönheits-königin, in der sich außer einem großen Thronsaal noch viele Prunkgemächer und so-gar ein Badezimmer mit „versenkter Majolika-Badewanne" befinden …
… mit weißen und schwarzen Schwänen auf dem Inselteich und einer elektrisch be-leuchteten Spiegelgrotte …
… mit Cafés, Restaurants, Andenkenläden und eigenem Post- und Telegraphenamt
Franz Herndl hat durch seine Initiative die stille Insel Wörth vor einer Zementfabrik bewahrt, aber – gottlob! – wir sind auch von einer Erfüllung seiner Träume bewahrt worden!

teil von dem, was er später geschrieben und verkündet hatte, war die Weltanschauung des Adolf Lanz. Dafür verhängte der Abschreiber Hitler nach dem Einmarsch seiner Truppen in Österreich über Lanz ein Schreibverbot. Schon zu Weihnachten 1907 hatte Lanz auf Burg Werfenstein eine Hakenkreuzfahne gehißt ... „So ist Werfenstein wohl jener historische Ort, an dem zum ersten Male eine Hakenkreuzfahne, wenn auch nicht in der gleichen Farbe wie die des späteren Nationalsozialismus wehte" (Wilfried Daim). – Hitler war damals noch ein achtzehnjähriges Bürschchen.

Im 19. Jahrhundert war die Insel Wörth im Besitz der Herzöge des Hauses Sachsen-Coburg. Und so kam es, daß nach dem Tod von Albert von Sachsen-Coburg die mit ihm verheiratete Königin Viktoria von Großbritannien als seine Erbin auch in den Mitbesitz der kleinen Insel in der Donau kam.

Am Beginn des 20. Jahrhunderts wollten die herzoglichen Besitzer der Insel diese an ein Bauunternehmen verkaufen, welches die Absicht hatte, den Inselwald abzuholzen und eine Zementfabrik darauf zu errichten. Aber dagegen trat ein Mann auf, der es verdient, daß sein Name nicht vergessen wird – es war der aus Grein stammende Schriftsteller Franz Herndl. Er intervenierte bei der „Zentralkommission für Denkmalpflege", gründete eine „Insel-Wörth-Gesellschaft" (das Wort „Bürgerinitiative" war noch nicht erfunden) und erreichte schließlich, daß der österreichische Staat die Insel kaufte. Obwohl diese mit den am linken Donauufer liegenden und zum Bundesland Oberösterreich gehörenden Orten Grein, Struden und St. Nikola eng verbunden ist, gehört sie doch zum Land Niederösterreich.

Niederösterreich oder Oberösterreich – wenn man mit dem Boot auf der Insel Wörth gelandet ist, befindet man sich in einem ganz anderen Land. Bis zum Jahre 1862 befand sich ein Bauernhof mit Wiesen und Feldern auf der Insel; seit diesen ein Hochwasser zerstörte, wohnt niemand mehr auf ihr. Und wenn heute zur Sommerzeit Bootfahrer manchmal darauf ihre Zelte aufstellen, dann werden sie bald wieder vertrieben ... nicht von Menschen, sondern von den Gelsen!

Als wir zum ersten Mal zur Insel Wörth fuhren, sagten wir allen Freunden, daß wir auf eine einsame unbewohnte Insel reisen werden. Und nach der heutigen Meinung, daß Einsamkeit nur in weiter Ferne zu finden sei, glaubten natürlich alle, daß wir auf die Fidschi-Inseln oder sonstwohin in der Südsee wollten ...

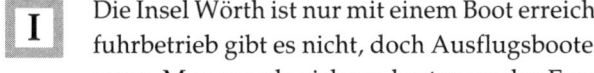 Die Insel Wörth ist nur mit einem Boot erreichbar. Einen regulären Überfuhrbetrieb gibt es nicht, doch Ausflugsboote stehen in Grein zur Verfügung. Man wende sich am besten an das Fremdenverkehrsamt.

Rätselvolle Höhlen im Erlaufgebiet

In den Felsen des unteren Erlaufgebietes gibt es viele natürliche Halbhöhlen, und außerdem hat das besonders weiche Gestein (Melker Sande = verfestigter Quarzsand) die Menschen verschiedenster Zeiten dazu verlockt, diese Höhlen nicht nur auszubauen, sondern auch ganz neue herauszuarbeiten. Das größte, aber zugleich unheimlichste Höhlenwerk im Melker Sand ist die Stollenanlage im Wachberg ...

Auf dem Wachberg bei Melk befand sich – wie die Untersuchungen von Hermann Schwammenhöfer ergeben haben – eine jungsteinzeitliche befestigte Höhensiedlung aus dem 4./3. Jahrtausend v. Chr. Und im Zweiten Weltkrieg wurde im Inneren des Wachberges eine Rüstungsfabrik errichtet.

Im April 1944 begannen aus dem Konzentrationslager Mauthausen nach Melk verlegte Häftlinge mit der Arbeit, und im Dezember 1944 waren bereits 5 Kilometer (!) Stollen ausgebaut und betoniert, drei weitere im Baustadium. Die Kugellagerproduktion der Steyr-Werke lief an. Die Stollen hatten eine Höhe von 8 bis 9 Metern (!) und waren in drei Etagen unterteilt. Ein vom Bahnhof Loosdorf abzweigender Schienenstrang der Westbahn führte in den Hauptstollen hinein.

Im Jänner 1945 zählte das KZ-Lager Melk 10.000 Häftlinge. Im Stollen wurde in drei bis vier Schichten mit je 1500 bis 3000 Mann gearbeitet. Wie viele Häftlinge dieses „Projekt Quarz" nicht überlebt haben, ließ sich nachher nicht mehr genau feststellen. Fast 5000 sollen es gewesen sein ...

Infernalisch wirkt auch heute noch der dunkle Schlund des Stolleneinganges über dem jetzt so friedlichen Ort Roggendorf. Vom Regen den Berg herabgeschwemmte Sandmassen haben einen hohen Wall davor aufgebaut, mächtige Bäume sind in dem vergangenen halben Jahrhundert rundum gewachsen. Den in das Gewölbe eintretenden Besucher umgibt bald tiefe Finsternis. Und wenn es heißt, daß in Kirchen verrichtete Gebete in dem Raum auch eine gewisse weihevolle Atmosphäre hinterlassen, dann trifft das in negativem Sinne auch für den Melker Stollen zu ... man kann darin noch die Not und den Tod jener Menschen spüren, die daran arbeiten mußten.

Viele der Höhlen im Melker Sande werden als Zufluchtsstätten mit Kriegen in Verbindung gebracht. Jedoch einige von ihnen haben gewiß auch anderen Zwecken gedient ... es sind rätselvolle Anlagen.

Die „Maurerlucke" bei Kendl

Der Maurer Christoph Zrenner aus Kendl (†1854) soll in der Höhle gewohnt haben (warum, weiß niemand). Und man erzählt auch, daß er seine Frau aus der Höhle in die Tiefe gestoßen habe, ihr nachgestürzt sei und
sich dabei „derfallen" habe.

Als sich in den Jahren 1805 und 1809 die Franzosen in dieser Gegend
keineswegs wie Vertreter einer *Grande Nation* benahmen, soll die drang-
salierte Bevölkerung in die Höhle geflüchtet sein. Das hatte sie angeblich
auch schon im Türkenjahr 1683 getan, von dem die Petzenkirchner Ma-
trik meldet, daß „im Einfall der Tartaren in dieser Pfarre 115 Personen
jämmerlich niedergemacht worden, 607 Personen weggeführt. Gott soll
ihnen allen gnädig sein."

Kendl wird bereits 1289 als „Chenel" (= Kanal) genannt, und der damals schon bestehende Kanal ist noch heute eine Sehenswürdigkeit – ein
industriearchäologisches Denkmal. Wie mit einem scharfen Messer ist das
fast zwei Meter breite Gerinne senkrecht aus dem Felsen (in dem sich auch
die Maurerlucke befindet) geschnitten worden. Ein Spazierweg führt an
seinem Rand entlang.

Im 12. Jahrhundert errichtete Stift Melk in Kendl eine Mühle. Ob der
Kanal ebenfalls aus dieser Zeit stammt oder schon früher angelegt wurde, ist ungewiß. Mühlen aus diesem Gebiet werden bereits in Urkunden
aus dem 9. Jahrhundert erwähnt. Und mit Wasserrädern betriebene
Mühlen haben schon die Römer von den technisch hochgebildeten Stämmen der Kelten in Gallien übernommen (nach Heinrich Werneck).

Die Maurerlucke befindet sich in der Felswand ca. 15 Meter über dem
Kanal. Noch zwei andere Höhlen (eine mit der Jahreszahl 1909) sind am
Wandfuß. Der Aufstieg zur Maurerlucke führt über eine sehr urtümlich
wirkende aus dem Fels gehauene Stiege und dann weiter über ein schma-
les Band. Durch ein ebenfalls aus dem Fels geschnittenes Portal erreicht
man die nach der Talseite offene zimmergroße Halbhöhle (4 x 5 Meter,
Höhe 2,5 Meter). Rechts vom Portal führt ein mit Griff- und Trittlöchern
versehener Quergang durch die Steilwand (an einem ausgebrochenen
Loch vorbei) ebenfalls in die Halbhöhle. Die Wände des Raumes, in dem
eine apsisartige Nische dominiert, wurden geglättet und mit flachen
Pilastern sogar architektonisch gestaltet. Jetzt sind sie mit unzähligen
Initialen, Jahreszahlen und Zeichen übersät.

War die Maurerlucke – so wie es heißt – tatsächlich eine natürliche Fels-
höhle, welche später zur Zuflucts- oder Wohnstätte ausgebaut worden ist?

So wie sich die pralle Felswand über dem Kanal zeigt, gab es in ihr keine natürliche Aushöhlung. Treppe, Felsband und die Halbhöhle sind von
Menschenhänden ausgearbeitet worden.

Wozu? Als Fluchthöhle ist der zimmergroße Raum viel zu klein, und außerdem wären die Flüchtlinge in der Halbhöhle vom Talboden aus wie auf einer Bühne zu sehen gewesen. Und warum hätte man dem bösen Feind den Zugang durch schöne Stufen und ein ebenes Band so bequem machen sollen?

Ganz bestimmt ist diese Anlage für einen anderen Zweck geschaffen worden. Als Kultgrotte könnte man sie sich gut vorstellen. In seinem Buch „Das Erlauftal in ur- und frühgeschichtlicher Zeit" stellt Stefan Denk fest, daß in diesem Teil des Erlauftals (wo sich auch die Maurerlucke befindet) die meisten Funde aus der Jungsteinzeit gemacht wurden. 1936 fand man direkt unter der Höhle in einem Meter Tiefe eine Axt aus Serpentin, eine zweite ein Stück weiter davon entfernt. Der Mensch hat hier bereits gearbeitet.

Daß es im Raum zwischen Pielach- und Erlaufmündung besonders zur Römerzeit viele Einzelhöfe und Weiler gab, haben zahlreiche Siedlungsspuren erwiesen; es fehlten bisher nur die Mittel, um Grabungen durchzuführen. Höhlen waren schon seit ältester Zeit auch Kultstätten, und Grottenheiligtümer waren besonders beliebt bei den Römern. Der leicht zu bearbeitende Melker Sandstein könnte die Menschen bewogen haben, selber eine solche Kultgrotte auszuhauen.

In den von Römern besetzten Grenzgebieten an der Donau war Silvanus für das Volk gleichsam der Landesgott, der in vielen Kultgrotten oder Kultnischen seine Verehrung fand. Silvanus – der Fruchtbarkeits- und Erdgott, der Herr des Waldes und des Wildes. Seit dem Mittelalter ist St. Hubertus der Patron der Jäger. Eine Hubertuskapelle aus jüngster Zeit gibt's jetzt auch in der Felswand mit der Maurerlucke. Zufall?

Die Sandlucken bei Dollbach

Wie der weit aufgerissene Rachen eines riesigen Ungeheuers schaut der Eingang der Großen Sandlucke bei dem kleinen Weiler Dollbach aus. Oder wie ein Tor zur Unterwelt ...

Menschenhände haben den Eingang in den fast 20 Meter langen Höhlensaal verbreitert. Umstritten ist, ob auf der felsigen Kuppe darüber einst eine Wehranlage stand; Wälle und Gräben rundum will man noch erkennen. Ein unterirdischer Gang soll einmal aus der Höhle in die Maurerlucke bei Kendl geführt haben. Und wenngleich solche Geschichten von unterirdischen Gängen vielerorts erzählt werden und es diese Gänge niemals gegeben hat, so sind es merkwürdigerweise stets markante, besondere Plätze, die sie miteinander verbunden haben sollen. So wie in

Vorhergehende Seite:
Der Steinkopf in der Aschach

Links oben: Kopf einer der Steinstelen von Klosterneuburg

Links unten: Marmorkopf
des Jupiter Ammon in
Petzenkirchen

Rechts oben: Mithrasstein
aus St. Andrä (Limesmuseum
Tulln)

Rechts Mitte: Wienerwald-
bewohner auf dem Römerstein
in Gablitz

Rechts unten: Zwei der
jüngstentdeckten Römergrab-
steine aus der Zisterne vom
Stift Klosterneuburg (Stiftsmuseum)

Nachfolgende Seite: Rekonstruiertes hallstattzeitliches Hügelgrab im Urgeschichtlichen
Freilichtmuseum Mitterkirchen

der Maurerlucke sind auch in der Großen Sandlucke starke Strahlungen feststellbar, wobei es interessant ist, daß es in der fünfhundert Meter weiter westlich gelegenen und weniger attraktiven Kleinen Sandlucke (welche so wie die Große ebenfalls als Zufluchtsstätte angesprochen wird) überhaupt keine gibt.

An der linken Außenwand der Höhle sind Felsritzungen angebracht, u.a. einige Galgen, ein Fisch, ein großer Richtungspfeil. Unter einem Galgen steht die Jahreszahl 1808 – das ist die Napoleonzeit, in der die geplagten Landbewohner am liebsten alle Franzosen an einem Galgen aufgehängt hätten. Eine Darstellung von Richtungspfeil, Fisch und Galgen ist auch am „Hohlen Stein" bei Grabenegg zu sehen.

Auf den Feldern vor der Großen Sandlucke wurden unter anderen Tonscherben auch solche aufgelesen, die aus der Jungsteinzeit stammen. In der Höhle selbst wurde nichts gefunden. Dort ist auch in den letzten Jahrhunderten zuviel gekratzt und gegraben worden, um Sand herauszuholen. Bevor es unsere „umweltfreundlichen, dermatologisch getesteten Abwaschmittel" (mit dem kleingedruckten Vermerk: „Reizt die Augen und die Haut. Bei Berührung mit den Augen gründlich mit Wasser abspülen, Arzt konsultieren") gab, war Reibsand das wirksamste Mittel, um fettige Reindln und Pfannen wieder sauber zu kriegen.

Der „Hohle Stein" bei Grabenegg

Es war in den 70er Jahren, als uns der nunmehr schon verstorbene Heimatforscher Franz Hutter aus Melk am „Hohlen Stein" bei Grabenegg die große Felsgravur des Fisches zeigte und auch die Fluchthöhle mit den teuflisch-raffinierten Stoßlöchern.

Seither sind wir noch etliche Male in diesem romantischen Winkel gewesen, haben dort alle „Türkenlöcher" aufgesucht und dabei immer wieder festgestellt, daß der höhlenreiche „Hohle Stein" seinen Namen mit Recht trägt. Nur die Türken werden zu Unrecht mit dem Hohlen Stein in Verbindung gebracht, bereits in einer Urkunde vom Jahr 1367 wird er „Hollnstain" genannt. Feinde aus dem Osten, vor denen sich die Landbewohner verstecken mußten, gab es allerdings schon lange vor den Türken … z. B. die Awaren und im 10. Jahrhundert die Ungarn.

Das fast einen Meter lange Ritzbild des Fisches mit einem Galgen und Pfeil ist jetzt nicht mehr so deutlich zu sehen wie nach der Entdeckung in den 70er Jahren. 1987 fand eine Heimatforschergruppe aus Wien an dem Felsen noch einen kleineren Fisch. Und an der Außenwand der Großen Sandlucke (siehe oben) haben Höhlenforscher ebenfalls Ritzbilder von Fisch, Galgen und Pfeil entdeckt – diese aber an verschiedenen Stellen.

Der Fisch am „Hohlen Stein". Aufnahme des Ritzbildes aus den 70er Jahren

Nach der Entdeckung des Fisches am Hohlen Stein wurde damals angenommen, daß die drei Symbole zusammen etwas bedeuten, und es wurden auch die verschiedensten Deutungen dafür gefunden. Was wiederum zeigt, wie schwierig es ist, die Sprache der Felsbilder zu lesen – auch
wenn diese aus jüngerer Zeit stammen. Der große Fisch vom „Hohlen
Stein" hat also Gesellschaft bekommen … und wir sind nicht gescheiter
geworden und stehen noch immer fragend davor.

Das faszinierendste am „Hohlen Stein" ist und bleibt die Fluchthöhle.
Sie ist nur von der Seite her auf einem schmalen Band über einem Ab-
bruch erreichbar. Knapp vor dem Eingang führen aus dem Höhleninne-
ren drei – für den Begeher des Bandes kaum erkennbare – Löcher durch
die Trennwand nach außen. Durch einen Stoß mit einem Stock oder Speer
konnten die Wächter jeden auf dem Band Daherkommenden in die Tiefe
stürzen. Obwohl wir schon öfter an diesen heimtückischen Stoßlöchern
vorbeigegangen sind, merkten wir jedesmal erst beim zweiten Loch, daß
wir am ersten bereits ahnungslos vorbeigegangen waren. Teuflisch!

Bei unserem letzten Besuch waren wir zuvor in der Maurerlucke bei
Kendl gewesen und da fiel uns auf, daß die beiden Halbhöhlen erstaunliche Parallelen aufweisen:

• Sie befinden sich inmitten einer Felswand.
• Sie sind nur über einen künstlich angelegten Zugang erreichbar.
• Sie haben beide dominierende Nischen im Inneren.

Die Nische in der Hohlensteinhöhle hat in ihrer Mitte ein breites ebenes Band, und als wir den daraufliegenden Sand und Grus entfernten, stießen wir auf zwei Vertiefungen. Wir kratzten sie aus, und bald hatten wir zwei schöne große Schüsseln (wie sie auf den sogenannten Opfersteinen zu sehen sind) freigelegt.

Von Tropfwasser ausgeschlagen? Über ihnen ist nur kompakter trockener Fels.

Zu einer der Schalen erleichtern in den Fels eingehauene Trittlöcher den Zugang. Und dieser Fels ist außerdem von merkwürdigen, von oben nach unten führenden Rillen durchzogen. Unwillkürlich dachten wir an eine Art Altar. War er das? Jedenfalls ist zu bedenken, daß zur Zeit der Awaren- und Ungarneinfälle die Menschen in diesem Grenzgebiet noch in ihrem alten Glauben lebten und die ab dem 9. Jahrhundert allmählich einsetzende christliche Missionierung zunächst nur größere Siedlungen erfaßte und noch nicht die „Hinterwäldler". So ist nicht auszuschließen, daß der Höhlenraum zuerst eine Kultstätte war, bevor er in späterer Zeit durch Ausbrechen der Stoßlöcher in eine Zufluchtsstätte umgewandelt worden ist.

In der Hohlensteinhöhle bewunderten wir wieder einmal jene Leute, welche meinen, alles über einen Ort zu wissen, wenn sie einmal dort waren. Bis jetzt hatten wir fest geglaubt, daß das infam gesicherte Loch eine Zufluchtsstätte war. Jetzt ist auch dieser Rest von Klarheit wieder beseitigt worden …

Der Römerfelsen bei Ruprechtshofen

Es war im Jahre 1893, als der Heimatforscher Johann Fasching der zuständigen Denkmalbehörde meldete, daß an einem Sandsteinriff bei Ruprechtshofen römische Felsinschriften zu sehen seien. In Wien wurde das amtlich vermerkt und – getan wurde nichts! 1903 erschien das aufsehenerregende Werk Lambert Karners „Künstliche Höhlen aus alter Zeit", in dem der „Höhlenpfarrer" (wie er genannt wurde) den Felsen mit den Inschriften genau beschrieb. Sogar seinen Chef – Abt Dungel von Göttweig – hatte er voll Begeisterung hingeführt, dieser vermutete dort „Römergräber, von denen die Inschriften Zeugnis geben". In Wien blieb man weiterhin desinteressiert. Die Grabungen in Ephesos hatten begonnen – und dort waren Ruhm und Glorie zu holen! Erst mehr als ein halbes Jahrhundert später (1947/48) begannen junge Archäologen den Felsen zu untersuchen und konnten dann ein für Österreich in seiner Art einmaliges Römerdenkmal aus dem 1. Jahrhundert n. Chr. aufdecken:

- Inschriftenfelder in der nach Norden etwa 4 Meter abfallenden Felswand. Nach Reinigung des Felsens konnten 1948 allerdings auch nur
  bei Nacht unter starker Schrägbeleuchtung die Inschriften noch gelesen werden. Heute sind sie kaum erkennbar. „Die Namen der Inschriften sind Ausdruck der Volksmischung, die nach der Überschichtung
  der Illyrer durch die Kelten und nach der Okkupation durch die Römer
  entstanden ist" schrieb der Archäologe Hermann Vetters damals in seinem Bericht. Er hatte auch die zwölf vorkommenden Namen – wie Blaus,
  Cadiasus, Marcianus – auf ihre Volkszugehörigkeit untersucht: 4 sind
  rein illyrisch, 4 rein keltisch, 2 illyrokeltische Mischbildungen, 2 rein
  italisch. Vier Bestattete waren Freigelassene (ehemalige Sklaven). Hochgestellte Persönlichkeiten waren also auf diesem Felsen nicht bestattet.
  (Mich erinnert die Felswand mit den tiefeingeschnittenen und hübsch
  umrahmten Inschriftenfeldern immer wieder an die Felsengräber-
  nekropolen der Etrusker.)
- Gräber auf dem Felsen in Form ausgemeißelter viereckiger Urnen-
  schächte, welche ursprünglich mit flachen Steinplatten zugedeckt waren. Eine für die Römerzeit unübliche Bestattungsart. Nach den spärli-
  chen Funden waren es auch keine wohlhabenden Leute, deren Asche
  in dem Felsen bestattet worden ist.

Das Felsenriff mit den Gräbern ist heute von einem tiefen Einschnitt in
zwei Hälften geteilt. Ursprünglich befand sich dort eine große Höhlen-
halle, die entweder von selber eingestürzt ist oder in späterer Zeit zum
Einsturz gebracht wurde. Der Eingang in sie ist noch heute im Westteil
des Felsens zu sehen. Für die archäologischen Untersuchungen 1947/48
mußte der Einschnitt erst ausgegraben werden, wobei antike, mittelalterliche und neuzeitliche Keramikscherben gefunden wurden. Aus dieser (jetzt im Freien liegenden) großen Halle führt ein bis heute geheimnisvoll gebliebenes Ganglabyrinth von 45 Metern Gesamtlänge in das Innere des Felsens.

Nach Beendigung der Untersuchungen stellte man damals vor dem Felsen eine hölzerne Informationstafel auf, an der zu lesen war, daß dieses
Labyrinth ein „Fluchtstall" aus dem 15./16. Jahrhundert sei.

Fluchtställe oder Erdställe (die übliche Bezeichnung) sind sehr mysteriöse und umstrittene Anlagen. Nach einer Meinung waren diese unterirdischen Gangsysteme Zufluchtsstätten bei Feindgefahr, nach anderer
Meinung waren es Kultstätten.

Das Gangsystem im Römerfelsen war jedenfalls keine Zufluchtsstätte.
Das steht für alle Heimatforscher fest, welche sich mit Erdställen näher
beschäftigt haben, vor allem selber schon in etliche hineingekrochen sind.
Einer von ihnen, Stefan Denk, hatte bereits in seinem 1962 erschienenen

Buch „Das Erlaufgebiet in ur- und frühgeschichtlicher Zeit" seine Bedenken festgehalten: „Es ist sowohl beim jetzigen als auch beim ursprünglichen Zustand nur ein einziger Eingang vorhanden, so daß es in äußerster Not keinen Ausweg gibt, und dieser Eingang ist so eng und niedrig, daß er eine Verteidigung mit der Waffe in der Hand nicht zuläßt. Ausräucherung brächte den sicheren Tod aller Flüchtlinge. Die Räume sind für einen Fluchtstall zu beschränkt und zu niedrig, obwohl sie sich bei der Weichheit des Gesteins ohne Mühe hätten erweitern lassen. Welchen Sinn hätte innerhalb eines Fluchtstalles der Saalraum, der nur etwa vier Schritte hinter dem alten Eingang lag? Und schließlich mußte doch die weithin sichtbare Felswand die Aufmerksamkeit eines Feindes gerade auf den Fluchtstall lenken."

Nach Denks Ansicht scheint die Anlage „am ehesten dem Totenkult gedient zu haben".

Es gibt noch einen anderen Grund, der gegen einen Fluchtstall spricht. In der Schlatten (= feuchter Talboden) befand sich ab dem Mittelalter ein adeliger Ansitz, wahrscheinlich beim jetzigen Schlattenbauerhof (Koth Nr. 7) – also dicht unterhalb des Römerfelsens. Urkundliche Erwähnungen: 1200: Chunrat de Slaeten, dann weitere 19 Nennungen bis 1591: Schlaten. So nahe an einem Wohnsitz wurden im Freien liegende Zufluchtsstätten nicht angelegt, sie wären auch sinnlos gewesen.

Daß das unterirdische Labyrinth für einen Totenkult bestimmt gewesen sein könnte, erscheint einleuchtend. Doch mit den Bestattungen aus dem 1. Jahrhundert n. Chr. wird es kaum in Verbindung zu bringen sein, dafür waren (nach den Inschriften) die Toten zu wenig bedeutend und (nach den Beigaben) zu wenig reich. Denn: Auch in dem leicht zu bearbeitenden Sandstein war das Ausarbeiten der Gänge doch eine recht aufwendige Arbeit.

Das Ganglabyrinth und der einstige große Höhlenraum dürften also schon vor den Bestattungen existiert haben oder sie sind erst später entstanden. Es ist eine Anlage, die in unseren Zonen kein Gegenstück hat und nur wenig Parallelen zu Erdställen aufweist. Diese haben keine so große Ausdehnung und ihre Gänge sind wesentlich niedriger, oft sind es nur ganz enge Schliefröhren. Darum gibt es auch die Hypothese, daß die Erdställe Kultstätten waren, und zwar Totenkultstätten, Leergräber, Aufenthaltsorte für die Geister oder Seelen der Toten … diese brauchten keine mannshohen Gänge, und Geister finden auch Platz in Kammern, in denen man weder liegen noch aufrecht stehen kann.

So liegt noch immer etwas von dem Dunkel des Ganglabyrinths über dem Felsenriff in dem freundlichen Hügelland … auch wenn beim Schlatterbauernhof jetzt ein moderner Swimmingpool ist und die alte hölzerne Informationstafel durch einen bildschönen Gedenkstein ersetzt worden ist. Freilich, der Informationstext darauf ist noch immer der alte, und wenn jetzt auch in Marmelstein graviert ist, daß die unterirdischen Gänge ein „Fluchtstall" waren … es stimmt nicht, es stimmt nicht!

Die Maurerlucke bei Kendl (nördlich von Wieselburg): Links von der Erlaufbrücke am südlichen Ortsrand zweigt ein Wiesenweg ab, der nach ca. 300 Meter zum Kanal und zu den Höhlen bringt.

Die Sandlucken bei Dollberg (ca. 2 $^1/_2$ Kilometer von Kendl entfernt): Von einem Bildstock am östlichen Dorfende geradeaus einer Baumreihe folgen bis zum südlich gelegenen Waldrand (ca. 500 Meter), wo sich die Große Sandlucke befindet. Am Waldrand ca. 500 Meter über Wiesen gegen Westen zur Kleinen Sandlucke (an der Hinterseite des Felsens).

Der „Hohle Stein" bei Grabenegg: Der von der Straße St. Leonhard–Ruprechtshofen nach Grabenegg abzweigenden Nebenstraße folgen und weiter (immer rechts haltend) bis zum Gehöft Fohregg Nr. 7 (ca. 2 $^1/_2$ Kilometer). Die Straße weiter (ca. 200 Meter). Etwa 30 Meter vor der Kreuzung führt rechts ein schmaler Pfad in den Wald. Fünfzig Meter leicht bergan bis auf einen Waldkamm. Dort steil hinunter zum Fuß der Wände. Rechts geht es zu den Türkenlöchern und zum Fisch, gleich links beginnt das erdige Band, das zur Hohlensteinhöhle bringt. Trittsicherheit und Schwindelfreiheit sind für eine Begehung des Bandes notwendig.

Der Römerfelsen bei Ruprechtshofen: Von der Straße Ruprechtshofen–Wieselburg führt nach ca. 3 Kilometern ein Güterweg über das Bahngeleise zum Schlattenhof (ca. 400 Meter). Der Felsen ist etwas oberhalb von dem Gehöft. Für eine Begehung des Ganglabyrinths Licht mitnehmen.

Der Eingang zu dem unterirdischen Kriegsbau bei Melk befindet sich in dem am Wachberg gelegenen Roggendorf am Waldrand etwas oberhalb des Ortes. Betretens des Stollens auf eigene Gefahr – man kann sich leicht darin verirren! Gutes Licht ist notwendig, hohe Schuhe (wegen des lockeren Sandbodens) empfehlenswert.

ARELAPE (PÖCHLARN) UND SEIN HINTERLAND

Es gibt ein Nibelungenlied, es gibt einen Nibelungengau und Nibelungenstädte, einen Nibelungenstrom und eine Nibelungenstraße, in Pöchlarn gibt's sogar seit 1987 ein pompöses und trotzdem fades Nibelungendenkmal – nur die Nibelungen hat es nie gegeben! Die Römer hat es tatsächlich in Pöchlarn gegeben – aber wer denkt schon an sie, wenn der Name der Nibelungenstadt Pöchlarn genannt wird?

Arelape hieß das an der Donau gelegene, im 1. Jahrhundert n. Chr. errichtete Auxiliar(Hilfstruppen)-Kastell, das außerdem Stützpunkt für die Donauflotte war. Immer wieder stößt man bei Bauarbeiten in Pöchlarn auch heute noch auf römische Mauerteile, viele Funde wurden schon im Verlauf der Zeit geborgen, und fast ein Dutzend Römersteine finden sich eingemauert an der Pfarrkirche, u.a. ein geflügelter Amor auf einem Delphin, eine halbnackte Zimbelschlägerin und eine tanzende Mänade, ein nackter Satyr … Heidensteine!

Sonst gibt es in Pöchlarn „keine sichtbaren Reste" (wie es im Limesführer heißt) vom Kastell Arelape an der Donau. Das römische Arelape lebte in dem hügel- und waldreichen Hinterland weiter …

Todesgenien am Vierseithof

An den flachen Südhängen über St. Leonhard am Forst steht der Hubhof, ein großer Vierseithof mit Wiesen, Feldern, Obstbäumen und natürlich auch Hendln drumherum. Wären am blauen Himmel nicht die Kondensstreifen von Flugzeugen, möchte man meinen, daß hier die alte Zeit noch ein bisserl stehengeblieben ist. Eingemauerte Römersteine würde man an diesem Bauernhof allerdings nicht vermuten!

Natürlich sind es keine überwältigenden Kunstwerke, vor denen wir hier stehen, sondern Teile von Grabdenkmälern, welche ein Bauer auf seinem Grund und Boden gefunden und an seinem Haus angebracht hat. Aber wo steht noch ein solch origineller Bauernhof, an dem ein römischer Adler, ein Löwenkopf und zwei Todesgenien mit gesenkter Fackel zu sehen sind?

Es wird berichtet, daß auf einem Feld hinter dem Haus auch eine vergoldete Bronzestatue gefunden wurde (wo ist sie geblieben?). Und bei der Anlage des Gemüsegartens wurden Mauerreste mit Nischen entdeckt, in denen 14 Aschenkrüge aufgestellt waren (den Gemüsegarten gibt's noch immer).

Der Hubbauernhof ist ein Denkmal für die friedliche Eroberung des Landes durch die Römer. Römer? Die Besatzungen von Hilfstruppenkastellen waren keine Römer, sondern Angehörige verschiedenster Völker. Und wenn sie nach zwanzig Jahren als Veteranen entlassen wurden, blieben sie in dem Land …

„Die verheirateten Legionäre mit weiten Strecken des eroberten Landes auf das freigiebigste beschenkt, nahmen die Axt und den Pflug zur Hand, wenn die Waffen schwiegen – und bald wogten Saatfelder, wo sonst der Wald sein unheimliches Düster wob. Die heimische Bevölkerung trat gar bald in trauten Verkehr, ja sogar in trauliche Beziehungen zu den Römern. Nicht nur die Waffen so blink und so blank stachen mancher keltgermanischen Maid in die Augen, sondern auch der Mann, der sie trug; auch wußte man gar bald den Wert der Sicherheit zu schätzen, deren man sich im Schatten der Kastelle erfreute – und immer volkreicher wurden die Orte in der Nachbarschaft der römischen Lagerplätze."

So traulich, wie es in einer 1912 erschienenen Heimatkunde geschildert wurde, wird es wohl nicht immer zugegangen sein, aber Tatsache ist jedenfalls – wie der archäologische Erforscher dieses Gebietes, Stefan Denk, feststellte –, daß es hier Weiler und Einzelgehöfte in einer Dichte gab, „die ungefähr den heutigen Großbauernhöfen in Talböden und Hügelländen entspricht".

Aber nicht nur Legionäre haben sich in dieses Land zurückgezogen, auch höhere römische Militärs und Beamte haben das getan. Was der Grabstein des im Alter von 70 Jahren verstorbenen M. Sextius Vettonanus an der Kirche von St. Leonhard am Forst beweist. Er ist – wie die Inschrift meldet – Verwaltungsbeamter im römischen Cetium (St. Pölten) gewesen, der dann seinen Ruhestand in dem stillen Land genossen hat. Und daß viele dieser Pensionisten auch nach ihrem Tod bekunden wollten, welch gebildete Leute sie einst waren, bezeugen die mythologischen Darstellungen an deren Grabdenkmalen.

Jupiter Ammon in Petzenkirchen

Im Jahre 1954 wurde bei Wasserschutzarbeiten in Zelking das Halbrelief eines gehörnten Marmorkopfes gefunden, der von Stefan Denk alsbald als Jupiter Ammon identifiziert wurde. Der ägyptische Reichsgott und Götterkönig hatte einen recht weiten Weg hinter sich …

Gott Ammon, dessen heiliges Tier der Widder war und der deshalb auch mit Widderhörnern dargestellt wurde, haben zuerst die Griechen von den Ägyptern als Zeus Ammon übernommen und von ihnen die Römer als Jupiter Ammon. Mit den römischen Legionären kam der Gott an die Donau, und vom Grabbau eines Angehörigen dieser Kultgemeinschaft dürfte der Marmorkopf stammen. Der Besitzer des Grundes, auf dem der Stein gefunden wurde, schenkte diesen dem Gemeindearzt von Petzenkirchen, Dr. Fritz Sedlazeck, der ihn an der Außenseite seines Hauses – Petzenkirchen, Fritz Sedlazeck-Platz Numero 1 – anbrachte, wo er auch jetzt zu sehen ist.

Besonders für orientalische Kulte (Mithras, Isis, Serapis u.a.) waren die Römer an der Donau sehr empfänglich; überhaupt für jede Religion, welche von der sturen, nur auf das Dasein ausgerichteten römischen Staatsreligion abwich. Die vielen Zunamen, unter denen Jupiter aufscheint – wie etwa Jupiter Dolichenus, Jupiter Heliopolitanus, Jupiter Tavianus und auch Jupiter Ammon –, sind irgendwie rührende Versuche, den nichtssagenden römischen Staatsgott mit Anleihen von anderen Gottheiten etwas aufzubessern. Wie wenig von Jupiter gehalten wurde, zeigt der archäologische Befund in Carnuntum, wo der liebenswerte alte Natur- und Fruchtbarkeitsgott Silvanus dreimal mehr Weihegaben erhielt als der Staatsgott.

In Carnuntum ist Jupiter Ammon ab dem 2. Jahrhundert n. Chr. nachweisbar. Der Zelkinger Bildstein ist nach der Meinung von Stefan Denk nicht später als ins 3. Jahrhundert zu datieren … „Mit dem Rückgang des südländischen Bevölkerungsanteiles und damit des eigentlich römischen Kunsteinflusses verschwindet seit dem 3. Jahrhundert im Donauland die körperhafte, naturnahe Rundplastik in Stein fast völlig, und die flächige, bloß dekorative Kunstgestaltung des Nordens gewinnt die Oberhand. Der Zelkinger Bildstein, obwohl keine Vollplastik, sondern ein Relief, jedoch als solches ungewöhnlich stark herausgearbeitet, mutet technisch wie ein letztes Ausklingen mediterraner bildhauerischer Schaffensart und im Stil fast keltisch maskenhaft an."

Der Bildstein sollte einen ägyptischen Gott mit ägyptischem Kinnbart darstellen. Aber so ganz ägyptisch ist er trotzdem nicht geworden, es steckt auch viel Römisches und Keltisches in ihm. Ein Konglomerat – und eben deshalb ein für unser Donauland so interessantes Kulturdenkmal.

Müllnerkogel und Weißer Stein

Er ist ein eher unscheinbarer bewaldeter Mugel am Melkfluß bei Matzleinsdorf, der Müllnerkogel, so benannt nach der alten Geißenmühle, welche sich einst an seinem Fuße befand. Imponierend wird jedoch der Kogel, wenn man seine höchste Kuppe erreicht hat und über steil abgeböschte Flanken auf langgezogene Ringwälle und in tiefe Sperrgräben hinabschaut …

Erst 1952 wurde diese Erdburg von dem Melker Heimatforscher Franz Hutter entdeckt, und so wie die Anlage sich jetzt zeigt, ist sie ein Werk aus dem Mittelalter. Doch die in letzter Zeit gemachten Scherbenfunde ergaben ein neues Bild: Es bestand bereits im 2./1. Jahrtausend v. Chr. auf dem Boden unterhalb des Kogels eine Siedlung, und auf ihm höchstwahrscheinlich eine urzeitliche Befestigung, welche im Mittelalter nur weiter ausgebaut worden ist.

Damit entflammten auch aufs neue die Diskussionen um den berühmten „Weißen Stein" am Abhang des Hiesberges (502 m). Am Müllnerkogel steht man direkt unter ihm ... hell leuchtet der Stein im Sonnenlicht, und doch ist alles dunkel und geheimnisvoll um ihn ...

Der Weiße Stein ist ein riesiger Felsblock mit ebener Oberfläche, und – das ist das Besondere an ihm – er wird immer wieder von den Burschen aus Matzleinsdorf weiß gestrichen. Bis zum Ersten Weltkrieg soll das „alter Brauch" gewesen sein, dann kam der Brauch ab, jetzt ist er wiederbelebt worden. Entstehung und Alter des „alten Brauchs" sind unbekannt. Auffallend ist, daß die Schauseite des Weißen Steins – im Gegensatz zu all den anderen dort herumliegenden Steinen – frei von Flechten ist und wie blank gerieben wirkt. Möglicherweise wurde der Stein ursprünglich auf solche Art gepflegt, bekam deshalb seinen Namen, und der Brauch der Weißfärbung kam erst in späteren Zeiten auf.

Ein volkstümliches Gedicht erzählt von einem Besitzer der Geißenmühle, der oben bei dem Weißen Stein tot gefunden und bei ihm begraben wurde. Das Gedicht stammt sicherlich aus neuerer Zeit, könnte aber auf einer alten Überlieferung basieren. Das würde den Stein mit einem alten Totenkult in Verbindung bringen. Tatsächlich hat er unter sich eine Höhlung und dadurch eine gewisse Ähnlichkeit mit prähistorischen Dolmen, welche (so denkt man neuerdings) nicht nur Grabstätten waren, sondern auch Plätze für Bestattungszeremonien.

Der Heimatforscher Franz Hutter wollte im Weißen Stein ein Grenzzeichen sehen: Eine vor Kaiser Karl dem Großen bestehende Grenze zwischen West und Ost verlief über den Hiesberg, und dort stand etwas versteckt der Grenzstein, der Rogelstein. Weil jedoch dieser Stein vom Tal aus nicht zu sehen ist, wurde der Weiße Stein sozusagen als Hinweisstein benützt.

Franz Hutter war selber nicht ganz glücklich mit dieser Hypothese. Und wenn auch Historiker mit der sakralen Bedeutung der weißen Farbe argumentierten und meinten, daß diese die sakrosankte Bedeutung der Grenze bekräftigen sollte – irgendwie paßt dieses „weiße Hinweisschild" zum „echten Grenzstein" nicht in das Denken des Menschen jener Zeit. Ein Grenzstein galt als etwas Unverrückbares. Da – wo er stand – da war die Grenze. Er brauchte keinen zweiten Stein neben sich.

Es besteht kein Zweifel, daß der Weiße Stein schon in alter Zeit als besonderer Stein galt. Und wer oben auf der Kuppe des Müllnerkogels steht und zwischen dem Grün der Bäume das helle Weiß des Weißen Steins zum Greifen nahe vor sich sieht, kann es fast spüren, daß zwischen diesen beiden Punkten einst eine Beziehung bestanden haben muß. Am Müllnerkogel ist der Weiße Stein etwas, zu dem man aufschaut, und oben auf der Plattform des Weißen Steins vermeint man, auf einem Platz zu stehen, an dem irgendeine Handlung „für die da unten" verrichtet worden ist. Ein Besuch beider Plätze ergibt jedenfalls interessante Blickpunkte ... wenngleich auch in Zukunft kaum jemand mit Sicherheit wird sagen können, was der Weiße Stein einst für die Menschen bedeutet hat und was wirklich bei ihm geschah ...

 Zum Hubhof bei St. Leonhard am Forst: Ein neben dem Hauptplatz abzweigender Güterweg führt zu dem nördlich des Ortes gelegenen Hubhof (ca. 1 Kilometer).

Zum Müllnerkogel: Von Matzleinsdorf einem Güterweg neben dem Melkfluß folgen bis zu der Häusergruppe bei der ehem. Geißmühle (ca. 1 Kilometer) unterhalb des Müllnerkogels. An seiner Südflanke auf Pfadspuren auf die Kuppe (5–10 Minuten).

Zum Weißen Stein: Bei der Brücke über den Melkfluß zwischen Matzleinsdorf und Großpriel beginnt ein bezeichneter Wanderweg, der zum Weißen Stein, Rogelstein und auch zur Ruine Zelking führt. Vom Ende des zuerst noch fahrbaren Weges bis zum Weißen Stein Aufstiegszeit ca. 20 Minuten.

Loosdorf: Viereckige Schanze oder Viereckschanze?

Viereckige Wall-Grabensysteme im Keltengebiet wurden lange Zeit für Befestigungen gehalten, obwohl diese Viereckschanzen sehr oft keineswegs an strategisch günstigen Punkten errichtet sind. Waren es vielleicht befestigte Gutshöfe? Oder gar nur Viehpferche?

Nachdem man in Mitteleuropa schon einige Hundert solcher Viereckschanzen lokalisiert hatte, wurde in den Jahren 1957–63 eine derartige Anlage (in Holzhausen bei München) gründlich untersucht. Das Ergebnis dieser Ausgrabung (der alsbald andere folgten) war eine große Überraschung: Die Viereckschanzen waren keine Wehranlagen, sondern umfriedete heilige Plätze, Opferplätze, Kultplätze aus der zweiten Hälfte des 1. Jahrtausends v. Chr.

Der heilige Hain, die Verehrung einer Gottheit unter freiem Himmel – das paßte ausgezeichnet in die Vorstellungswelt der damals gerade wiedererwachenden Keltomanie jener Menschen, welche auf der Suche nach der eigenen Identität in einer ganzheitlichen Weltanschauung und naturnahen Lebensweise neue Werte sahen. Kurzum: Die Viereckschanzen waren über Nacht zu einem neuen Begriff und gleichsam zu Plätzen geworden, an denen Heilige Kühe einer neuen Zeit weiden. Allerdings waren die Kelten nicht die Erfinder dieser heiligen Haine; solche gab es schon bei den archaischen Griechen.

Doch jetzt, da die Viereckschanzen akzeptiert sind, melden einige Archäologen wieder Zweifel an ihnen, fragen, ob all die Viereckschanzen auch tatsächlich alle Heiligtümer waren, ob man von einigen Viereckschanzen (welche erwiesene Kultplätze waren) auch auf alle anderen schließen darf. Man vermißt nämlich bei etlichen solcher Schanzen Funde mit Weihecharakter (Waffen, Münzen, Tier- oder auch Menschenknochen). Man stellte bei manchen Bodenproben hohe Phosphatwerte fest, was auf konzentrierte Tierhaltung schließen läßt …

Zurück zur Hypothese von den Viehpferchen?

Wahrscheinlich wird nicht jede viereckige Umwallung ein keltisches Heiligtum umschlossen haben. Und ebenso kann eine echte Viereckschanze, nachdem sie als Heiligtum ausgedient hatte, dann später – weil sie schon da war – als Viehpferch verwendet worden sein.

Einige typische Merkmale von Viereckschanzen haben sich aber seit ihrer Entdeckung gezeigt:
- Ihre Eingänge sind nie an einer Nordseite zu finden.
- Sie haben keinen exakt quadratischen Grundriß, sondern bilden unregelmäßige Vierecke.

Auch in unserem Donauland gibt es solche „kultplatzverdächtigen" Schanzen. Bei einer Notgrabung in Zöfing am Rande des Tullnerfeldes stieß der Urgeschichtsforscher Johannes Wolfgang Neugebauer auf ein rechteckiges Grabensystem, von dem er annimmt, daß es eine Viereckschanze ist (Funde im Tullner Museum). Auch in der Lochau bei Loosdorf (nahe Melk) wird eine solche vermutet.

Das Seltsame an dieser Lochau ist, daß sie sich nicht – wie das Wort schließen läßt – in einer Niederung an einem Gewässer befindet, sondern hoch oben auf einem Höhenrücken. Und dort gab es dicht an der Schanze eine Wasserstelle – artesisches Wasser oder Regenwassertümpel – und Sumpfboden rundum, der erst vor kürzerer Zeit durch einen Ableitungsgraben trockengelegt wurde.

Auf dem Höhenrücken gibt es nicht nur die viereckige Schanze, sondern im Norden und Süden von ihr auch Gräben und Wälle. Und es gibt die Sage von einer versunkenen Kirche, von der jetzt nur noch Wall und Graben zu sehen sind. Der „wahre Kern" dieser Sage könnte auf eine Überlieferung von dem alten Heiligtum zurückgehen.

Der Hausbergforscher Hans P. Schad'n berichtete von einer „in einem unregelmäßigen Viereck gehaltenen Umwallung mit vorliegendem Graben. Wahrscheinlich das Gehege eines Wildparks und kein Schanzwerk." (1938) – Ernst Klebel gibt Maßangaben von der Schanze: „Ostseite 150 Schritte, Nordseite 100 Schritte, Westseite 150 Schritte, Südseite 160–170 Schritte. Anlage entweder aus den Awarenkriegen Karls d. Großen oder zur Sicherung gegen Ungarn." (1940)

Tatsächlich war dieses Gebiet um Melk im Mittelalter ein Grenzgebiet, und in solchen wurden schon immer Wälle und angeblich unüberwindbare Bollwerke geschaffen. Ist unsere Schanze ein solches Bollwerk?

Hermann Schwammenhöfer hat in seiner Dokumentation „Archäologische Baudenkmale" 1992 erstmals diese Anlage als Viereckschanze angesprochen. Seine Argumente:
• Fund eines keltischen Lanzenschuhs im Inneren der Schanze
• Für Viereckschanzen typisches unregelmäßiges Viereck
• Auch in der geringen Wallhöhe und Grabentiefe große Ähnlichkeit mit den Viereckschanzen Deutschlands.

Besonders schön ist die Schanze noch an der Nordwestecke erhalten. Verfolgt man den Wall ein Stück, dann kommt man bald zu der Überzeugung, daß dieser, im Vergleich mit anderen Wallanlagen, kein Schutzwall, sondern nur eine Einfriedung gewesen sein kann. Und still und friedlich ist's noch immer in dem Viereck unter den hohen Bäumen. Durch Schlägerung ist jetzt südlich der Schanze ein markanter Hügel deutlich sichtbar geworden – wahrscheinlich ist es ein Grabhügel. Grabungen gab es noch keine

... und es gab auch noch keine Grabung an der Schanze, um festzustellen, ob es nur eine viereckige ist oder eine echte Viereckschanze ...

So oder so – eine Wanderung auf die Lochauer Hochfläche ist auf jeden Fall eine schöne. Wir waren an einem sonnigen Ostersonntag oben, und viele Loosdorfer waren auf ihrem Ostersonntagsspaziergang ebenfalls oben. Etwas verwundert haben sie uns angeschaut, wie wir den niedrigen Wall abgegangen sind. Einen hörten wir fragen: „Suachen die vielleicht Ostereier?“

 Parallel zu der in Richtung St. Pölten führenden B1 bringt von Loosdorf die Lochaustraße und dann ein Güterweg bis zum Waldrand unterhalb der Lochauer Hochfläche (ca. 1 $^1/_2$ Kilometer). Ein rotmarkierter Weg führt nach rechts. Nach etwa 300 Metern sieht man links vom Weg die Nordwestecke der nicht sehr hohen Umwallung. Der tiefe Graben an der Südseite ist kein Wallgraben, sondern ein Entwässerungsgraben.

DIE „SIEBEN GRÄBER" IM DUNKELSTEINERWALD

… sind in Wirklichkeit achtzehn Gräber, römerzeitliche Grabhügel aus der Zeit um 100 n. Chr. an dem seit ältesten Zeiten bestehenden Hochweg durch den Dunkelsteinerwald.

Dichter Wald umgibt sie heute. An einem aus einem der Hügel wachsenden Baum hängt eine Hinweistafel, aber viele Wanderer sind schon hurtig daran vorbeigezogen, weil sie in dem dort sehr dunklen Dunkelsteinerwald weder Tafel noch Hügel wahrgenommen haben. Freilich, groß und unübersehbar sind sie wirklich nicht, diese Grabhügel, von denen der Größte einen Durchmesser von neun Metern und eine Höhe von 1,7 Metern hat. Das Besondere an ihnen ist, daß sie gleichzeitig Denkmäler für die Anfänge der Archäologie im Donauland sind.

Über die „Sieben Gräber" bei Oberbergern erzählte man zu Urgroßvaters Zeiten, daß sieben Ritter oder Riesen an diesem Ort um eine Frau gekämpft hätten, sich gegenseitig abmurksten und dann auf dem Kampfplatz auch gleich begraben worden wären. Und man erzählte außerdem von Schätzen in den Hügeln, und daß es dort nicht ganz geheuer sei, aber nicht so ungeheuer, daß nicht doch einige Schatzgräber versucht hätten, klammheimlich einige der Hügel von oben her zu öffnen.

Als im Jahre 1868 der damals sechsundzwanzigjährige Pater Adalbert Dungel vom Stift Göttweig die „Sieben Gräber" untersuchte, tat er dies im Auftrage des 1864 gegründeten „Vereines für Landeskunde von Niederösterreich" und mit Unterstützung seines Abtes, der für die Kosten aufkam und ihm „die zur Vornahme der Aufgrabungen nöthige Musse gütigst gewährte".

Als geistiges Rüstzeug hatte Pater Dungel die Schrift von Eduard Freiherr von Sacken „Leitfaden zur Kunde des heidnischen Alterthums" (1865 erschienen), welche auch Instruktionen für das Öffnen von Grabhügeln enthielt …

„… Stösst man beim Graben auf regelmässig gelegte Steine, Gefässe, Asche mit Kohlen vermischt, oder auf schwärzliche, fettige Erde, die gewöhnlich durch Verwesung des Leichnams hervorgebracht ist, so muss mit grösster Vorsicht weiter geforscht werden. Man soll sich nunmehr nur mehr hölzner Werkzeuge, nach Umständen auch nur der blossen Hände beim Graben bedienen, auch muss die Erde durchgesiebt werden, damit kleine Gegenstände nicht verworfen werden …

Die heidnischen Grabstätten sind ohne Ausnahme mit Gefässen aus grobem, wenig gebranntem, daher meist bröckeligem und auf dem Bruch schwärzlichem Thon ausgestattet. Das Ausheben derselben erfordert große Vorsicht, weil sie meist durch die Feuchtigkeit des Bodens mürbe und häufig durch das Gewicht

der darüber liegenden Erde zerdrückt sind. Man muss daher trachten, sie vor-
erst von allen Seiten von Erde frei zu machen, sie dann an einigen Stellen mit
Draht oder Bindfaden umwickeln und wenn sie an der Luft übertrocknet sind,
durch Unterlegung eines Brettchens samt ihrem Inhalte langsam ausheben."

Pater Dungel hatte sich an die Instruktionen gehalten und auch das
Drumherum um die Bestattungen in den Grabhügeln untersucht, fand
die Asche bloß von Steinringen umhegt oder innerhalb von Steinringen,
welche mit Gneisplatten überdeckt waren. Er kam zu der Erkenntnis, daß
diese Heidengräber „gewiß nicht von den Römern herrühren", sondern
von hier seßhaften Kelten, welche auch unter den Römern „wol im Ganzen
ihre ursprünglichen Sitten bewahrt haben". Sehr bescheiden waren allerdings die Funde, die er in sein Kloster heimbringen konnte … Tonscherben, Tongefäße, ein Glasfläschchen, eine Bronzefibel und eine um
90/91 n. Chr. geprägte Bronzemünze des Kaisers Domitian.

Am Göttweiger Berg hat der Mensch schon von der Jungsteinzeit an
und durch alle folgenden Zeiträume gehaust. Ist es Zufall, daß das im 11.
Jahrhundert gegründete Stift Göttweig dann im 19. Jahrhundert zu einem
wahren Brutnest von Archäologen im Mönchsgewand wurde?

Da war der Pater Lambert Karner (1841–1909), der als Erforscher der
geheimnisvollen unterirdischen Gangsysteme (Erdställe) wie auch als er-
folgreicher Ausgräber tätig war (siehe Seite 10). Da war der Pater Leopold Hacker (1843–1926), der 1883 bei der Entdeckung der Gudenushöhle
(siehe Seite 65) mit dabei war.

Und außerdem gab es den Pater und späteren Abt Adalbert Dungel
(1842–1923), der nicht nur bei den „Sieben Gräbern" als Ausgräber tätig
war, sondern nachher auch noch bei vielen anderen Fundstellen in der
Umgebung des Klosters. Er war der Sohn eines Försters, trat 1861 in den
Benediktinerorden ein, war von 1877–86 Pater Waldmeister des Stifts (wobei er im Dunkelsteinerwald auch jene Mammutbaumgruppe pflanzte,
welche heute bereits als Kuriosum gilt). 1886 wurde er zum Abt von Stift
Göttweig gewählt.

Als Abt eines großen Klosters mit großem Besitz und vielen zu betreuenden Pfarreien hatte Dungel – wie man heute sagen würde – Manager-
aufgaben zu erfüllen. Daß er trotzdem noch für Ausgrabungen Zeit fand,
beweist, wie sehr er von dem „Abenteuer des Spatens" (damals grub man
tatsächlich noch mit solchen) fasziniert war. Und das waren zu dieser Zeit
auch noch viele andere Männer.

Sie alle haben damals mit den von ihnen erst erarbeiteten Methoden gegraben, haben nur nach den noch spärlich vorliegenden Berichten von
anderen Grabungen ihre Vergleiche und Schlüsse ziehen können. Und sie
haben natürlich dabei manches unterlassen oder falsch gemacht …

Pater Dungel hatte nur eine zusammenfassende Darstellung aller Grabbeigaben geliefert und nicht exakt angegeben, in welchem der Hügel jedes einzelne Scherberl gefunden wurde. Was jetzt von manchen jungen Archäologen kritisch vermerkt wird, die natürlich davon profitieren, daß die Forschung in Methoden und Systematik inzwischen weit fortgeschritten ist.

Der bienenfleißige Mönch und Abt ist zuletzt auch durch Bienen gestorben. Er wurde tot im Glashaus des Stiftes gefunden, wohin er aus dem Bienenhaus vor den durch die damals große Julihitze rasend gewordenen Bienen geflüchtet war. Das war zuviel für sein schon schwach gewordenes Herz gewesen.

 Von Oberbergern die Straße nach Rossatz bis hinauf zur Kammhöhe, wo der alte Hochweg und heutige Rundwanderweg die Straße kreuzt (ca. 2 Kilometer). Den Wanderweg in westlicher Richtung ca. 2 Kilometer bis zu den Hügelgräbern (links eine kleine Hinweistafel).

Römerstrassen im Dunkelsteinerwald

Wo die Römer waren, da haben sie auch Straßen angelegt, wobei sie, wenn ihnen die Trasse paßte, auch schon vorhandene Straßen nur ausbauten oder verbesserten. Noch erhaltene Trassen von Römerstraßen gibt es verhältnismäßig viele – ganze Straßenstücke, auf denen man auf Schritt und Tritt das Gefühl hat, wahrhaftig auf einer Römerstraße dahinzuwandern, gibt es jedoch nur wenige. Eine der schönsten unseres Landes wurde erst nach dem Zweiten Weltkrieg wiederentdeckt – die Römerstraße durch das Kupfertal in der Wachau.

Am orographisch rechten Donauufer gab es zwischen Melk und Mautern bis in das 19. Jahrhundert keine Straße; wegen der sperrenden, oft bis zum Wasser reichenden Felsriegel konnte nicht einmal ein durchgehender Verbindungsweg angelegt werden. Und doch gab es an diesem Ufer bereits im Frühmittelalter Siedlungen und in der Römerzeit einen Wachtturm.

Zwischen St. Johann im Mauertale und Bacharnsdorf verbreitert sich das rechte Donauufer etwas, und diese Zone hätte für die Germanen bei einem Angriff von ihrem Donauufer aus ein guter Platz zur Bildung eines Brückenkopfes sein können. Darum setzten die Römer bei ihrem Ausbau des Limes in Bacharnsdorf einen Wachtturm hin. Bis 1970 waren die Reste des alten Gemäuers eingebunden in spätere Überbauungen, jetzt sind sie freigelegt und schön restauriert.

Die Ruine des Wachtturmes von Bacharnsdorf stammt aus gleicher Zeit wie alle anderen Befestigungs-Zusatzbauten am Donaulimes – also aus dem 4. Jahrhundert, als die Lage für die Römer dort schon etwas kritisch geworden war. Wahrscheinlich gab es aber in Bacharnsdorf schon vorher eine Wachtstation.

Diese war nur über den Wasserweg erreichbar oder – von oben kommend – aus dem Dunkelsteinerwald. Die Römerstraße durch das Kupfertal erscheint daher als Zubringerstraße zu dieser Wachtstation von der oben durch den Dunkelsteinerwald führenden Straße Melk-Mautern. Aber da gibt's einige Unklarheiten …

Die Römerstraße durch das Kupfertal ist so aufwendig in ihrer Anlage und so massiv gebaut, daß sich die Frage aufdrängt, ob dieser Aufwand zur Versorgung der wenigen Leute im Wachtturm notwendig war. Außerdem zeigen sich zwei Bauphasen in der Anlage, von denen eine Trasse (bei vorsichtiger Datierung) um 100 n. Chr. und die andere zwei bis drei Jahrhunderte später entstanden ist. Es ist möglich – so heißt es in dem ersten Bericht über diese wiederentdeckte Römerstraße –, daß sie „in Zu-

sammenhang mit dem Kupfertal selbst zu bringen ist, dessen Name auf
Erzvorkommen schließen läßt, welches bereits in vorrömischer Zeit bekannt gewesen sein könnte".

Heute ist die wiederentdeckte Römerstraße durch das Kupfertal vom
Gestrüpp gesäubert, beschildert und gut markiert. Das Dahinwandern
auf ihr bietet ein ganz eigenartiges Erlebnis: So wie auf den Trassen von
Römerstraßen über Alpenpässe spürt man auch auf dieser nur wenig in
den Beinen, „daß es hinaufgeht". So geschickt haben römische Ingenieure ihre Trassen gelegt. Wobei sie im wahrsten Sinne des Wortes alle Hin-
dernisse „aus dem Weg geräumt haben" … große Bodenwellen wurden
planiert, Felsriegel einfach durchbrochen …

„Porzen" heißt die Flur, wo jetzt die markierte Römerstraße von der
neuen Straße Mitterarnsdorf–Nesselstauden/Schenkenbrunn abzweigt.
Porzen kommt vom lateinischen *porta*–Tor, und wie ein Tor wirkt auch
der Durchschlag durch eine bis zu sechs Meter hohe Felswand, durch den
unsere Römerstraße führt. Fünfzig Kubikmeter Fels wurden dort abge-
arbeitet.

Es folgt ein sehr schönes Straßenstück mit einer aus großen Steinplatten bestehenden sehr massiven Pflasterung, welche zur Vorstellung führt,
daß hier, wenn schon nicht für die Ewigkeit, so doch für längere Zeit gebaut worden ist.

Die tiefen Rillengeleise im gewachsenen Fels werden oft den vielen rol-
lenden Rädern zugeschrieben, die sie ausgefahren haben. Oder man
glaubt, daß sie von für das Bergabfahren blockierten Rädern stammen
(solche Geleise gibt es aber stellenweise auch an den brettelebenen Straßen
von Pompeji!). In Wirklichkeit sind an gewissen Stellen solche Rillen schon
beim Straßenbau ausgemeißelt worden; sie sollten ein Abgleiten des Kar-
rens verhindern. Die Spurbreite solcher Geleisestraßen im Römerreich
war genormt; es gab jedoch für Straßen im Steilgelände andere Spurbrei-
ten als für Straßen durch flacheres Gelände, wobei für gewisse Etappen
auch andere Fahrzeuge eingesetzt wurden. Natürlich haben sich im Verlauf der Zeit die Rillen durch den Verkehr wie auch durch das abfließen-
de Regenwasser vertieft; eine Verkehrsfrequenz läßt sich von ihnen nicht
ablesen.

So wie die Felsenstraßen im Land der Etrusker (bei Sovana oder Bar-
barano Romano) waren auch die römischen Geleisestraßen einspurig. Es
gab, wo es ging, wohl Ausweichen – aber wie war es an Engstellen, wenn
ein Wagen von oben und einer von unten kam? Wer mußte zurückschie-
ben? Hallten dann im Kupfertal laute Flüche?

Weiter führt die Römerstraße durch ein Tor, das einem Triumphbogen
gleicht, das aber Teil einer im 16. oder 17. Jahrhundert errichteten Sperr-
anlage war, welche diesen Zugang zu den Arnsdörfern (Bach-, Mitter-,

Hof- und Oberarnsdorf) gegen eventuell von oben her kommende Türken schützen sollte. Ein romantischer Platz ist das …

Wer meint, genug gesehen zu haben, kann von hier aus wieder den Rückweg antreten. Die Römerstraße bringt allerdings weiter (mit noch einem Stück urtümlicher Steinpflasterung) bis hinauf zur Römerstraße Mautern–Melk, die man bei Schenkenbrunn erreicht.

Diese Straße folgt einem wesentlich älteren Hochweg, der von den Römern ausgebaut worden ist. Sie hat gleich an ihrem Beginn in Mauternbach nächst Mautern ebenfalls einen Felsdurchschlag so wie die Straße durch das Kupfertal. „Steinplatte" heißt die Flur, und 60 Kubikmeter Fels mußten abgeschlagen werden, um der Straßentrasse eine gleichmäßige Steigung zu geben. Auch auf diesem Straßenstück sind tiefe Geleiserillen zu sehen.

Lanzing ist ein kleines Dorf inmitten weiter Felder, und man will's gar nicht glauben, daß man hier noch im Dunkelsteinerwald sein soll. Lanzing ist bekannt geworden durch seine Römerbrücke im Seegraben, von der allerdings nur der Unterbau Römerwerk ist: Sockel und Gewölbebogen (Länge der Brücke 16 Meter, Höhe 4,7 Meter). „Wie der Bogen einer antik-provinziellen via triumphalis steht die kleine Brücke da, kernig, mit fest gemörteltem Mauerverband. Als primitive Trockenmauer wurden im Mittelalter einige Steinlagen oben aufgeschichtet, und das ist typisch: Man verstärkte nicht konstruktiv, sondern durch Vermehrung der Baumasse. Nur der dünne gewölbte Steinbogen hält das alles aus." (Franz Eppel)

Die Römer haben von den Etruskern das Bauen von Straßen und Brücken gelernt. In den Etruskergräbern Italiens kann man es sehen, wie zunächst durch Vorkragen flacher Steine eine sogenannte „falsche Kuppel" entstand. Und es hat dann viel Probierens und Studierens bedurft, bis zu einer Wölbung geschichtete Steine die richtige Spannung hatten und eine „echte Kuppel" gebaut werden konnte. Diese Technik wurde dann auch zum Bilden von Bögen angewendet. An der Lanzinger Brücke zeigt sich, was die Römer von den Etruskern gelernt haben.

Bei der Lanzinger Brücke ist noch mehr zu sehen. An dem vom Ort zum Seegraben abfallenden Hang sind (wir haben sechs gezählt) Hohlwege eingeschnitten, welche allesamt zur Brücke führen. Daran zeigt sich, daß die Römerstraße durch den Dunkelsteinerwald nur an besonderen Stellen (wie an der Steinplatte bei Mauternbach) eine ausgebaute Trasse hatte und sonst mehr oder weniger bloß eine Straßenpiste war, bei der es stellenweise mehrere Fahrspuren nebeneinander gab, von denen die jeweils am besten befahrbare benützt wurde. An Hängen – wie an dem hinab in den Seegraben – sind diese Fahrspuren dann natürlich durch die Regenfälle immer tiefer ausgewaschen worden.

Das kleine Lanzing liegt heute sogar abseits aller kleineren Durchzugsstraßen und weitab von allen Hauptstraßen. Die paar Hendln spazieren dort so geruhsam über die Straße, als ob es noch keine Autos auf dieser Welt gäbe ...

I Der Römerturm von Bacharnsdorf befindet sich in der Ortsmitte (Hinweistafel).

Römerstraße im Kupfertal: Von Mitterarnsdorf die Straße nach Nesselstauden/Schenkenbrunn einen Kilometer weit bis zu dem markanten Felsdurchschlag rechts von der Straße (Hinweistafel, Markierung). Gehzeit Mitterarnsdorf–Türkentor ca. 45 Minuten.

Die Römerstraße bei Mauternbach beginnt neben der Kapelle am oberen Ortsrand an der Straße nach Unterbergern (Hinweistafel).

Die Römerbrücke bei Lanzing befindet sich ca. 400 Meter nördlich des Ortes im Seegraben (Hinweisschild in der Ortsmitte). Lanzing erreicht man von der Straße Loosdorf–Mauer–Häusling, wobei man es nicht versäumen sollte, die sehenswerte Kirche von Mauer mit dem berühmten (nach 1500 entstandenen) Schnitzaltar aufzusuchen.

DER FREIHEITSSTEIN VON OBRITZBERG

Allein und verlassen und von Gesträuch überwuchert steht am Rande des Kirchenplatzes von Obritzberg der Freiheitsstein – ein in seiner Art einzigartiges Rechtsdenkmal.

Lange Zeit glaubte man, daß das so ziemlich weltweit verbreitete Asylrecht in den Zeiten der Blutrache entstanden ist, um Tätern und Rächern an einem bestimmten Platz die Möglichkeit zu geben, sich gütlich auszugleichen. Jetzt meint man, daß es in jene wesentlich älteren Zeiten zurückreicht, in denen u.a. auch durch Steinkreise magische Schutzgrenzen gegen jedwede Gefährdung geschaffen worden sind ... bei Bestattungen zum Schutz der Toten, aber auch zum Schutz der Hinterbliebenen vor dem Geist der Toten ... als Abgrenzung gegen alle äußeren Beeinflussungen an Kult-, Gerichts- oder Versammlungsplätzen.

Die Riten zum Erlangen eines magischen Schutzes waren schon immer sehr unterschiedlich. Nur einige Beispiele:

• Man mußte die Hand an einen eigens dafür aufgestellten Pfahl legen und war unantastbar (was sich im Fangenspiel der Kinder bis heute erhalten hat).

• Im Mittelalter genügte es an vielen Asylplätzen, eine Münze oder einen Hut hinzuwerfen.

• Es war auch möglich, durch Berühren einer bestimmten Person oder bloß von ihrem Gewand (vor allem des Mantels) Schutz zu erlangen (woraus in der Marienverehrung des Hochmittelalters die Schutzmantelmadonna entstand).

Asylstätten befanden sich zumeist an besonderen Plätzen, in der Antike waren das bestimmte Tempel, in islamischen Ländern waren es Moscheen, und in christlichen Ländern wurden es Kirchen (im alten Wien die Stephanskirche und die Schottenkirche, wo der Platz davor noch heute Freyung heißt).

Daß das Asylrecht nicht nur heute manchmal mißbraucht wird, sondern daß das auch schon in der Antike so war, bezeugen römische Autoren, die Asyle als „Sammelplätze liederlichen Gesindels, meuterischer Sklaven, zahlungsunfähiger Schuldner und offenkundiger Verbrecher" bezeichnen.

Der Freiheitsstein von Obritzberg steht an einem besonderen Platz, auf einem weithin den Umkreis beherrschenden Hügel, der bereits in prähistorischer Zeit besiedelt und befestigt war. In karolingischer Zeit war er Zentrum eines Gebietes mit dem für uns etwas komisch klingenden Namen „Grunzwitigau" (woran noch der Ort Grünz am Fuße des Hügels erinnert).

„Ad Crunzwitim" wird das Gebiet bereits in einer Urkunde aus dem Jahre 777 bezeichnet: Der Baiernherzog Tassilo schenkte es dem von ihm gegründeten Kloster Kremsmünster. Schon seit dem 6. Jahrhundert waren die Baiern in dieses Gebiet bis zum Wienerwald vorgedrungen, bis sie dann von den Awaren wieder vertrieben wurden. Und nach der Vertreibung der Awaren durch die Karolinger wurde 888 der Grunzwitigau wiederum urkundlich erwähnt: König Arnulf beauftragte einen Haimo, dort eine Wehrburg zum Schutz des Landes zu errichten. Das geschah in Obritzberg, wo die prähistorische Wallanlage ausgebaut wurde.

Auch an dem heute eher stillen Obritzberg zeigt sich, daß vom 6. Jahrhundert an ein – wie es der Historiker Wolfgang Häusler formulierte – „weitmaschiges Siedlungsnetz über dieses Zwischengebiet zwischen bairischem und awarischem Machtbereich gebreitet wurde, an dessen Ausbau Slawen und Baiern gleichermaßen beteiligt waren." Und auch der Archäologe Helmut Windl ist davon überzeugt, daß selbst in den „dunklen Jahrhunderten" allezeit Menschen im Donauland anwesend waren – was unter anderem eine systematische Plünderung der langobardischen Gräberfelder beweist, welche bald darauf erfolgt sein muß, nachdem dieser vorher hier hausende Germanenstamm um 568/69 nach Italien abgezogen ist.

Die Leute, welche in Obritzberg den Freiheits-Asylstein aufstellten, wußten jedenfalls, warum sie das genau an diesem Ort, an diesem alten Siedlungsplatz, taten. Daß allein wegen des Namens „Ostarrichi" auf einer Urkunde aus dem Jahre 996 eine Tausendjahrfeier inszeniert wurde, daß ein Namenstag zum Geburtstag hochgejubelt und damit all die Menschen, welche vorher in diesem Land gelebt haben, in die Anonymität versenkt wurden, ist sicherlich eine recht problematische Sache, dient sie doch kaum der historischen Wahrheit ...

Im Banntaiding (Rechtsbuch) von Obritzberg vom Jahre 1182 (in der erhaltenen Form aus dem 16. Jahrhundert) ist festgehalten: „Im Bereich der Kirche, Pfarrhof und Freiheitsstein besteht Asylrecht. Wem vom Pfarrer oder vom Amtmann Asyl gewährt wird, erhält es zunächst drei Tage. Wenn er nach Ablauf dieser drei Tage aus dem Asylbezirk heraustritt und wieder zurückgeht, hat er weitere drei Tage Asyl. Jeweils drei Tage kosten 12 Pfennig."

Der Freiheitsstein von Obritzberg ist also ein auch durch Urkunden autorisiertes Rechtsdenkmal. Ob die oben gerundete Granitplatte der Originalstein ist, bleibt unbewiesen; seiner Form nach und nach der Verwitterung seiner Rückseite könnte er es sein. Auch sein Standort könnte ursprünglich ein anderer gewesen sein. Doch so oder so – er ist ein Relikt aus einer Zeit, in der wohl die Rechtsprechung noch sehr grausam sein konnte und man dennoch auch um ein bisserl Humanität bemüht war.

Diese Humanität hatte aber auch ihren Preis: Zwölf Pfennig für drei
Tage Asyl. Nach dem Banntaiding hatte ein Hendl damals den Wert von
8 Pfennig. Bedenkt man, daß es seinerzeit für Normalsterbliche einen
Hendlschmaus nur selten gab, dann erscheinen die zwölf Pfennig als recht
stolzer Preis für einen armen Schlucker …

IM URZEITMUSEUM NUSSDORF OB DER TRAISEN

„Durch Schottergründe furcht er seine Zeile,
verbirgt sich in den Au'n, von Sonne satt …",

dichtete der Lyriker Walter Sachs über den im Gebirge entsprungenen
und zuletzt durchs Flachland der Donau zueilenden Traisenfluß. Daß diese Schottergründe des unteren Traisentals einmal zu einer der bedeutendsten urzeitlichen Fundlandschaften Mitteleuropas werden, daran
hätte noch vor wenigen Jahren kein Mensch gedacht …

Prähistorische Funde wurden in diesem Gebiet schon früher gemacht,
doch als dann beim Bau der Schnellstraße St. Pölten–Krems in den
Jahren 1981–83 schwere Baumaschinen durch die Gründe furchten und
dabei immer wieder Gräber aufgerissen wurden, gab es Alarm im
Bundesdenkmalamt, und in Absprache mit der Bauleitung wurden
sofort Rettungsgrabungen unternommen.

Bald stellte sich heraus, daß der Boden dieses Gebietes förmlich übersät
ist von urzeitlichen Siedlungsplätzen und Gräberfeldern, von denen die
ältesten bis in das 4. Jahrtausend v. Chr. zurückreichen. Und die Archäologen mußten während dieser Notgrabungen – welche unter einem enor-
men Zeitdruck durchgeführt wurden – nicht nur hurtig von einem Grabungsfeld zum anderen eilen, sie mußten auch zwischen Jahrtausenden
und zwischen den verschiedenen Kulturperioden hin- und herspringen.

Allerdings waren vor ihnen schon andere Leute tätig gewesen – keine
Archäologen, sondern Grabräuber!

Bis jetzt wurden in unserem Land nirgendwo so viele von Grabräubern
heimgesuchte Gräberfelder gefunden wie im unteren Traisental. Besonders in der Bronzezeit (ab 2200 v. Chr.) müssen die Leute hier sehr wohl-
habend gewesen und daher mit reichen Beigaben bestattet worden sein,
denn kaum waren sie bestattet, wurden ihre Gräber schon wieder aufgerissen und der Beigaben beraubt. Das geschah auch bei Gräbern, in denen der Leichnam noch fast unverwest war – wie jetzt die Archäologen
festgestellt haben (was unsere größte Bewunderung für solch subtile Gra-
bungsergebnisse erregt).

Bei den Grabungen wurde auch festgestellt, daß es nicht nur Räuber-
banden waren, welche die Gräber geplündert haben – es waren auch
Nachbarn von nebenan aus den kleinen Siedlungsgemeinschaften. Die
fremden Grabräuber haben die Gräber einfach aufgerissen und sie auch
so belassen; die lieben Nachbarn hingegen haben nach dem Klauen die
Gräber wieder fein zugeschüttet, damit niemand davon etwas merkt.

Gestohlen wurden vor allem Bronzebeigaben, und diese nicht zum Wiederverwenden, sondern – Bronze war etwas Kostbares! – zum Wiederverarbeiten. Für die Archäologen ergab sich da bei vielen der bereits aufgebrochenen Gräber die Frage, warum die Grabräuber gewisse Stücke zurückgelassen hatten, obwohl sie diese – wie die Fundlage ergab – schon in ihren Händen gehabt hatten. Johannes Wolfgang Neugebauer, Leiter der Rettungsgrabungen im Traisental, meint dazu, „daß gewisse Objekte wegen eines ihnen anhaftenden Symbolwertes gemieden wurden".

Alles Sehenswerte und Interessante, was die Ausgrabungen im Traisental erbracht haben, ist nunmehr in dem 1993 eröffneten Urzeitmuseum im Schloßkellergebäude von Nußdorf ob der Traisen zu bestaunen … in einem ungemein modernen und lebendigen Museum.

Auch Museen haben eine Entwicklungsgeschichte. Wie langweilig Altertumssammlungen einst waren, kann jeder noch heute erleben, wenn er die prähistorische Abteilung des Naturhistorischen Museums oder die Antikensammlung des Kunsthistorischen Museums zu Wien aufsucht, wo die herrlichsten Objekte einfach wie bestellt und nicht abgeholt irgendwo hingestellt sind oder in vollgerammelten Vitrinen aus Kaiser Franz Josephs Zeiten verstauben.

Groß war daher die Überraschung, als im Jahre 1970 das Museum für Urgeschichte des Landes Niederösterreich in Asparn an der Zaya eröffnet wurde und die Besucher feststellten, daß Urgeschichte auch urlebendig präsentiert werden kann. Der unvergeßliche Franz Hampl (Idee, Planung und Gesamtleitung) hatte ein Museum geschaffen, das auch Besucher begeisterte, welche die Urgeschichte bisher für urlangweilig gehalten haben.

Moderne Museumsgestaltung muß nicht immer zum Gewinn für den Besucher werden – wie das neugestaltete Museum Carnuntinum in Bad Deutsch-Altenburg beweist. Im Überaufgebot an sogenannter künstlerischer Gestaltung, an spiegelndem Glas und grellem aufdringlichen – Licht geht so manches Objekt unter – hier haben andere Leute ihren Gewinn gemacht.

Im Urzeitmuseum Nußdorf (Planung und Gestaltung: J. W. Neugebauer) werden dem Besucher nicht nur interessante Objekte präsentiert, er bekommt sie auch anschaulich interpretiert …

Zum Beispiel: Bestattung war in der Bronzezeit mehr als nur ein Begraben, sie erfolgte nach bestimmten Regeln, wobei die Himmelsrichtungen große Bedeutung hatten. Frauen und Mädchen wurden mit dem Kopf gegen Osten bestattet, Männer und Knaben gegen Westen. Auf Gegensätzlichkeit wurde exakt geachtet, die Yin-Yang-Prinzipien (Erde = Frau und Mann = Himmel) gelten bis ins Grab hinein. Alle Toten wurden in liegende Schlafstellung mit angezogenen Beinen gelegt, und aus dieser Körperhaltung entstand der Begriff Hockergräber. Solche Bestattungen mitsamt den Beigaben sind auch ins Museum übertragen worden, wo die Toten weiterhin in ihrem ewigen Schlaf ruhen.

Es fehlen in dem Museum auch nicht jene längshalbierten Eichenstämme, in welche einige der Toten (wahrscheinlich die wohlhabenden) gelegt wurden – Vorläufer der heutigen Holzsärge. Und Vorläufer unserer Grabsteine sind ebenfalls zu sehen – rohbehauene, gespitzte Steinstelen. Zwischen einem heutigen Friedhof und denen vor vier Jahrtausenden scheinen also gar keine großen Unterschiede zu bestehen. Es gibt sie nur – wie wir lesen – in dem durchschnittlichen Lebensalter der Bestatteten. Die Lebenserwartung eines Mannes betrug im Durchschnitt 38 bis 40 Jahre, die der Frauen 35 Jahre (wegen der hohen Sterblichkeitsrate bei Geburten). Nur 5 Prozent der Menschen sind damals älter als sechzig Jahre geworden.

Die Heilkunst dieser Zeit ist im Nußdorfer Urzeitmuseum mit einer plastischen Darstellung einer Schädelöffnung (Trepanation) vertreten. Wenngleich auch solche Operationen etwas Außergewöhnliches waren (siehe dazu Seite 173), so läßt diese Wachsfigurenszene doch ahnen, welchen Mut die Medizinmänner damals hatten, läßt aber auch die Konstitution jener Menschen bewundern, welche solche Eingriffe überlebt haben.

Jene Leute, die vor Jahrtausenden hier gelebt haben, waren wohlhabende Bauern, sozusagen Großbauern. Man kann ihr Land von der Anhöhe neben dem Urzeitmuseum gut überschauen. Da sind die Schotterterrassen, welche aus unzähligen vom Traisenfluß aus dem Gebirge herabgeschwemmten und hier abgelagerten Kieseln bestehen. Der Wind hat Erde über sie gehäuft, und später haben die Urzeitbauern darauf ihre Felder angelegt. Jetzt hat man die Erde wieder weggehoben, weil man den Kies für neue Straßen und für die neue Landeshauptstadt brauchte, und damit ist ein Stückerl von dem Tal – mit den Kiesgruben, Kiesfeldern und den Erdhaufen daneben – wieder eine urtümliche Steinwüste geworden. Mehr als anderswo spürt man hier, wie sehr im Verlauf der Zeit auch unser Erdboden vielen Wandlungen unterworfen wird.

So großartig die heutigen Großausstellungen über archäologische Themen sein mögen, und wie sehr die von oft weither zusammengetragenen Ausstellungsobjekte auch bestechen, so stehen diese dann dennoch irgendwie beziehungslos in fremden Räumen. Und so ist das auch mit vielen Museen … der Tragkorb eines urzeitlichen Bergmanns wirkt im Museum in Hallstatt ganz anders als der im Naturhistorischen Museum an der Wiener Ringstraße. Im Urgeschichtsmuseum von Nußdorf braucht man nur einige Schritte zu machen und steht wie auf einem Balkon über dem Lebensraum jener Menschen, welche hier Freud und Leid erlebten und zuletzt da begraben worden sind; welche sozusagen auch dieses Museum gestaltet haben …

Kremstal: Wanderung in die Altsteinzeit

Zwischen den beiden Weltkriegen wurde ein Jugendbuch zum Sensationserfolg; es ist 1922 erschienen, und 1928 lag es bereits in der 72. Auflage vor: A. Th. Sonnleitners „Die Höhlenkinder im Heimlichen Grund". Es wird von zwei Waisenkindern Peter (12 Jahre) und Eva (10 Jahre) erzählt, welche im 17. Jahrhundert mit einer als Hexe verfolgten alten Frau und deren Bruder in einen versteckten Bergwinkel flüchten. Dort sterben die beiden Alten, und die Jungen sind allein in der Wildnis auf sich selbst gestellt ... ohne Nahrungsmittel, ohne Werkzeug und Hausrat, ohne Feuer. Sie müssen, um weiterleben zu können, die Entwicklung der Menschheit sozusagen nachvollziehen ...

„Spielend nahmen die Kinder Steine in die Hand, zielten damit auf herumliegende Felstrümmer und freuten sich, wenn die geworfenen Steine in Splitter zersprangen. – Mit solchen Splittern tändelte Eva kurze Zeit. An einem blattdünnen Stück, fiel ihr die Schärfe der Ränder auf. Und noch immer spielend köpfte sie damit Disteln und Kletten. – Da sprang Peter auf sie zu, nahm ihr den Steinsplitter aus der Hand und versuchte ihn zunächst an seinem Daumen und dann an einem Stück Schwemmholz. Der Stein schnitt besser, als Peter gehofft hatte."

Dr. A. Th. Sonnleitner (1869–1939) hieß in Wirklichkeit Alois Tlučhoř, war Sohn armer Kleinbauern, Lehrer und zuletzt Bezirksschulrat in Wien (an seinem Wohnhaus in Perchtoldsdorf, Walzengasse 26, ist jetzt ein Gedenkrelief mit den „Höhlenkindern im Heimlichen Grund" angebracht). Sonnleitner hatte alles – bevor er darüber schrieb – selber praktiziert ... hatte Steinwerkzeuge hergestellt, aus Lehm Gefäße geformt und gebrannt, Blockhäuser gebaut ...

Sonnleitner hatte außer vielen Jugendbüchern auch pädagogische Schriften verfaßt, z.B. über „Wechselbeziehungen zwischen Tuberkulose, Alkoholgenuß und Sittlichkeit". Und sehr sittlich ging es auch bei seinen Höhlenkindern zu: Peter und Eva schliefen nicht nebeneinander, um sich gegenseitig zu wärmen. Wie der dem Buch beigegebene Höhlenplan zeigt, hatte Peter seine Schlafgrube in der großen Höhle, Eva ihre eigene Schlafstelle in einer darüber gelegenen Höhle.

Sonnleitners „Höhlenkinder" wurden nicht nur von der Jugend begeistert gelesen, es lasen sie auch Erwachsene. Denn sogar im zentralbeheizten Zimmer träumt jeder Mensch wohl hie und da von einem urtümlichen Leben ...

Eine urtümliche Landschaft, so wie der „Heimliche Grund" der Höhlenkinder, ist der Kremszwickel (wie der Talboden beim Zusammenfluß von

Kleiner und Großer Krems genannt wird). Einen Wotansfelsen gibt es dort und eine Teufelsrast und eine Teufelskirche und viele Höhlen in den Felsen. Die berühmteste von allen ist die Gudenushöhle, so benannt nach dem Grundbesitzer, Reichsfreiherrn von Gudenus, „welcher im Interesse der Wissenschaft großmütigst die Ausbeutung dieser prähistorischen Schatzkammer gestattete", wie es in dem Bericht über die erste Grabung vom Jahre 1883 heißt.

Es war der Benediktinerpater Leopold Hacker, der diesen Bericht verfaßt hat. Er ist damals in das verwachsene, kaum sichtbare, nur 90 Zentimeter hohe Loch hineingekrochen (heute erreicht die knieförmig gebogene 22 Meter lange Höhle eine Höhe bis zu 3,7 Meter!) und hat mit seinen Gefährten, Ing. Ferdinand Brun und Oberlehrer Walter Werner, darin zu graben begonnen. Es waren also keine gstandenen Wissenschaftler, sondern Amateure, begeisterte Heimatforscher, welche einen der bedeutendsten prähistorischen Fundplätze Österreichs entdeckt hatten. Nebstbei bemerkt, einen noblen Fundplatz: Die Höhle besteht aus Marmorstein!

Bei der Grabung fand man unter Humus, Sand und Steinen unzählige Knochen von längst ausgestorbenen Tieren (Höhlenbär, Mammut u.a.) wie auch aus verschiedenen Jahrzehntausenden stammende, vom Menschen bearbeitete Steine (1200 insgesamt!) und Knochen. Den „faustkeilreichsten Fundplatz Mitteleuropas" nannte man die unscheinbar scheinende Gudenushöhle.

Man fand aber nicht nur klobige Faustkeile. Man fand auch ganz feine

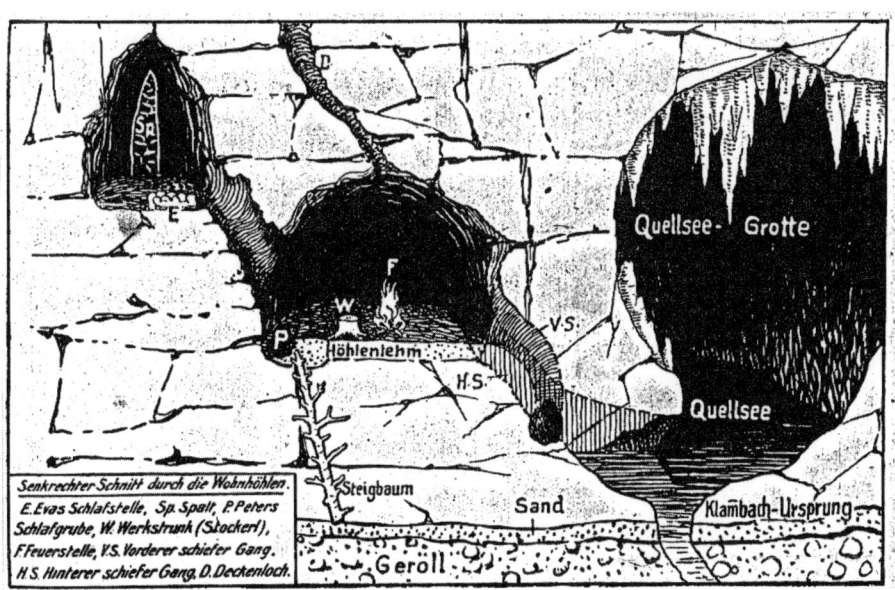

Die Höhlen der „Höhlenkinder im Heimlichen Grund"

Nähnadeln aus Horn oder Knochen mit zarten Ösen. Mehr noch: Man fand auch einen mit einem Rentierköpfchen verzierten hohlen Vogel-knochen, der als Nadelbüchse gedient hat. Er ist 15 cm lang, ca. 15.000 Jahre alt, und befindet sich heute im Wiener Naturhistorischen Museum (wo er in einer übervollen Vitrine leicht übersehen werden kann und die winzige Ritzzeichnung darauf kaum erkennbar ist).

Über diesen Knochen ist schon viel diskutiert worden. Das Rentierköpf-chen wurde sogar schon zu den ältesten Kunstwerken unseres Landes ge-zählt. Als Jagdzauber (wie viele andere prähistorische Tierdarstellungen) dürfte es nicht gedient haben. Was hätte es auch in einem Steinzeit-Näh-körberl bewirken sollen? Hat es eine Frau geritzt oder ein Mann? Ist es viel-leicht sogar als Präsent für ein Steinzeit-Weibchen angefertigt worden?

Louis René Nougier, Entdecker vieler prähistorischer Fundplätze und erster Inhaber eines Lehrstuhls für Vorgeschichte in Frankreich, sah in ei-ner Nadel viel mehr als nur das ursprüngliche Gerät zur Herstellung von wärmender Kleidung ... „Zusammengenähte Häute in den Ruhebereich-chen aus gestampfter Erde, auf Betten aus belaubten Zweigen geworfen, werden zu Decken. Ihr weiches Fell wärmt. Ist es nicht seltsam, daß die Decken Mann und Frau genau zu jenem Zeitpunkt freundlich umhüllen, als ihre intimen Beziehungen eine bis dahin unbekannte Behaglichkeit er-reichen? Die ‚Vereinigung von Angesicht zu Angesicht‘ verdrängt all-mählich die Paarung nach Art der Tiere. Sie ist ein grundlegender psy-chologischer Wandel, ein grundsätzlicher Wandel im Verlaufe unserer Menschwerdung, begünstigt durch die Weichheit des Materials, möglich dank der wunderbaren Nadel. Die Nadel, das eigentliche Sinnbild weib-licher Tätigkeit, wird als solches von den Feministinnen abgelehnt; wäre sie vielleicht eine der indirekten Ursachen der sexuellen und der allge-meinen Befreiung der Frau? Gerechtigkeit für die Nadel, meine Damen!"

Bis in die Mitte unseres Jahrhunderts glaubte man nach den aufgedeck-ten Fundschichten an eine zeitweilige Besiedelung der Höhle in zwei ver-schiedenen Epochen: Im Jungpaläolothikum (jüngere Schicht, vor etwa 15.000 Jahren) und im Mittelpaläolithikum (ältere Schicht, vor etwa 40.000

Das Rentierköpfchen von der verzierten Nadelbüchse aus der Gudenushöhle (Vergrößerung) bis 70.000 Jahren). Hausherren und Hausfrauen waren also auch noch die Neandertaler, welche vor etwa 40.000 bis 35.000 Jahren ausgestorben sind.

Es war der nach Australien ausgewanderte österreichische Höhlenforscher Robert Bednarik, der nicht daran glaubte, daß die Gudenushöhle – so wie es hieß – bereits vollkommen ausgeräumt sei. Nach Beseitigung einiger schwerer Felsblöcke stieß er 1976 in einem Spalt auf noch nicht bearbeiteten Höhlenboden und fand dort Artefakte, welche – seiner Meinung nach – wesentlich älter als alle bisher gefundenen sind, etwa 100.000 Jahre alt, wenn nicht noch viel älter. Demnach wäre die Gudenushöhle der älteste besiedelte Platz, der bisher in Österreich gefunden wurde.

Der Austroaustralier hatte mit einigen Hilfskräften die Grabung ohne Bewilligung des Bundesdenkmalamtes durchgeführt. Hätte er um eine Bewilligung angesucht, hätte er vielleicht eine solche gar nicht bekommen. Hätte er nicht gegraben, dann wäre das Wissen um die Urgeschichte unseres Landes wahrscheinlich bis zum Nimmerleinstag etwas unvollständig geblieben. Justament an jenem Felsen, an dem sich unten die Gudenushöhle befindet und der oben die Burgruine Hartenstein trägt, zeigen sich die Schwächen des Denkmalschutzes sehr drastisch.

Burg Hartenstein (aus dem 12. Jahrhundert) war bis Ende des 19. Jahrhunderts eine romantische Ruine. Doch in den Jahren 1893–96 wurde sie im Einverständnis mit dem Besitzer Gudenus in eine Kaltwasser-Heilanstalt umgewandelt. Der Umbau erfolgte – wie es in einem im Jahre 1913 unter dem Titel „Vandalismen" veröffentlichten Bericht der k.k. Zentralkommission für Denkmalpflege heißt – „in geschmackloser und abstoßender Weise". Die Baubewilligung dazu wurde schon damals auf die gleiche Weise eingeholt, wie es auch heute noch bei solchen „Vandalismen" üblich ist. Man beantragte sie zu dieser Zeit bei der vom freiherrlichen Grundbesitzer sehr abhängigen kleinen Gemeinde Nöhagen. Die Zentralkommission wurde erst verständigt, als der Umbau bereits in vollem Gang war; ihr Protest – so heißt es in dem Bericht – „war natürlich ein platonischer".

„Hoch auf dem Berg und tief im Tal" – so sagt der Volksmund zur Lage von Burg Hartenstein. Zweimal wurde an dem in der Schlucht aufragenden Felsen das Denkmalpflegegesetz gebrochen: oben mit negativem Ergebnis und unten mit positivem. Und seit dem Ende des 19. Jahrhunderts bis heute hat sich am Denkmalpflegegesetz nichts geändert: Seine engen Maschen haben schon viel Positives verhindert, und durch seine Lücken sind schon unzählige Vandalen glatt durchmarschiert.

„Zu den interessantesten Zielen des Waldviertels gehört jene Gegend, in der sich die beiden Kremsbäche vereinigen und wo in wildromantischer Schlucht die Ruinen von Hartenstein aufragen, während in schroffen Felswänden zahlreiche Höhlen, Fundstätten interessanter prähistorischer Reste, ihre dunklen Schlünde öffnen", hatte Josef Rabl in seinem

1890 erschienenen Wachauführer geschrieben. In dieser Zeit war der Kremszwickel noch nicht leicht zu erreichen; erst 1909 wurde die Donauuferbahn eröffnet, die es von Weißenkirchen aus ermöglichte, in einem langen Fußmarsch dorthin zu gelangen. Die „waldumrauschten und felsumstarrten Kremsschluchten, welche außer dem Alpenlande kaum ihresgleichen finden dürften", galten dann bald unter den Touristen als exquisites Wanderziel.

Dunkle Höhlenschlünde gibt es in diesem Tal außer der Gudenushöhle noch etliche Dutzende, und einige von ihnen haben ebenfalls seit der Steinzeit dem Menschen zum vorübergehenden Aufenthalt oder als Zufluchtsstätte gedient. In die Eichmaierhöhle (nach dem Pfarrer Franz Eichmaier benannt, der sie 1883 erforschte und einige steinzeitliche Artefakte darin fand) hatte man noch im Preußenkrieg 1866 die Schafe getrieben, um sie vor dem Feind zu verstecken. Als „Tiuveleskirche" wird schon 1124 in einer Göttweiger Urkunde die Teufelskirche benannt, eine Höhle, deren Eingang in der Felswand einem gotischen Portal gleicht. Doch außer dem Teufel scheinen ansonsten nur Tiere die Höhle aufgesucht zu haben, prähistorische Funde wurden in ihr keine gemacht.

Von einem Schuster, der angeblich in der Höhle gehaust haben soll, hat die Schusterlucke den Namen . Es wurde aber auch schon zur Diskussion gestellt, ob nicht einer Gestalt der germanischen Mythologie die Höhle ihren Namen verdankt – Surtur, der schwarze Riese mit dem Flammenschwert, der Herrscher im Reiche des Urfeuers, der außerdem den Irdischen das Schlechtwetter bringt. Sieben Meter hoch ist das Höhlenportal, siebzehn Meter lang ist die Höhle, fünf Meter hoch waren ursprünglich die in ihr gelagerten Schichten. Bei den Ende des 19. Jahrhunderts durchgeführten Grabungen wurden steinzeitliche Werkzeuge, eine bronzene Pfeilspitze, Eisenpfeile sowie eine Lanzenspitze darin gefunden – und ca. 18.300 Tierknochen.

Radiästhetische Untersuchungen im Kremszwickel brachten folgende Ergebnisse: besonders stark positive Strahlungen im Zentrum der Gudenushöhle. Strahlungen gleich starker Intensität konnten auch auf der bewachsenen Kuppe bei der aussichtsreichen Teufelsrast festgestellt werden, was zur Annahme berechtigt, daß beide Plätze einst auch Kultstätten gewesen waren. Die Teufelsrast könnte ihren Namen der Verteufelung heidnischer Kultstätten durch das Christentum verdanken.

Heute sind die Wege und Zustiege im Kremszwickel an den Steilstellen durch Drahtseile oder sogar durch Leichtmetalleitern gesichert. Doch seinerzeit mußten die Steinzeitmenschen so für den Hausgebrauch auch recht gute Bergsteiger gewesen sein. Oder waren damals die Abbrüche in dem Tale noch nicht so schroff?

Vieles war damals ganz anders, als wir es uns heute vorstellen können.

*Vorhergehende Seite:
Stiegenaufgang zur
Maurerlucke bei Kendl*

*Links: Wanderungen in
die Altsteinzeit. Portale der
Gudenushöhle (oben) und
der Schusterlucke im
Kremstal (unten)*

*Rechts oben: Die Frauen-
lucke bei Schmerbach*

*Rechts unten: In der
Fluchthöhle mit den
Stoßlöchern am „Hohlen
Stein" bei Grabenegg*

*Nachfolgende Seite:
Der Kanal bei Kendl*

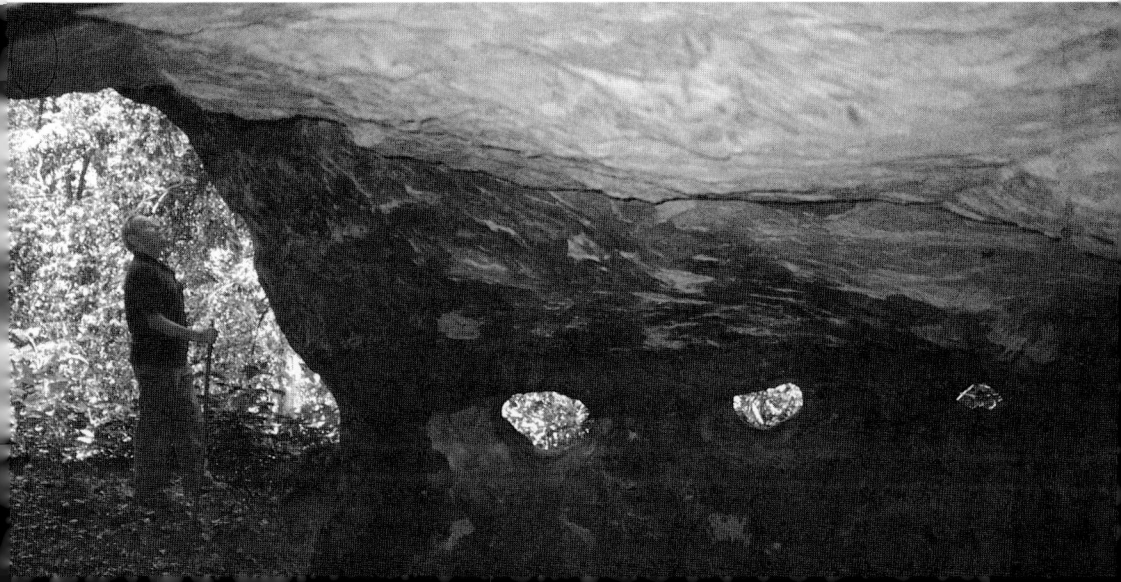

Denn je tiefer wir uns in die Vergangenheit zurückversetzen, desto unschärfer werden die Bilder. Mit dem, was uns noch seinerzeit die alten Leute erzählt haben, und außerdem mit ein bisserl Bücherwissen können wir uns noch in das 19. Jahrhundert zurückversetzen; wir können uns sogar noch – aber da bereits mit vielen falschen Vorstellungen – in der Römerzeit etwas zurechtfinden (Denn: Römerzeit ist nicht gleich Römerzeit. Der Römer vom Jahr 300 v. Chr. war anders als der vom Jahr 300 n. Chr.).

Doch nebulos wird es beim Steinzeitmenschen: Wo liegt für uns ein Unterschied zwischen einem Jungsteinzeitmenschen, der vor siebentausend Jahren lebte, und einem Altsteinzeitmenschen, der sieben Jahrtausende vorher gelebt hat?

Vollends entgleitet uns aber die Zeit, wenn wir uns in weitere Jahrzehntausende zurück und dann sogar in Millionen und Milliarden Jahre der Erdgeschichte hineindenken wollen. Und die neue Zeitrechnung wird zur Farce, wenn wir über die Erdgeschichte in einem Heimatbuch lesen, daß die Urzeit der Erde 4 Milliarden Jahre „vor Christi Geburt" begonnen habe ...

Einmal fuhren wir im Winter in den Kremszwickel. Früh am Morgen haben wir unsere zentralgeheizte Wohnung verlassen, spät am Abend kehrten wir wieder ins Warme heim. Unterwegs froren wir ganz grausig ...

In der Gudenushöhle fühlten wir uns keineswegs geborgen. Da pfiff der Wind bei einem Loch herein und zum anderen wieder hinaus. Wir hatten gefütterte Jacken an, darunter einen Pullover, darunter ein Hemd. Das Bärenfell des Urzeitmenschen war dick und schwer – aber winddicht war es sicher nicht. Und auch ein höllisches Höhlenfeuer kann in dem niedrigen Gewölbe nur viel Rauch und wenig wohlige Wärme gegeben haben.

Wir besuchten auch die anderen Kremstalhöhlen. Der Boden und die Felsen waren eisüberglast, darauf lag Pulverschnee. Trotz der Eisenleiter und den Drahtseilen und natürlich mit Profilsohlen an den Bergschuhen fanden wir dieses Steilgelände recht gefährlich. Der Urzeitmensch konnte nicht die ganze Winterszeit in seiner Höhle oder Wohngrube gehockt sein. Wie erging es ihm, wenn er mit seinen Fellpatscherln im Schnee unterwegs war?

An diesem kalten Wintertag im Kremszwickel haben wir mit den Urzeitmenschen gefroren und gelitten und dabei immer wieder festgestellt, daß diese doch ganz andere Menschen gewesen sein müssen, als wir es sind ... mit einer dickeren Haut, oder mit einem anderen Blutkreislauf ... anders!

Auf vielen nach wissenschaftlichen Erkenntnissen erstellten Skizzen, Bildern, Dioramen ist schon versucht worden, den Alltag des Urzeitmenschen darzustellen. Aber ebenso wie des Doktor Sonnleitners zwar packend geschriebene Geschichte von den „Höhlenkindern" gleiten alle

Aus: Unsere niederösterreichische Heimat in der Urzeit, Wien 1949. Zeichnung von
Franz Eppel, damals Assistent am Urgeschichtlichen Institut der Universität Wien

solche Versuche dann doch ab in ein idyllisches Steinzeit-Biedermeier.
Das Leben des Urzeitmenschen war aber unter den damaligen Verhält-
nissen (auch bezüglich Ernährung, Heilwesen u.a.) so hart, daß es für einen Menschen unserer Art wahrscheinlich unerträglich gewesen wäre.

Eines ist jedoch sicher. Der Neandertaler wie auch seine Nachfolger müssen dieses Leben trotz alledem lebenswert gefunden haben. Sonst hätten
sie es nicht ausgehalten.

 Vom Parkplatz bei der Burgruine Hartenstein bis unter den Burgfelsen,
wo sich die Gudenushöhle befindet (über einen Steg erreichbar, Hinweistafel).

Rundweg: Eichmaierhöhle – Teufelsrast – Schusterlucke – Teufelskirche
– Hartenstein. Der blaubezeichnete Weg beginnt an dem Sträßlein neben
der Kleinen Krems, ca. 70 Meter nördlich von der Gudenushöhle (Hinweistafel). Zunächst erreicht man die Eichmaierhöhle. Weiter den Weg
(am Steinernen Saal vorbei) und kurzer Abstecher zur Teufelsrast (gelbe
Bezeichnung). Zurück zum blaubezeichneten Weg und Abstieg zur Schusterlucke (Hinweistafel). Siebzig Meter westlich von ihr befindet sich die
Teufelskirche. Zurück zum blaubezeichneten Weg und Abstieg zur Kleinen Krems, wo das Sträßlein wieder zur Burgruine Hartenstein bringt.
Dieser Rundweg ist nur trittsicheren und schwindelfreien Personen an-
zuraten (steile Leitern zur Schusterlucke und Teufelskirche!). Kleinkinder
sollten auch an den Wegstücken durch die Steilhänge (trotz einiger Drahtseile) an eine kurze Reepschnur gebunden werden. Dauer der Rundwan-
derung (je nach Länge der Aufenthalte in den Höhlen) 2 bis 3 Stunden.

ALTSTEINZEITLICHES AUS DEM KAMPTAL

Die Frauenlucke bei Schmerbach

Nächst Schmerbach am Kamp befindet sich an einem Steilabbruch zum Fluß die „Frauenlucke". Wilde Frauen, drei Waldfrauen sollen in ihr einmal gehaust haben. Solche Frauenhöhlen gibt es an vielen Orten, und erstaunlich ist, daß sich die Sagen um sie so ziemlich alle gleichen. Es waren gute Frauen, aber sie hatten etwas gegen lauten Lärm. (Sollten sie vielleicht gegen Krieg und Kriegsgeschrei gewesen sein?)

Lange Zeit wurden diese Frauenhöhlen bloß als Großmutters Gutenachtgeschichten hingenommen, heute sieht man sie etwas anders. Schon lange vor der Entstehung des Christentums mit der Heiligen Dreifaltigkeit gab es nicht nur männliche Göttertrinitäten, sondern auch weibliche. Diese Frauen- oder Muttergottheiten lebten dann unter den verschiedensten Namen weiter … weise oder weiße Frauen, Salige Frauen, die Drei Bethen (die in den christlichen heiligen drei Madln Barbara, Margareta und Katharina Nachfolge fanden).

Höhle und Mutterschoß Erde sind eine Assoziation, und so bieten sich Höhlen förmlich an als Kultplätze für Frauen- oder Muttergottheiten. Wobei freilich nicht alle der heute noch Frauenhöhlen oder Frauenlucken genannten Höhlen einst auch Kultplätze waren, einige davon werden wohl auch nur vom Volksglauben oder in der Volkssage zum Aufenthaltsort wundersamer Frauen geworden sein.

Die „Frauenlucke" bei Schmerbach ist insofern eine besondere Höhle, weil in ihr Funde aus der Altsteinzeit gemacht wurden. Bereits 1919 wurde in der Höhle gegraben und dabei stieß man auch auf kleinere Steinwerkzeuge, die (nach den Abfallstücken zu schließen) in der Höhle vor etwa 20.000 Jahren auch hergestellt worden sind. Bemerkenswert ist die hohe Aschenschicht – etwa fünfundvierzig Zentimeter – die unter einer dreißig Zentimeter hohen Schuttschicht lag.

Was war die Frauenlucke?

Hätte sie als Jägerstation für kürzere Aufenthalte gedient, dann hätte das keine so hohe Aschenschicht ergeben. Wäre sie als Wohnhöhle benützt worden, dann wäre der an seinem Eingang etwa 3 Meter hohe sich nach innen verjüngende etwa 17 Meter lange Felsschlauch eine richtige Rauchkuchl gewesen. Außerdem spräche dafür nicht ihre Lage.

Die Frauenlucke befindet sich an einem felsdurchsetzten Steilhang zum Kamp. Und das Gelände unterhalb der Höhle ist so steil, daß man jetzt einen Weg zu ihr aus dem Erdreich gegraben und außerdem noch mit einem soliden Drahtseil gesichert hat. Die Kindesmütter von heute ergreift ein Gruseln, wenn sie daran denken, was in einem solchen Gelände den Steinzeitkindern alles zustoßen hätte können. Allerdings könnten auch die Regenfälle im Verlauf von den Jahrzehnttausenden eine Geländeveränderung verursacht haben.

War die Frauenhöhle nur eine steinzeitliche Werkstätte? Oder ist sie dann in etwas späterer Zeit zur Kulthöhle geworden, in der oft Feuer brannten? Radiästheten haben jedenfalls starke Strahlungen in ihr festgestellt. Und es ist auch ein sehr schöner Ort, diese Höhle hoch über dem Kamp mit den Felskanzeln links und rechts, auf denen man prickelnde Tiefblicke genießen kann.

Jetzt scheint sie ein Kultplatz für Esoteriker oder Feministinnen geworden zu sein. Das Innere der Höhle ist übersät mit in allen Farben gesprühten Frauennamen. Verunstaltung eines Natur- und Kulturdenkmals? Oder moderne „Verewigungen" von Wünschen oder Empfindungen an einem besonderen Platz … so wie es seinerzeit auch die Felsgravuren waren?

Die Frauenlucke ist jedenfalls der richtige Ort, um an den Prähistoriker, Pfarrer und Seelsorger Dr. Anton Hrodegh (1875–1926) zu erinnern, der sich nicht nur mit den Lebensbedingungen der Steinzeitfrauen intensiv beschäftigt hat, sondern auch in seiner 1925 erschienenen „Urgeschichte des Waldviertels" eine euphorische Huldigung niederschrieb:

„Zu den wichtigsten Arbeiten der diluvialen Jägerfrau gehört neben der Beschaffung der Pflanzenkost auch das Herbeischleppen des Brennholzes; und dies war gewiß keine Kleinigkeit, da so ein Lagerfeuer ein Tag und Nacht zehrender Nimmersatt war. Um das Dauerfeuer am Erlöschen zu hindern, mußte das arme geplagte Weib auch gegen die Wut der Elemente ankämpfen und, indem sie die heilige Herdflamme gegen Sturm und Schneegestöber durch schräg aufgestellte Windschirme oder schon besser abschließende Lederzelte schützte, wurde sie die Urheberin des primitiven Hausbaues!

‚Hut ab!' männliche Leserwelt, vor den Frauen als Kulturträgerinnen! Durch das Aufsammeln von Wildpflanzen, die sie allmählich der Bequemlichkeit halber in der Lagernähe anbauen, werden sie die Erfinderinnen des später so unendlich wichtigen Ackerbaues und als Vestalinnen der schutzbedürftigen Feuerflamme die Urheberinnen des Hausbaus! Der Mann hatte es leichter: Er war auf der Jagd und kam er dann nach Hause, so fand er ein warmes Heim vor, das imstande war, die Familie zu einer behaglichen Einheit zusammenzufassen.

Meine Herren! Wo auf der Welt steht das Monument, das die Verdienste der urzeitlichen Frau genügend würdigt? Aus welch kostbarem Stoff ist es? Wie hoch soll es sein?"

Die „Graselhöhle" bei Rosenburg

Im Waldviertel soll in fast jedem Höhlenloch der 1819 hingerichtete Räuberhauptmann Johann Georg Grasel gehaust haben ...

Die Graselhöhle bei Rosenburg hat auch noch andere Namen. Zwergelloch – weil darin einst Zwerge ihre Schätze bewacht haben. Herrenhöhle – weil ein geheimer Gang aus dem Herrenzimmer der Rosenburg in die Höhle geführt haben soll.

Von all den vielen Höhlen unseres Landes hat die Graselhöhle das faszinierendste Portal ... „Der Eindruck, den die Felswand mit den thüränlichen Öffnungen und der Säule am Eck hervorruft ist gewissermaßen ein so künstlicher (architektonischer), daß man in Erinnerung an die zahlreichen zu Füßen der Rosenburg erbauten Landvillen eine Höhlenvilla zu sehen vermeint" hatte Ende des vorigen Jahrhunderts der Heimatforscher Franz Kießling vermerkt.

Exakter berichten die Höhlenforscher: „Labyrinthartig verzweigtes Objekt mit acht Eingängen, wobei die Höhle aber normalerweise durch die drei nach Südosten orientierten betreten wird. Die restlichen fünf Eingänge blicken nach Osten bis Norden und münden etwas über dem Wandfuß aus. Die Gänge sind teilweise kluftartig mit Breiten von 0,5 bis 1m oder röhrenförmig ausgebildet." Insgesamt 102 Meter Ganglänge sind im Jahre 1974 vermessen worden, und dieses Labyrinth hat die Höhle schon immer besonders geheimnisvoll erscheinen lassen.

Franz Kießling hatte schon seinerzeit vermutet, daß die Höhle von Menschen in prähistorischer Zeit aufgesucht worden sein könnte. Doch die von dem Höhlenforscher Hermann Heller noch vor dem Ersten Weltkrieg vorgenommenen Probegrabungen konnten das nicht bestätigen, und er schrieb: „Hingegen deucht mir, als sei der Fels, in dem die Lokalität liegt, in geschickter Weise von einem früheren Besitzer der Burg zu einem Schutzposten ausgehöhlt worden, um sie gegen eventuelle Überfälle von der Seite des Taffatales her zu sichern. Das System von Gängen, welches den ganzen Felsen durchzieht, sollte etwa doch eindringende Feinde verwirren, und ein unterirdischer Hauptgang, den ich glaube aufgefunden zu haben, die Verbindung zur Burg herstellen." – Das war in jener Zeit, in der man noch ernsthaft an die Existenz langer unterirdischer Geheimgänge glaubte (und sogar von einem Verbindungsgang zwischen Burg Kreuzenstein unter der Donau hindurch nach Burg Greifenstein munkelte).

Josef Bayer (einer der Ausgräber der im Jahre 1908 gefundenen Venus von Willendorf) ließ 1928 in der Graselhöhle graben und konnte Kießlings Vermutung bestätigen. In dieser Höhle waren bereits vor etwa 15.000 Jahren Menschen, haben Spuren hinterlassen ... einige Steinwerkzeuge,

Reste von Feuerstellen, Tierknochen mit Schlagspuren. Bei diesen Grabungen wurde auch etwa 40 Zentimeter unter dem damaligen Bodenniveau jene aus dem Fels gearbeitete „Sitzbank" freigelegt, welche sich gleich hinter dem linken Höhleneingang befindet.

Aber irgendwie war man damals von diesem Ergebnis doch etwas enttäuscht. Man hatte mehr von der Grabung erwartet. Man hatte damals in den Höhlen vor allem noch Wohnplätze gesehen …

Für einen Kultplatz, an dem Tieropfer dargebracht wurden, wären jedoch diese gemachten Funde typisch. Und so wie in der Frauenhöhle bei Schmerbach sind auch in dieser Höhle (vor allem in dem hohen Eingangsraum) starke Strahlungen festgestellt worden, besonders bei der „Sitzbank". War sie ein Altar? Jedenfalls dürfte die Höhle mit dem faszinierenden Portal für den Steinzeitmenschen keine Höhlenvilla, sondern eher eine Höhlenkirche gewesen sein.

 Frauenlucke bei Schmerbach am Kamp (nächst Krumau): Vom Ort führt ein blaubezeichneter Weg (zuletzt Drahtseilsicherung) zur Höhle. Gehzeit ca. 25 Minuten.

Graselhöhle bei Rosenburg: Vom Ort über die Kampbrücke und dem zur Rosenburg führenden Fußweg ca. 5 Minuten folgen. Rechts davon die Höhle (Hinweistafel).

ALTE WELT AM KAMP

„Schanz" oder „Schimmelsprung" – so hieß schon seit langem jene Hochfläche südwestlich von Gars/Thunau, welche sich über einem Steilabbruch zum Kamp ausbreitet. Gewaltige Erdwälle konnte man da oben erkennen, und immer wieder stieß man im Boden auch auf Totengerippe. Seinerzeit galt alles Außergewöhnliche für die Waldviertler als Relikt des Schwedenkrieges, also galten die Erdwälle als Schwedenschanzen, und die Gerippe waren tote Schweden. Und nicht ganz geheuer sollte es dort oben auf der Schanz sein …

Ab 1872 interessierten sich Heimatforscher (Johann Krahuletz, Anton Hrodegh, Joseph Höbarth) für diesen Platz und begannen dort auch zu graben. Systematische Grabungen wurden jedoch erst ab 1965 vom Institut für Ur- und Frühgeschichte der Universität Wien unter der Leitung von Herwig Friesinger durchgeführt. Ergebnis: Ein Bericht mit dem Untertitel „5000 Jahre Siedlungen im Garser Raum".

Archäologischer Befund: Siedlungsspuren aus der Jungsteinzeit. Um etwa 900 v. Chr. Befestigung eines Teiles der Hochfläche mit Erdwällen, deren Kern aus Baumstämmen gezimmerte Kästen bildete, welche mit Steinen und Erde gefüllt waren. Kurzer Niedergang (nach Brand oder Krieg), aber bald darauf war die Hochfläche wieder bewohnt. Im 8. Jahrhundert n. Chr. kamen Slawen, erweiterten die Siedlung und bauten sie zur Festung aus. Mitte des 11. Jahrhunderts Zerstörung durch die Babenberger und Umsiedlung der Bewohner ins Tal bei Thunau.

Von all den Wohnanlagen auf dieser Hochfläche sind heute nur noch die in den Fels vertieften Pfostenlöcher der einstigen aus Holz und lehmverputztem Reisig gebildeten Häuser zu sehen, außerdem Herdanlagen, Vertiefungen für Vorräte oder Abfälle.

Die Archäologen haben natürlich noch mehr gesehen, haben Funde geborgen, aus denen sie dann ihre Schlüsse ziehen konnten. So zum Beispiel, daß bei der Eroberung der Slawensiedlung durch die Babenberger auch Frauen und Kinder brutal umgebracht worden sind, daß also die Babenberger durchaus nicht die braven christlichen Kolonisatoren waren als die sie später dargestellt wurden.

Bei Grabungen in der prähistorischen Siedlung hatte der Heimatforscher Joseph Höbarth (1891–1952) bereits im Jahre 1929 in einer Hütte verkohltes Getreide gefunden; 1944 fand er in einer Hütte sogar eine Menge von 5 Kilogramm (Roggen, gemeinen Weizen, Emmer, Zwergweizen, Gerste, Hirse, Raps, kleinkörnige Linse, Pferdebohne, Saaterbse). Die Urkamptaler waren aber durchaus nicht nur „Körndlfresser", man fand auch viele Knochen vom Schwein und Rind. Und im Kamp gefischt haben sie ebenfalls (was die gefundenen Fischereiutensilien beweisen).

Die Felder, auf denen das Getreide angebaut wurde, befanden sich nicht im Talgrund, sondern oben auf der Hochfläche hinter der Siedlung. Und dort gibt es – drei Kilometer von ihr entfernt – einen interessanten Platz.

Buchberger Waldhütten heißt die Streusiedlung, doch es gibt dort weder Hütten noch einen größeren Wald, nur einige schöne Gehöfte und weite Felder …

„Wir geben als Postanschrift nur Buchbergerwald an. Die Hütten lassen wir weg, weil das klingt gar so hinterwäldlerisch!" hatte die Frau gesagt, welche uns zu der kleinen Kapelle auf dem Hügel begleitet hatte.

Diese Kapelle ist Mittelpunkt des weiten Landes und auf einem Felsen erbaut worden, neben dem einige recht große Urgesteinsblöcke liegen. Zwei von ihnen tragen große kreisrunde Schalen, einer sogar eine richtige Wanne mit einer Schale darin. Bemerkenswert an diesen Schalensteinen (siehe auch Seite 83) ist, daß ihr besonders sprödes Gestein eine natürliche Verwitterung ausschließt, und daß außerdem Radiästheten an diesem Platz besonders starke Strahlungen festgestellt haben. So erscheint der Hügel mit den großen Felsblöcken und der kleinen Kapelle wie ein Urbild von einem „Ort der Kraft".

Man kann sich diese Felsenkuppe auch ohne Kapelle als einen Kultplatz vorstellen zu jener Zeit, in der die Leute von der vor- oder auch der frühgeschichtlichen Siedlung oberhalb von Gars auf dieser Hochfläche ihr Getreide anbauten. Später wird der Wald wieder gewachsen sein und so kam die kleine Siedlung zu dem Namen „Buchberg Wald", ab 1890 „Buchberger Waldhütten". Jetzt ist der Wald wieder geschwunden, und es dominieren die Felder.

In der kleinen Kapelle meldet eine Inschrift, daß sie von Josef Führer im Jahre 1818 erbaut worden ist. So wie es um diesen Platz weder Überlieferungen noch Sagen gibt, so ist auch über diesen Bauherrn so gut wie nichts bekannt. Etwas unterhalb von dem Hügel soll er ein Häusl gehabt haben – jetzt ist davon nichts mehr zu sehen. Und alles, was er gehabt hat, soll der Josef Führer für den Bau der Kapelle verwendet haben. Was unsere Bäuerin kommentiert: „Der muß a Junggesell gewesen sein. Denn wenn er a anständige Frau gehabt hätt, dann hätt er so was sicher net tun können!"

Auch auf der Schanz wurde im 9. Jahrhundert eine kleine Kirche am Rande des Steilabbruchs zum Kamp erbaut; bei der Ausgrabung im Jahre 1986 wurden ihre Grundmauern entdeckt. In und um der Apsis fand man viele Kleinstkinderskelette. Man nimmt an, daß nach der Zerstörung der Siedlung durch die Babenberger die Leute aus dem Talgrund weiterhin zu der Kirchenruine gezogen sind, um dort die toten Frühgeburten

zu begraben. Denn ungetaufte Kinder durften nicht in geweihter Erde
begraben werden – so streng war die Mutter Kirche. Und wenngleich auch
das Gotteshaus auf der Schanz zerstört war, dann war doch der Boden
unter und neben ihm heilig geblieben – so dachten damals die Leute.

Damit die heutigen Besucher der Schanz auch etwas Vollständiges zum
Anschauen bekommen, wurde im Zuge der letzten Ausgrabungen das
Südtor der Slawensiedlung teilweise rekonstruiert, sehr schön rekonstruiert, vielleicht ein bisserl zu schön. Aber dieses Gefühl stellt sich wohl
bei allen Rekonstruktionen ein. Auch bei diesem Torbau entdeckten die
Ausgräber etwas Makabres: Bei ihm wurde in der Ostflanke das Skelett
eines jungen Mädchens gefunden, von dem angenommen wird, daß es
von einem sogenannten Bauopfer stammt.

Menschenopfer wurden einst überall (also auch in unseren Zonen) dargebracht, um zum Wohl der Gemeinschaft von höheren Mächten Glück
zu erbitten. Solche Opfer mußten etwas Kostbares sein, man opferte daher nicht alte kranke Menschen, sondern junge. Und so wurden dann auch
später immer wieder solche Geopferte im Gemäuer von der Allgemein-
heit dienenden Bauwerken gefunden.

Als man von Menschenopfern wie auch Tieropfern abgekommen war,
blieb man der alten Tradition trotzdem treu … ein Stück Leben mußte in
den Bau, also mauerte man ein Hühnerei ein. Solche „geheimen Bauopfer" im Gemäuer alter Häuser sind natürlich bei Demolierungen oder
Umbauten unbemerkt zerstört worden, aber einige hat man doch noch
entdeckt.

Daß ein Tor einst mehr bedeutete als nur den Eingang in eine Siedlung,
zeigte sich ebenfalls bei den Ausgrabungen auf der Schanz. Man fand dort
in den beiden Toranlagen (Süd- und Nordtor) Mahlsteine. Diese lagen
aber nicht zufällig da, sondern wurden nach der Eroberung der Siedlung
durch die Babenberger an dieser Stelle deponiert, um zu bekräftigen, daß
innerhalb dieses Tores von nun an kein Brot gebacken werden darf und
somit auch kein Leben mehr sein wird.

Die Uraltsiedlung im Kamptal liegt auf einer Höhe mit herrlichen Ausblicken und Tiefblicken, ihr Besuch ist auch ein wunderschönes Wandererlebnis. Und wenn wir schon in Wanderschuhen unterwegs sind, können wir auch jenen Platz aufsuchen, der etwas eigenartig mit der Siedlung verbunden ist: der Steinbruch, aus dem jene Mahlsteine gebrochen
worden sind, welche die Babenberger dann demonstrativ in die Toranlage gelegt haben. Eine originelle Sehenswürdigkeit ist das!

Entdeckt wurden die Felsen bei Altenhof nach dem Zweiten Weltkrieg.
Etwas verwundert stand man zunächst vor den moosbedeckten kreisför-
migen Vertiefungen oder Ritzspuren. Der Prähistoriker Eduard Beninger
erkannte aber die Bedeutung dieser Entdeckung, und 1962 (also noch vor

dem Beginn der Grabungen in Gars/Thunau) schrieb er: „Da wir in mittelalterlichen Siedlungen des 9. bis 12. Jahrhunderts recht häufig mehr oder weniger sorgsam abgehauene Rundplatten aus porösem Gestein finden, die wegen ihrer natürlichen Schnittkanten sicherlich als Reibsteine oder Mahlplatten verwendet wurden, hätten wir in den Negativen der Altenhofer Felsenpartie den schönen Nachweis eines mittelalterlichen Mahlsteinbruches."

Die Funde aus vergangenen Jahrtausenden, die man auf der Schanz geborgen hat und jetzt in verschiedenen Museen besichtigen kann, sind sehr schön und sehr aufschlußreich und sehr interessant. Der felsige Bergrücken bei Altenhof gibt hingegen ein Erlebnis ganz anderer Art ... da spürt man noch einen Hauch von Leben. So zum Beispiel vor den Werkstücken, welche mit viel Müh und sauber gezirkelten Ringen begonnen und dann nicht vollendet werden konnten, weil der verdammte Stein schließlich doch nicht den Anforderungen entsprach. Da spürt man das Leben, das schon immer mit viel Schweiß und auch Enttäuschungen verbunden war ...

I Zur Ausgrabung: Von Gars/Thunau die über Tautendorf nach Gföhl führende Straße ca. 2 km bis auf die Hochfläche verfolgen. Links zweigt ein Fahrweg ab (Tafel: Zur Ausgrabung), der nach etwa 800 Metern zum Grabungsstützpunkt auf der Schanz bringt. Etwa 100 Meter rechts daneben befindet sich das rekonstruierte Südtor.

Von Thunau ausgehend bringen auch zwei Wanderwege in ca. 1 Stunde ins Grabungsgelände. Der blaumarkierte Wanderweg führt an der romantischen Ruine Schimmelsprung (aus dem 12. Jahrhundert) vorbei.

Sehr empfehlenswert ist eine Besichtigung der Grabungsdokumentation „Die Befestigungsanlagen von Thunau – 5000 Jahre Siedlung im Raum Gars" in Gars, Hauptplatz.

Nach Buchberger Waldhütten: Die Straße Thunau–Tautendorf weiterverfolgen bis Tautendorf. Von dort auf der in Richtung Thürneustift führenden Straße bis Buchberger Waldhütten. Die Kapelle auf dem Felsen befindet sich unübersehbar nahe der Straße.

Zum mittelalterlichen Steinbruch bei Altenhof (südlich von Plank): Von der Straße Altenhof–Stiefern führt (etwa 200 m östlich der Bahnstation) ein Graben in den orographisch linken Berghang. Ein kurzes Stück den Graben hinauf, dann führt der Fahrweg nach rechts weiter. Nach etwa 300 Metern wird ein breiter Bergrücken erreicht, auf dem ein Fußpfad gerade hinauf zu den ersten flachliegenden Felsen mit den Rillen und kreisrunden Ausbrüchen bringt (vom Fahrweg ca. 100 Meter). Gehzeit von der Straße: 10–15 Minuten.

An der „Leyline" bei Eggenburg

Auf einem grasbewachsenen Hügel bei Eggenburg – dem Kogelstein
– hat die Natur ein seltsames Gebilde geformt … eine etwa fünf Meter
hohe Felssäule, die an einen Phallus denken läßt, aber auch Eule oder
Wächter genannt wird. Als wir sie vor etwa vier Jahrzehnten zum er-
stenmal gesehen hatten, erinnerte sie uns in ihrer Seitenansicht ganz
spontan an die „Venus von Willendorf" mit dem breiten Gesäß und den
schweren Brüsten … und seither ist sie für uns die „Venus von Eggenburg".

Wenn für den Menschen vorchristlicher Zeit gewisse Hügel und Berge, Quellen und Bäume sowie besondere Steine die Stätten für Verehrung seiner Gottheiten waren, dann konnte er auch an diesem auffallenden Gebilde am Kogelstein nicht achtlos vorbeigegangen sein. Das
ist er auch nicht.

Etwa vierhundert Meter nordöstlich ist ein zweiter Hügel, auf dem
ebenfalls eine Steinsäule steht, welche „Feenhaube" genannt wird, „weil
sie wie ein riesiges Weib hersieht, das eine eigenartige Haube aufhat",
wie einst der Heimatforscher Franz Kießling schrieb. Er berichtete
außerdem, daß der wenige Schritte neben der „Feenhaube" befindliche
sitzartige Schalenstein vom Volk „Herrgottsitz" genannt wird.

Schalen befinden sich auf den Felsen beider Hügel, und an ihnen zeigt
sich auch das sogenannte „Schalensteinproblem" in allen seinen Variationen.

Das Schalensteinproblem: Schon seit ältester Zeit wurden aus gewissen Steinen Näpfchen oder Schalen ausgerieben. Umstritten ist der
Zweck dieser Schalen. War das Ausreiben eine Kulthandlung (Be-
schwören der Erde um Fruchtbarkeit)? Entstanden die Schalen beim
Ausreiben von Steinpulver (das von besonderen Steinen als besonders
heilsam galt)? Sollten die Schalen Opfergaben aufnehmen? Dabei dachte man vor allem an Blutopfer, weshalb die Schalen im Volksmund auch
Blutschüsseln genannt werden und die Rillen daran Blutrillen.

Es gibt noch andere Deutungen. Und es gibt Schalen, welche durch
Auswitterung auf natürliche Weise entstanden und für Kultzwecke
genützt worden sind, und außerdem noch solche vom Menschen etwas
nachbearbeitete Naturschalen. Die Unterscheidung zwischen natürlichen und künstlichen Schalen ist nicht immer leicht. Seinerzeit war für
manche Heimatforscher jede Vertiefung in einem Felsen eine Opferschale, und heute gibt's noch immer Wissenschaftler, welche grundsätzlich in allen Schalen nur Auswitterungen erkennen wollen. Doch schon

vor langer Zeit hatte der „große Mann" der österreichischen Volkskunde, Gustav Gugitz, gemeint, daß es bei den Schalen gar nicht so wichtig sei, ob sie natürlichen oder künstlichen Ursprungs sind – interessant
ist nur deren Funktion im Volksglauben.

Entstehungszeit: Von der Altsteinzeit an bis zu den Näpfchen und
Schalen, welche noch an den Wänden oder Türschwellen barocker Kirchen zu finden sind. Der Näpfchenstein von La Ferrassie (Frankreich)
wird mindestens 50.000 Jahre alt geschätzt, Österreichs ältester Schalenstein (Berglitzl, OÖ) wird ins 4. Jahrtausend v. Chr. datiert.

Seit fast vier Jahrzehnten beschäftigen wir uns schon mit Schalensteinen, und in der ersten Zeit haben wir in mancher Schale noch Beeren
oder Getreidekörndln liegen sehen. Ältere Leute haben sie hineingelegt,
weil man – wie sie uns sagten – „das schon immer so gemacht hat"!
Damals wurde noch in solchem Brauch ein humanisiertes Fortleben
der alten Blutopfer gesehen. Jetzt erkennt man immer mehr, daß das
Fruchtopfer in der Alten Welt ebenso hoch geschätzt wurde wie das Blutopfer; daß vor den Anfängen des Ackerbaues auch Pflanzen und Beeren geopfert wurden und nachher Getreide. Es gab in dieser Zeit sogar
schon Gegner des Blutopfers – Anhänger des Glaubens an eine Seelen-
wanderung (wie den im 5. Jahrhundert v. Chr. lebenden griechischen
Philosophen Empedokles), welche befürchteten, mit dem Opferfleisch
eines Huhnes oder Schafes auch den Leib eines Ahnen zu verspeisen.

Von den Kogelsteinen wurde schon im 19. Jahrhundert behauptet, daß
sich dort einst eine heidnische Kultstätte befand. Und der berühmte Urgeschichtsforscher Johann Krahuletz (1848–1928) soll um die Jahrhun-
dertwende dort viele Funde gemacht haben. Doch als wir seinerzeit im
Krahuletzmuseum in Eggenburg nach diesen fragten, wurde uns gesagt,
daß sie „in Bearbeitung seien" (was in der Sprache von Museumsleuten
heißt, daß kein Mensch weiß, wo sie sind oder daß es sie überhaupt nicht
mehr gibt). 1992 unternahm Hermann Schwammenhöfer (Verfasser der
Dokumentation „Archäologische Denkmale") erneut eine Untersuchung des Geländes um die Kogelsteine und fand dabei eine größere
Anzahl von Keramikresten aus dem 2. Jahrtausend v. Chr.

Auf einer 1990 in Asparn an der Zaya stattgefundenen Tagung der
„Gesellschaft für Vor- und Frühgeschichte" brachte der Heimatforscher
Herbert Puschnik aus Horn die Kogelsteine in Zusammenhang mit der
einst hier verlaufenden Küstenzone des ehemaligen Pannonischen Meeres. Das ist zugleich eine durch Gesteinsfaltung entstandene Bruchlinie,
an der sich auch starke Bodenstrahlungen feststellen lassen. Herbert
Puschnik wies nach, daß es ausgerechnet an dieser Nord-Süd-Linie besonders viele bizarre Steingebilde gibt, zu der das Volk auch heute noch
eine besondere Beziehung hat. (Drei Jahre später haben Herbert Pusch-

nik und Hermann Schwammenhöfer einen „Urgeschichtswanderweg" geschaffen, der zu all diesen Steingebilden führt.)

Radiästheten haben bei fast allen dieser Steine starke Strahlungen festgestellt, sie gelten heute als „Orte der Kraft". Höchstwahrscheinlich haben auch diese Strahlungen schon in urdenklichen Zeiten zur Bildung solcher bizarrer Felsformationen geführt.

Das 1921 von dem Engländer Alfred Watkins zuerst wahrgenommene Phänomen der Reihung besonderer Plätze hat auch einen Namen: „Leyline" (wobei der alte angelsächsische Begriff *ley* für „Visierlinien" entlehnt wurde). Im „Handbuch der Radiästhesie" steht darüber zu lesen: „Mit Leyline bezeichnet man überörtliche geomantische Zonen, die über zum Teil weite Entfernungen bestimmte heilige Orte in gerader Linie miteinander verbinden." – In allen Erdteilen wurden nunmehr schon solche Linien festgestellt, die unsrige an der Grenze von Wald- und Weinviertel reicht von den „Herrgottsitzen" bei Eggenburg bis zum „Heiligen Stein" bei Retz.

Von den Kogelsteinen führt die Bruchlinie über die Feenhaube zum Stoitzenberg, an dem der Urgeschichtsforscher Matthäus Much bereits in den 70er Jahren des 19. Jahrhunderts eine zum Gipfel hinauf und wieder hinunter führende Nord-Süd-Steinreihe festgestellt hat. Much sah in ihr ein Kultwerk der Germanen. Und ob die Stoitzenberger Steinreihe das ist oder nicht doch eine (zugegeben recht eindrucksvolle) natürliche geologische Erscheinung – das ist noch immer ein Diskussionsthema unter den Leuten, welche auf den Spuren der Vorzeit durch dieses Gebiet wandern.

Der Stoitzenberg hat im Süden einen Vorgipfel, auf dem sich ein bisher wenig beachtetes, jedoch höchst faszinierendes Steindenkmal befindet: der Dolmen. Dolmen (= bretonisch: Steintisch) galten bisher als von Erdhügeln überdeckte steinerne Grabkammern der Urzeit. Es steht zur Diskussion, ob solche Großsteinsetzungen nicht auch bloß Kenotaphe oder Altäre für Zeremonien im Totenkult gewesen sein könnten. In unseren Zonen nennt man alle auf Steinen über einem Hohlraum lagernden großen Felsplatten (also auch dolmenähnliche Gebilde) kurzweg Dolmen.

Der Dolmen von Stoitzenberg mit einer großen Schale auf der Deckplatte dürfte wohl natürlichen Ursprungs sein, hat aber zwei ausgehauene Trittlöcher an der Seite zur Erleichterung einer Besteigung der Platte. Eine solche Arbeit macht eigentlich kein Bauer, nur um leichter auf einen gewöhnlichen Felsen steigen zu können …

Wie ein Festplatz erscheint eine runde Fläche vor dem Dolmen. Sie ist von kreuz und quer liegenden Blöcken umgeben – doch ihr felsiger Boden ist glatt und scheint wie geebnet. Ein seltsamer Platz.

Seltsames Felsgebilde „Feenhaube". Zeichnung von Herbert Puschnik zu seinem Aufsatz: „Steinschalen und Steinreihen am Ostrand des Manhartsberges" (In: Asparn an der Zaya. Niederösterreich-Tagung der Gesellschaft für Vor- und Frühgeschichte. Hg. von Dieter Korell & Hermann Maurer. Mannus 56, Bonn und Wien 1990)

Der Dolmen könnte auch als Durchkriechstein gedient haben – so wie viele Felsspalten, durch welche einst Menschen krochen, um Krankheiten abzustreifen (wie die „Bucklwehlucke" in St. Thomas am Blasenstein oder die „Heidnische Kirche" bei Kaprun). Diese Durchkriechsteine sind meist an geomantisch starken Plätzen und Radiästheten haben festgestellt, daß bei den Einschlupfstellen negative Strahlungen vorherrschen, und bei den Ausgängen positive. Das trifft auch bei dem Dolmen am Stoitzenberg zu.

Kogelsteine, Feenhaube und Stoitzenberg-Dolmen liegen zwar auf einer Linie. Das ist sehr bemerkenswert, führt aber auch zur Frage, ob die drei dicht nebeneinander liegenden Stätten – wenn es alle Kultstätten waren – nicht doch ein bisserl zuviel an Heiligtümern gewesen wären.

Andererseits: Das Gebiet war (davon kann ein Besuch des Krahuletz-Museums in Eggenburg überzeugen!) in urgeschichtlicher Zeit dicht besiedelt. Und auch in den Städten des Mittelalters gab es – im Verhältnis zur Einwohnerzahl – eine Überzahl von Kirchen. Außerdem kann es ja auch schon in vorchristlichen Zeiten so gewesen sein, daß man an verschiedenen Plätzen und zu verschiedenen Zeiten von den höheren Mächten Verschiedentliches erbat ... so wie auch heute nicht nach Lourdes gefahren wird, um ein Auto segnen zu lassen (dafür ist Christophorus zuständig und nicht Maria).

Wir wissen noch immer herzlich wenig über die Kulthandlungen und das religiöse Leben in der Urzeit. Suchte der Mensch nur dann Kontakt mit den höheren Mächten, wenn er etwas von ihnen haben wollte? Gab es nur regelmäßige Zusammenkünfte für gemeinsame Opferhandlungen an bestimmten Tagen?

Als wir zuletzt bei der „Venus von Eggenburg" waren, lagen verwelkte Blumen in jeder Steinschale, auf den Felsen pickte überall noch das Wachs von Lichtern, und die halbverkohlten Holztrümmer einer Feuerstelle waren weitverstreut ...

New Age – zurück aus den Mauern der Gegenwart in die heiligen Haine der Vergangenheit ... (Wenn die Leute dabei bloß nicht die Haine so versauen würden!)

Immerhin hat man wieder eine Beziehung zur Vergangenheit gefunden. Nach der Auffindung der jetzt schon weltberühmten „Venus von Willendorf" im Jahre 1908 war es noch ein wenig anders. Nachdem bekannt geworden war, daß die kleine Statuette das respektable Alter von 25.000 Jahren haben soll, gab es im Waldviertel noch Leute, welche das bezweifelten, weil ... „damals ja noch gar keine Menschen auf der Welt waren!"

Zu den Kogelsteinen und zur Feenhaube:
Die Straße von Eggenburg nach Grafenberg bis kurz vor den Ort. Über einen links abzweigenden Güterweg ca. 400 Meter bis zu den weithin sichtbaren Kogelsteinen.
Die Feenhaube befindet sich ca. 400 m nördlich vom Kogelstein; man erreicht sie querfeldein über schmale Rainwege. Etwa 20 Meter rechts neben ihr liegt im Wald der „Herrgottsitz".
Von der Feenhaube ist es möglich, über den „Urgeschichtswanderweg" (teilweise rote Markierung und Wegtafeln) zum Stoitzenbergdolmen zu gelangen (Gehzeit ca. 40 Minuten). Besser: Von Stoitzendorf durch die Kellergasse bis auf den höchsten Punkt (Parkplatz). Dort links jenen Feldweg nehmen (Rote Markierung), der über der Straße den Buschrand entlangführt. Nach etwa 200 Metern (links im Feld großer Nußbaum) nach rechts in den Wald hinein (Hinweistafel), in dem man nach ca. 80 Metern auf einer Lichtung den Dolmen erreicht.

Der „Kugelberg" von Grossweikersdorf

„Herr August Graf Breunner Enkevoirth beabsichtigt im Verlauf des künftigen Sommers angeregt durch die Gründung der Anthropologischen Gesellschaft eine archäologische Untersuchung gewisser Erdhügel (tumuli)" – so lautet eine vielverheißende Notiz im 1. Jahrgang (1871) der „Mitteilungen der Anthropologischen Gesellschaft in Wien", in denen auch der Leiter des „Wiener Antiken Kabinetts", Eduard Freiherr von Sacken, seine „Instruction für die Eintragung und Eröffnung der Tumuli" veröffentlichte. Aufbruchstimmung fürs Auf- und Ausgraben …

Der „Löwenberg" bei Unterzögersdorf war der erste Grabhügel in Wiens näherer Umgebung, der angestochen wurde. Graf H. von Mannsfeld fand bei den 1868 und 1873 durchgeführten Grabungen eine hölzerne Totenkammer in dem Hügel und neben der Brandbestattung einige Beigaben aus dem 7. Jahrhundert v. Chr. Und ganz tief unten fand man – welche Überraschung – eine Silbermünze von Kaiser Leopold I. aus dem Jahre 1682! Diese ist von fleißigen Erdzieseln bei ihrem Nestbau in den Löwenberg geschleppt worden, der keineswegs grimmigen Löwen den Namen verdankt. „Leeberg" haben die Landbewohner schon seit alten Zeiten solche Hügel genannt (Siehe auch Seite 194), und daraus ist später verballhornt der Löwenberg geworden.

Damals, als die ersten Tumuli geöffnet wurden, war man noch mehr an den Funden aus Bodendenkmalen interessiert als an deren Erhaltung. Der Regen hat die nach der Grabung nur locker wiederaufgeschüttete Erde vom Löwenberg rasch wieder weggeschwemmt, und jetzt ist der ehemals viel größere Hügel geschrumpft. Immerhin ist er noch an die fünf Meter hoch, und sogar von der vielbefahrenen Stockerauer Autobahn aus kann man ihn sehen. Inmitten eines weiten Feldes steht er …

Damals, als die ersten Tumuli geöffnet wurden, folgte ein Ausgrabungserfolgsbericht dem anderen. Was zur Meinung führen könnte, es seien nunmehr alle Grabhügel schon längst geöffnet worden. In Wirklichkeit gibt es allein in unserem Donauland noch etliche Dutzend lokalisierte, aber unausgegrabene Tumuli, und wie groß die Zahl der fraglichen oder noch gar nicht entdeckten Hügelgräber ist, das weiß kein Mensch. Unausgegraben sind unerklärlicherweise außerdem

… der Riesentumulus von Großmugl, 16 Meter hoch, das schönste hallstattzeitliche Bodendenkmal Österreichs …

… und auch der nicht weniger großartige und eindrucksvolle Tumulus von Niederhollabrunn …

… sowie der geheimnisvolle Kugelberg von Großweikersdorf.

Diese von Menschenhand aus einem Steilhang herausgearbeitete, mehr als zwanzig Meter hohe Halbkugel liegt in keinem Hinterwinkel verborgen; sie befindet sich kaum einen Kilometer von der Bahnstation Großweikersdorf entfernt, und die Franz-Josefs-Bahn führt dicht an ihrem Fuß vorbei. Und schon seit mehr als einem Jahrhundert wird darüber diskutiert, was dieser Kugelberg wohl sei …

Die ältesten Funde aus dem Raum Großweikersdorf stammen aus der Altsteinzeit; seit der Jungsteinzeit ist das Tal ständig ein Siedlungsraum. Der Kugelberg kann in den verschiedensten Epochen entstanden sein.

Beim Bau der Trasse für die Franz-Josefs-Bahn wurde um 1870 am Fuße des Hügels ein Grab mit Bronzegefäßen freigelegt. Im Jahre 1889 fand der für die Anthropologische Gesellschaft den Kugelberg untersuchende Maler Ignaz Spöttl an der Oberfläche „Reste großer roter Urnen". Er wies aber auch darauf hin, daß möglicherweise in späterer Zeit Gräber in den bereits bestehenden Riesenhügel eingesetzt worden sein könnten. Im Jahre 1945 kam beim Ausheben von Schützengräben auf der Mugelkuppe mittelalterliche Keramik zum Vorschein. Sonst gab es keinerlei Grabungen am Kugelberg.

Eine Sage erzählt, daß eine goldene Kutsche in ihm verborgen sei. Diese Sage kann nur in einer Zeit entstanden sein, in der zumindest vergoldete Kutschen noch als etwas Besonderes galten. Und das war einige Zeit, bevor tatsächlich in Hügelgräbern Prunkwagen als Grabbeigaben gefunden worden sind. Wie kam es zu dieser Sage? Und wie tief reichen die Wurzeln solcher Sagen?

Jetzt wird – garniert mit einem Fragezeichen – vermutet, daß der Kugelberg ein hallstattzeitlicher Grabhügel aus dem 1. Jahrtausend v. Chr. ist, der im Mittelalter vorübergehend als Wachtturmhügel benützt wurde.

Schon vor einem halben Jahrhundert hatte der große Erforscher der Erdwerke Ostösterreichs, Hans P. Schad'n, festgestellt, daß der Kugelberg „zu jenen Bodendenkmalen gehört, die noch ungelöste Rätsel in sich bergen". Und ihm schien es am wahrscheinlichsten, „daß dieser Hügel, der wie ein Dom aufragt, ein sakrales Denkmal vorstellt, und zwar aus der hallstättischen Kulturperiode".

Mich erinnert der Kugelberg immer wieder an zwei ebenso geheimnisvolle künstliche Hügel im Land der Etrusker: an die Cuccumella von Vulci und an das sogenannte Porsennagrab bei Chiusi. Beide Hügel stehen an Gräberfeldern, galten lange Zeit als Grabhügel – doch bis jetzt wurde kein Grab darin gefunden.

Waren es erhöhte Plätze für allgemeine Totenopfer? Erinnerungsmonumente an bedeutende Persönlichkeiten? Oder etwas ganz anderes?

Freunde von uns erinnert der Kugelberg an einen ebenso geheimnisvollen Hügel in Mittelengland – den Silbury Hill. Er ist 42 Meter hoch und gilt als Europas größter von Menschenhand erbauter Hügel, soll aus der Zeit um 3500 v. Chr. stammen und war kein Grabbau. Zu seiner Entstehungszeit soll er von Wasser umgeben gewesen sein, auch jetzt liegt im Frühjahr der Boden um den am Rande einer Talsohle gelegenen Hügel zeitweise unter Wasser …

Auch der Kugelberg befindet sich am Rande einer sumpfigen Talsohle (Schmidabach), in der sich jetzt einige größere Fischteiche befinden.

Swallowhead Spring heißt eine nächst dem Silbury Hill nach der Schneeschmelze entspringende Quelle. Interpretation des Namens: *swallow* = schlucken, *head* = Kopf. In der Winterzeit verschluckt die Erdmutter den Kopf/Ursprung vom Fluß Kennet (alter Name war *cunnit* = Vagina), der erst im Frühjahr – Fruchtbarkeitszyklus – wieder neu entspringt. (Deutung von Hamish Miller in „The sun and the serpent", 1990.)

Als unsere Freunde Daniela und Oliver nach ihrer Englandreise wieder auf dem Kugelberg standen, meinten sie, daß ein Vergleich mit dem Silbury Hill perfekt wäre, wenn da irgendwo ebenfalls eine Quelle entspringen würde …

Diesmal stiegen sie nicht den üblichen Aufstiegsweg wieder ab, sondern einen verwachsenen, zu den Geleisen der Franz-Josefs-Bahn hinabführenden Pfad. Und da – am Fuß des Kugelbergs – standen sie vor einer aus ihm entspringenden Quelle, die sie bei ihren bisherigen Besuchen einfach übersehen hatten. Womit wieder die alte Weisheit bestätigt ist, daß man nur das sieht, was man sehen will.

Die aus dem Kugelberg entspringende Quelle fließt (wie wir uns überzeugt haben) auch in der heißen Jahreszeit und bildet sogleich einen wildromantischen und wildumwucherten Tümpel. Und bereits beim Bau der Franz-Josefs-Bahn (1867–74) hatte man diese Quelle amtlich anerkannt und für sie sogar einen gemauerten Abfluß durch den Bahndamm gebaut.

Das Wasser der Quelle ist – nach radiästhetischen Untersuchungen – rechtsdrehend; das heißt, von der gleichen Beschaffenheit wie das Wasser von allen alten Quellheiligtümern oder Gnadenbrünndln, es ist ein gutes Wasser. Daß die Quelle für die Anlage dieses künstlichen Berges von Bedeutung gewesen sein muß, das hatte übrigens schon Ignaz Spöttl nach seiner Untersuchung im Jahre 1889 festgestellt.

Man hat errechnet, daß für den Silbury Hill in England so um die 35 Millionen Körbe Material transportiert wurden. So groß war der Arbeitsaufwand für den Kugelberg nicht, aber vieler Hände Arbeit war dennoch nötig, um die Basis der Kugel mit den damaligen Werkzeugen aus dem Hang herauszuarbeiten und nachher die Kuppe aufzuhäufen. Es war nichts Lebensnotwendiges, das die Menschen damit geschaffen haben – aber essen mußten sie während der Arbeit trotzdem. Hinter einem solchen Riesenwerk kann nur eine bestens organisierte Gemeinschaft ge-

Silbury Hill

standen sein, und was immer es war, das mit seiner Errichtung bezweckt werden sollte – es bezeugt, daß der Mensch auch schon in alten Zeiten nicht nur vom Brot allein gelebt hat.

Natürlich stellt sich beim Kugelberg auch die Frage, ob er in diesem Gebiet das einzige Bodendenkmal seiner Art ist. Denn nur zehn Kilometer Luftlinie von ihm entfernt befindet sich bei Gaisruck am Wagram ebenfalls ein auffallend großer künstlicher Hügel, von dem man bis heute auch nicht recht weiß, was er einst war …

Der etwa acht Meter hohe Erdkegel steht am Rande eines weiten Feldes und direkt am Steilabbruch des Wagram; vom darunterliegenden Ort schaut er daher besonders imponierend aus – wie ein gewaltiger Erdturm. Sicherlich war das Erdwerk ursprünglich ein wesentlich höherer Hügel; der Durchmesser des heutigen Gipfelplateaus beträgt immerhin 24 Meter.

Systematische Grabungen an und um den Hügel gab es bisher keine. 1871 wurde er entdeckt; zuerst hielt man ihn für einen Grabhügel, später für eine Hausberganlage, dann wieder für einen Grabhügel …

1934 schrieb der Ur- und Frühgeschichtsforscher Eduard Beninger: „Die Erdmasse selbst stammt zum Teil aus jungsteinzeitlichen Wohngruben, die von den Illyrern bei Errichtung des Grabhügels zerstört worden sind. Eichenpfosten, Gefäße, Scherben, große Bronzeringe, eine Lanzenspitze, eine kleine Bronzespirale – alles Funde, die bisher aus dem Hügel mehr

zufällig gegraben wurden ... Hier haben wir zweifelsohne einen illyri-
schen Grabhügel vor uns, der nicht bloß ein einziges Grab, sondern mehrere Holzkammern umschließt und der demnach im Verlaufe eines län-
geren Zeitraums aufgeworfen wurde."

1190 wird Gaisruck urkundlich genannt. In dieser Zeit dürfte auch die
Gipfelkuppe gekappt und ein festes Haus oder ein Wachtturm darauf gestellt worden sein.

Jetzt gilt das Erdwerk als hallstattzeitlicher Grabhügel aus dem 1. Jahrtausend v. Chr. Oberflächenbegehungen haben bei Gaisruck auch einen
Siedlungsplatz aus dieser Zeit lokalisiert, ob allerdings diese Fundstelle
„in Zusammenhang mit dem Grabhügel steht, ist noch nicht geklärt"
(Ernst Lauermann, 1993).

Radiästhetische Untersuchungen ergaben jedenfalls, daß der Hügel im
Zentrum besonders intensiver Strahlungen steht – was eher auf einen
Kultberg schließen läßt. Als solchen könnte man ihn sich auch seiner Lage
nach gut vorstellen ... am Rande der fruchtbaren Felder und über den
fischreichen Gewässern und wildreichen Büschen und Wäldern der Do-
nauauen. Wir haben uns jedenfalls narrisch gefreut, als meine Frau im
Herbst 1995 in dem Acker am Fuße des Hügels eine steinzeitliche Klinge
fand ...

Seit der Maler Ignaz Spöttl im Jahre 1889 am Kugelberg die Reste großer
roter Urnen fand, sind mehr als hundert Jahre vergangen, in denen der
Mensch unter anderem sogar den Mond erreicht hat. Doch einige der Erdhügel in unserem Donauland haben noch immer ihre Geheimnisse ...

I   Unterzögersdorf liegt westlich von Stockerau. Der Tumulus befindet sich
    nördlich der Straße Unterzögersdorf–Oberzögersdorf in den Feldern (ca.
    150 m weit von der Straße); ein aus dem Ort in die Felder führender Weg
    bringt besser zu ihm hin.
    Zum Kugelberg von Großweikersdorf: Vom Bahnhof auf den rechts ne-
    ben der Bahntrasse (Richtung Tulln) führenden Feldweg, zuletzt am Ran-
    de von Feldern zum Hügel (ca. 1 Kilometer vom Bahnhof).
    Den Tumulus von Gaisruck erreicht man von der im Ort nach Hollabrunn
    abzweigenden Straße. Ca. 200 Meter die Straße hinauf zur Hochfläche,
    dort entlang von Preßhäusern und auf einem Feldweg zum Tumulus, der
    über eine Holztreppe erstiegen wird.

VIELE ERDWERKE UM HORNSBURG

Der Riesenwall

Die „Türkenschanze" im Kreuttal, die größte Erdwallanlage Österreichs, hat den respektablen Umfang von 4,7 Kilometern und umschließt
eine Fläche von 78 Hektar. Stellenweise ist der Hauptwall bis zu 12 Meter hoch. Dazu kommen noch die Vorwälle und die tiefen Wallgräben. Ein
Riesenerdwerk! Und ein großes Rätsel ...

In einem anderen Land (in jenem vielzitierten Land, in dem alles besser ist als im eigenen) wären schon längst Grabungen unternommen worden, um endlich festzustellen, aus welcher Zeit die Anlage stammt und
welchen Zweck sie hatte. Ob sie eine Siedlung umschloß oder eine Zufluchtsstätte bei Feindgefahr war. In einem anderen Land hätte man auch
schon einen Rundwanderweg auf und neben der Wallkrone angelegt, um
ein Abgehen des ganzen Erdwerks zu erleichtern, hätte einen „archäologischen Lehrpfad" geschaffen, der nicht nur für Schulklassen, sondern
für jedermann ein Ausflugsziel ohnegleichen wäre ...

In Österreich hat man bisher nichts getan, überhaupt nichts!

„Türkenschanze" wird das geheimnisvolle Bauwerk von den Bewohnern der Umgebung benannt. Fast jeder Wall wird in Ostösterreich Schwe-
den- oder Türkenschanze genannt. Hätte man jedoch zur Schweden- oder
Türkenzeit einen solchen Riesenwall errichtet, so gäbe es irgendwo zumindest eine schriftliche Mitteilung darüber. Es gibt keine einzige.

Bereits im Jahre 1880 hatte der große Pionier der österreichischen Urgeschichtsforschung, Matthäus Much, in einem Vortrag im Altertums-
verein zu Wien über diesen „wahrhaft großartigen Wall" berichtet. Er
meinte, daß er dazu gedient hat, „bei Feindesgefahr die Bewohner aller
umliegenden Ansiedlungen mit ihrer Herde aufzunehmen".

Der Privatgelehrte Hans P. Schad'n (1883–1972), der sich sein Leben lang
mit Erdwerken beschäftigt hatte, sah in seinem 1953 erschienenen Le-
benswerk „Die Hausberge und verwandten Wehranlagen in Niederösterreich" in der Türkenschanze ein Werk aus dem späten Mittelalter ... „Es
muß jedenfalls eine sehr drangvolle Zeit gewesen sein, die die Bevölkerung zu einer so ungeheuren Arbeitsleistung zwang, und eine solche war
das 15. Jahrhundert. Auch erforderte die Anlage des Werkes die kundige
Hand eines mit Festungsbauten vertrauten Fachmannes. Die Fluchtburg
kann daher nur von den Bewohnern der umliegenden Ortschaften unter
der Führung einer oder mehrerer Herrschaften gebaut worden sein, sie
war zweifellos der Mittelpunkt eines größeren Befestigungssystems."

Schriftliche Nachrichten darüber gibt es aus dieser Zeit keine. Und mögen manche der mittelalterlichen Erdwerke auch heute noch höchst imponierend erscheinen – ein solches wie der Kreuttaler Riesenwall findet sich nicht darunter. Es erscheint auch fraglich, daß in den „wilden Zeiten" des 15. Jahrhunderts irgendwelche „Herrschaften" für ein solches Werk die „Führung" übernommen haben könnten. Denn die hohen Herrschaften waren damals mehr auf die eigene Sicherheit in ihren Burgen und mauerumwallten Städten bedacht und haben sich herzlich wenig um die im freien Land lebenden Menschen gekümmert. (An solch elitärer Einstellung hat sich allerdings bis heute nichts geändert: Auch jetzt gibt es mancherorts nur für die oberen Tausend atomsichere Schutzbauten!)

Im „wilden" 15. Jahrhundert haben auch die organisatorischen Voraussetzungen für eine solche Riesenarbeit gefehlt. Es mußten ja nicht nur von Menschenhänden mit den einfachsten Arbeitsgeräten gewaltige Erdmengen bewegt und endlos lange Palisaden aufgestellt werden, es mußten auch – denn nur vom Wällebauen kann der Mensch nicht leben – außerdem noch Leute da sein, welche die Felder bestellten und das Vieh versorgten.

Außer einigen keltischen und mittelalterlichen Scherben wurden in dem umwallten Gebiet bisher keine Funde gemacht. Was die Annahme bestätigen würde, daß es kein Siedlungsgebiet, sondern eine Zufluchtsstätte für kürzere Aufenthalte war. Zufluchtsstätten solcher Größe lassen sich nicht aus dem Mittelalter, wohl aber aus keltischer Zeit vor allem in unseren Nachbarländern nachweisen. Nur zwei Beispiele: keltische Wallburg bei Stradonitz (Südböhmen), 82 Hektar; Höhenbefestigung Houbirg (im Nürnberger Land), 88 Hektar. Die Toranlagen dieser Befestigungen – eingezogene Torgassen – sind gleicher Art wie die der Türkenschanze. Auch die Lage der Türkenschanze entspricht keltischen Wehrbauten, welche sich stets in Flußschleifen oder über einem Zwickel beim Zusammenfluß zweier Gewässer befanden. Und daß die Kelten organisatorisch solche Großprojekte bewältigen konnten, das haben sie auch in Hallstatt bewiesen, wo die Bergwerker jahrelang verproviantiert (also sozusagen auch vorfinanziert) werden mußten, bevor ihre mühevoll vorangetriebenen Stollen das gewinnbringende Salz erreichten.

Beschreibungen oder Fotos können nur eine unzulängliche Vorstellung von der Monumentalität dieses Riesenwalls vom Kreuttal geben. Man muß ihn sehen! Und um zu begreifen, welch großartiges und zugleich mysteriöses Menschenwerk da in dem stillen Wald des Weinviertels verborgen liegt, muß man den Wall in seiner vollen Länge wenigstens einmal abgehen. Was zugleich ein Wandererlebnis besonderer Art ist, das nicht nur durch ein urtümliches Waldland führt, sondern auch in ein Dickicht von Fragen. Fragen, die noch auf Antwort warten …

Die Wallanlage bei der Königswiese

Matthäus Much hatte bei seinem Vortrag im Jahre 1880 auch noch von einer anderen Wallanlage nächst der Türkenschanze berichtet. Sie befindet sich auf einem Höhenrücken östlich der im Talgrund liegenden Königswiese (auf der in den letzten Jahren einige Fischteiche angelegt worden sind).

H. P. Schad'n beschreibt sie als Umwallung, die „einer kleinen Fluchtburg gleicht". Der derzeit zu den aktivsten österreichischen Urgeschichtsforschern zählende Johannes Wolfgang Neugebauer hat sie in seinem 1979 herausgebrachten Katalog von allen aus der Urzeit bis in die beginnende Neuzeit stammenden Wehranlagen im Bezirk Mistelbach als ein „dubioses Werk" bezeichnet.

Gegen die Königswiese bricht der Höhenrücken (nach Westen) steil ab; im Osten, Süden und Norden ist der Ringwall (zum Teil mit Graben davor) sehr deutlich zu erkennen. Der Durchmesser der umwallten Fläche beträgt etwa 170 Meter. Auch hier haben bis jetzt keine Grabungen stattgefunden.

Das Mysteriöse an dieser Umwallung ist, daß sie in Luftlinie kaum 500 Meter von der Türkenschanze entfernt liegt. Das verleitet zu der Vermutung, daß beide Anlagen mitsammen eine Talsperre gebildet haben. Aber irgendwie paßt das nicht recht. Was sollte in diesem Hügelland, wo man auch anderswo leicht weiterkommen kann, eine so aufwendige Talsperre? Andererseits: Was sollten zwei Wallanlagen so dicht nebeneinander?

Mögliche Antwort: Sie stammen aus verschiedenen Zeiten. Und wenn das zuträfe, dann dürfte die kleinere Anlage die ältere sein.

Die Wallanlage auf dem Ochsenberg ...

... befindet sich in Luftlinie ca. 2,5 Kilometer von der Türkenschanze entfernt. Es ist ein erstaunlich gut erhaltenes und sehr beeindruckendes Erdwerk, das stellenweise von 4 Wallringen umgeben wird (Länge des Plateaus ca. 175 Meter, Breite ca. 150 Meter, Gesamtdurchmesser der Anlage mit allen Vorwällen ca. 280 Meter).

Hans P. Schad'n datierte die Anlage „wegen des guten Erhaltungszustandes und der Art der Ausführung in die neuere Zeit, frühestens in das hohe Mittelalter". Was zeigt, wie sogar ein hervorragender Fachmann vom Aussehen dieser verflixten Erdwerke getäuscht werden kann. Bei einer kleinen Probegrabung vor einigen Jahren kamen nämlich auf dem Gelände Steinwerkzeuge aus dem Mittelneolithikum (4700–3900 v. Chr.) und Tonscherben aus der frühen Bronzezeit (2300–1600 v. Chr.) zum Vorschein.

Die Wallanlage auf dem
Ochsenberg,
Aus: Hans P. Schad'n,
Die Hausberge und
verwandten Wehranlagen
in Niederösterreich,
Wien 1953

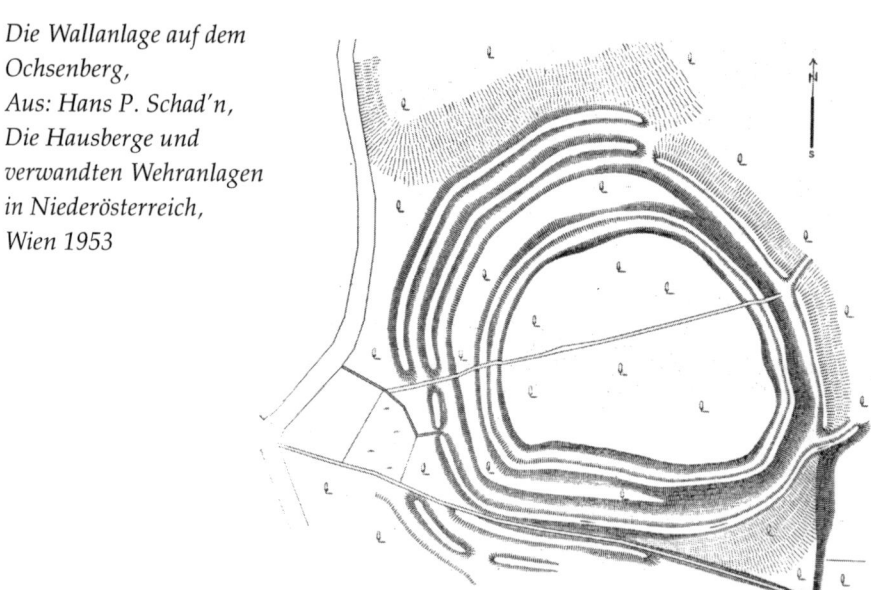

Die Wallanlage auf dem
Ochsenberg,
Aus: Hans P. Schad'n,
Die Hausberge und
verwandten Wehranlagen
in Niederösterreich,
Wien 1953

Nach den 1975 begonnenen Grabungen auf dem Schanzboden bei Poys-
dorf, welche das sensationelle Ergebnis brachten, daß die Wallburg dort
aus der Zeit um 4500 v. Chr. stammt, vermutet nun J. W. Neugebauer, daß
die ihr ähnliche Anlage auf dem Ochsenberg ebenfalls aus dieser Zeit
stammen könnte. Zu systematischen Grabungen, welche Klarheit bringen könnten, ist es bis jetzt noch nicht gekommen. Schon Hans P. Schad'n
hat es merkwürdig gefunden, daß es um dieses Erdwerk weder eine volks-
tümliche Überlieferung gibt, noch daß es einen Namen hat. Das würde
für sein hohes Alter sprechen.

Die Kreisgrabenanlagen von Hornsburg

Die in den 70er Jahren mit verfeinerten Methoden einsetzende Luftbildarchäologie brachte in Österreich bald erstaunliche Ergebnisse. Eines
war die Entdeckung sogenannter Kreisgrabenanlagen – und das war
gleichzeitig auch die Entdeckung urgeschichtlichen Neulands. Man
spricht sogar von der wesentlichsten archäologischen Entdeckung des 20.
Jahrhunderts in unseren Zonen.

In Böhmen hatte man schon im Jahre 1885 durch die Bodenverfärbung
einen solchen Kreis von 55 Metern Durchmesser entdeckt. Er schien rätselvoll. In Bayern wurde eine solche aus zwei Ringen bestehende Anlage
kurz nach dem Ersten Weltkrieg sogar archäologisch untersucht. Man kam
zu keinem Ergebnis. Erst durch die Luftbildphotographie im Dienste der

Archäologie wurde es offensichtlich, daß diese beiden Kreisanlagen nicht allein auf weiter Flur stehen, daß es im mitteldonauländischen Gebiet sehr viele davon gibt und die meisten in Niederösterreich. Jetzt stehen diese Kreisgrabenanlagen im Mittelpunkt von Diskussionen, bei denen sich die Teilnehmer nur über eines einig sind – daß man erst am Beginn ihrer Erforschung steht.

Kreisgrabenanlagen: ein großes Rund, um das konzentrisch ein bis drei Gräben mit Wällen gezogen sind. Der Durchmesser liegt zwischen 30 und 150 Metern, die Tiefe der Gräben beträgt 4 bis 6 Meter, die Breite 5 bis 10 Meter. Nach dem bis jetzt bei Grabungen gefundenen Material stammen diese Kreisgräben aus der Mitte des 5. Jahrtausends v. Chr. und – so der Prähistoriker J. W. Neugebauer – „stellen im kulturhistorischen Sinne die bedeutendste Leistung der Menschen des Mittelneolithikums in Mitteleuropa dar".

Zuallererst glaubte man, daß diese Kreisgrabenanlagen Wehrbauten waren, aber auch an Viehpferche hatte man gedacht. Jetzt ist man ziemlich überzeugt davon, daß es entweder Versammlungsplätze oder Kultplätze waren, obwohl es dafür bis jetzt noch keine eindeutigen archäologischen Beweise gibt. Man weiß auch nicht, welchem Kult die Kreise gedient haben könnten. Es konnte nur bei allen diesen Anlagen festgestellt werden, daß sie nahe von Siedlungen aus dieser Zeit errichtet wurden und daß sie sich fast alle an Hängen befinden – also an für Befestigungsanlagen eher ungünstigen Plätzen.

Der Kreis hatte schon seit ältester Zeit eine magische Schutzfunktion. Es wird sogar behauptet, daß das Halsband ursprünglich kein Schmuckstück war, sondern mit den daran aufgefädelten Steinen oder Knöchelchen das Wichtigste am Menschen – den Kopf – umschließen und schützen sollte. Steinkreise um Gräber sollten die Toten vor allem Bösen bewahren, aber auch die Lebenden vor den Geistern der Toten. Mit einem Kreis konnten auch Kultstätten oder Versammlungsorte als besondere Plätze markiert werden. Ein Kreis soll nicht durchbrochen werden – darum bildeten zumeist (aber nicht immer!) nach den Himmelsrichtungen orientierte Erdbrücken die Eingänge in die Kreisgrabenanlagen. Da jedoch diese Eingänge bei den bis jetzt untersuchten Anlagen oft Abweichungen von einer exakten Himmelsorientierung aufweisen, ist man skeptisch gegen ihre Deutung als „Kalenderbauten".

Durch Regengüsse wurde oft das aus den Gräben gehobene und an deren Rändern zu Wällen gehäufte Erdreich wieder abgeschwemmt, und die Gräben mußten ausgeputzt werden. Bei der 1979 entdeckten Kreisgrabenanlage von Friebritz im Weinviertel (Durchmesser 142 Meter) zeigten die Grabungsprofile, daß solche Renovierungen sechsmal stattgefunden haben, und man errechnete, daß die Benützungsdauer der Anlage sich auf höchstens sechs bis sieben Generationen erstreckt hat. In späteren Zeiten hat man diese Kreise wohl aufgesucht (was Funde beweisen), aber ihre ursprüngliche Funktion schienen sie verloren zu haben. Sie wurden nicht mehr gepflegt, wurden wahrscheinlich für andere Zwecke benützt.

In dem erdwerkreichen Gebiet um Hornsburg konnten sogar drei solcher Anlagen lokalisiert werden. Eine davon (nahe Ritzendorf) ist allerdings gegen die anderen sehr jung – sie stammt aus dem Ende des 2. Jahrtausends v. Chr. Die zwei anderen sind gut dreitausend Jahre älter. Eine befindet sich östlich von Hornsburg und besteht aus drei Kreisen (Durchmesser 105 Meter), die andere mit nur zwei Kreisen (Durchmesser 65 Meter) ist am Ortsrand westlich von Hornsburg.

So deutlich ausgeprägt sich vor allem diese Kreisgrabenanlage auf dem Luftbild zeigt, so ist dennoch von ihr nichts, überhaupt nichts zu sehen, wenn man von den letzten Häusern des Ortes in das freie Feld hineingeht. Bei dieser Anlage wollte meine Frau mit der Wünschelrute feststellen, ob das Kreisrund – so wie fast alle Kultplätze – auch ein sogenannter „Ort der Kraft" ist. Vorher wollte sie noch ein Experiment versuchen … eine Blindpeilung.

Ich hatte mir den 1982 erschienenen Ausstellungskatalog „Fenster zur Urzeit" besorgt, in dem eine gute Luftaufnahme der Anlage abgedruckt ist, welche ihre genaue Lage erkennen läßt. Meine Frau hatte bewußt darauf verzichtet, in den Katalog auch nur hineinzuschauen, sie hatte keine Ahnung, wo sich an dem langgestreckten Siedlungsrand der Kreis befindet.

Wir stiegen auf den Hornsburger Hausberg. Oben auf dem Plateau schloß meine Wünschelrutenfrau die Augen, wurde von mir außerdem noch einige Mal im Kreis gedreht und dann losgelassen …

Immer noch mit geschlossenen Augen drehte sie sich langsam weiter … und da schlug auch schon die Rute heftig aus …

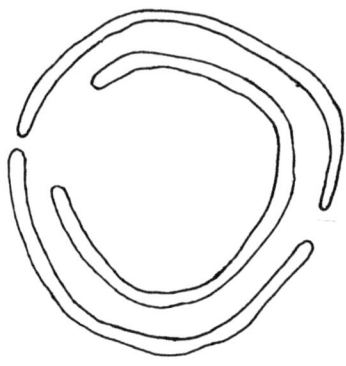

Schematischer Grundriß
der Kreisgrabenanlage
westlich von Hornsburg

Sie schlug genau in Richtung der etwa 300 Meter entfernten Kreisgrabenanlage aus!

Diese befindet sich an einem flachen Hang, der weder für eine Verteidigungsanlage geeignet ist noch – unseren Vorstellungen nach – die ideale Lage für ein Heiligtum aufweist. Doch die Rute reagiert stark im Zentrum des Kreises! Seine Erbauer vor sechseinhalb Jahrtausenden haben nicht irgendeinen Platz zum Kultplatz gemacht, sondern einen ganz bestimmten. Nicht das Optische, die „schöne Lage", war bei der Wahl eines sakralen Bezirkes das Wesentliche, sondern die ihm innewohnende Kraft.

Es war ein sonniger Vorfrühlingstag, an dem wir im Zentrum der Hornsburger Kreisgrabenanlage standen. Die Erde war noch beinhart gefroren, und wo die Wälle und Gräben der Luftbildaufnahme sein sollten, schaute der Boden genauso aus wie auf dem ganzen Feld. Wir standen inmitten von etwas ganz Besonderem – und sahen nichts!

Der Hausberg von Hornsburg

Hornsburg ist ein idyllisches Straßendorf, hat um die 60 Häuser und etwa 130 Einwohner. Und es wird weder im „Lexikon der ur- und frühgeschichtlichen Fundstätten Österreichs" noch im neuen „Dehio-Kunsthandbuch" erwähnt, obwohl es dort
• die größte Wallanlage Österreichs,
• noch zwei andere Wallanlagen,
• drei Kreisgrabenanlagen aus dem 2. und 5. Jahrtausend v. Chr. und
• einen Hausberg aus dem Mittelalter
zu besichtigen gibt.

Der Hausberg von Hornsburg (über Hausberge siehe Seite 123) wird vom 13. bis ins 16 Jahrhundert (1393: „vest zum harnsperg") mehrmals in Urkunden genannt. Merkwürdig, daß nur das eindeutig aus dem Mittelalter stammende, aber im Vergleich zu den anderen Erdwerken eher kleinere in den Urkunden erwähnt wird …

Heute befinden sich ein Tisch mit Ruhebank und eine Schaukel für Kinder auf dem Gipfelplateau, einst stand dort eine Steinburg (deren Steine jetzt in etlichen Hornsburger Häusern stecken). Gegen Westen bricht der Hausberg in einem etwa 30 Meter hohen Steilhang ab, an den anderen Seiten ist er durch Wall und Graben geschützt. Er wird Schloßberg genannt.

„In alter Zeit war Hornsburg eine große Stadt unbekannten Namens, bekrönt mit einer starken Burg, die einem Grafen gehörte, der ein silbernes Horn besaß. Er war ein guter Burgherr. Als der Schwede kam, stieß der Graf in sein Silberhorn und war bald umgeben von seinen treuen Bauern und Knechten" (Anton Mailly, Sagen aus dem Bezirk Mistelbach).

Der Schwede kam im 17. Jahrhundert. In einer Urkunde wird Hornsburg jedoch bereits im Jahre 1585 „ödes Dorf" genannt. Diese Sage vom Hornsburger Silberhorn ist deshalb interessant, weil in ihr die Erinnerung an eine große Stadt (oder Stätte) und starke Burg weiterzuleben scheint. Aber das dürfte eher die Türkenschanze und nicht der Hausberg gewesen sein.

In Hornsburg wurde der Weinviertler Poet Koloman Kaiser (1854–1915) geboren, der das Mundartepos „Da Franzel in da Fremd" geschrieben hat. Ein Bauernbub zieht hinaus in die weite Welt, kommt aber nicht weit, weil man ihm bald seine Habseligkeiten gestohlen hat – also kehrt er wieder heim. Das Thema ist zeitlos; wie die Geschichte liebevoll in der Weinviertler Mundart erzählt wird, hat einen eigenen Reiz ...

„D'Hahna habn alle gkraht und überall siacht ma wia's graawelt (grauet),
D'Sterndel verschwinden und liachter wirds allweil am Himmel und heller ..."

– so beginnt bei Koloman Kaiser der fünfte Gesang „Wia da Franzel wieder dahoam is" – „Nur genaue Aufnahmen der Geländeformationen und Grabungen könnten Licht in das Dunkel der Befestigungssysteme im Raum Hornsburg bringen", hatte der Urgeschichtsforscher Johannes Wolfgang Neugebauer 1979 geschrieben.

Nichts ist bisher geschehen. Und es graawelt noch immer nicht im Raum Hornsburg, es ist nicht lichter geworden, es liegt alles noch im Dunkel ...

 Riesenwall: Die Straße von Olberndorf zum Kreuttal und von der Luisenmühle die Straße nach Hornsburg bis zur Kilometermarke 1.4 (Große Kurve bei einem Holzlagerplatz). Der Weg gerade hinauf durch den Graben bringt in ca. 10 Minuten zum Osttor der Wallanlage.
Wallanlage bei der Königswiese: Etwa 100 Meter über der großen Straßenkurve befindet sich ein das Tal sperrender Damm. Auf dem Höhenrücken oberhalb von ihm befindet sich die Wallanlage. Von der Straße neben dem Damm und über ein kleines Bächlein und dann auf Pfadspuren hinauf zur Höhe (8–10 Minuten, wasserdichte Schuhe empfehlenswert).
Hausberg von Hornsburg und Kreisgrabenanlage: Der Hausberg befindet sich unübersehbar im Ort. Gegenüber von ihm ein kurzes Sträßlein hinauf bis zum Rand der Felder. Westlich in den Feldern – ca. 150 Meter weit – ist eine Stromleitung zu sehen: Sie führt mitten durch den nicht sichtbaren Kreis.
Wallanlage auf dem Ochsenberg: Sie befindet sich dort, wo die von Hornsburg bergaufführende Straße (Achtung! Nicht vorher nach links abzweigen!) auf die Straße Großrußbach–Oberkreuzstetten stößt. Bei der Kreuzung in den südöstlich gelegenen Wald, wo man nach etwa 50 Metern bereits den ersten Vorwall erreicht.

DER MICHELBERG UND SEINE GEHEIMNISSE

Der Michelberg (409 m) bei Stockerau ist weithin zu sehen, und weit hinaus ins Land sieht man auch von seinem Gipfel. Vom Michelberg berichten bereits mittelalterliche Urkunden, und sein Boden ist von Schatzsuchern durchwühlt, von Heimatforschern untersucht und zuletzt von Archäologen planmäßig durchgraben worden. Und dennoch umgeben den Berg noch immer Geheimnisse …

Die von Helmut Windl 1981–1983 durchgeführten Grabungen brachten ein überraschendes Ergebnis. Bisher hatte man angenommen, daß auf dem Berg eine im 1. Jahrtausend v. Chr. entstandene Siedlung war, deren Fürsten in den großen Grabhügeln von Großmugl, Niederhollabrunn und Niederfellabrunn bestattet worden sind. Das Ergebnis der Grabung: Die Siedlung auf dem Gipfelplateau des Berges (mit doppelter Wallanlage) bestand bereits in der Zeit 2000–1500 v. Chr. Im 1. Jahrtausend v. Chr. war der Michelberg so gut wie unbewohnt.

Jetzt fehlte der Fürstensitz für die Fürstengräber!

Doch als man gleichzeitig mit den Grabungen am Michelberg den Praunsberg (344 m) bei Niederfellabrunn näher untersuchte, entdeckte man dort innerhalb der mittelalterlichen Burganlage auch Wälle einer hallstattzeitlichen Siedlung aus dem 1. Jahrtausend v. Chr. und im Boden sehr viele Keramikscherben aus dieser Zeit. Der Fürstensitz für die Fürstengräber war gefunden. Aber es gab keinen Grund zu jubeln.

Das Grabungsergebnis brachte ein Bündel neuer Fragen: Warum wurde die Siedlung auf dem Michelberg nicht auch im 1. Jahrtausend v. Chr. bewohnt, warum benützte man nicht den vorhandenen Siedlungsplatz, warum schuf man einen neuen?

Anmerkung: Ein Fürstensitz dieser Zeit darf nicht mit solchen späterer Epochen verglichen werden; die damaligen „Fürsten" waren eher – nach heutigen Begriffen – Bürgermeister von Großgemeinden. Und die Größe eines Grabhügels besagt nur wenig über die wahre Bedeutung der darin Bestatteten; sie können auch aus einem Prestigedenken der Gemeinden entstanden sein.

Am großen Grabhügel von Großmugl (er ist der eindrucksvollste Österreichs) hat nun der Heimatforscher Oliver Stummer eine recht interessante Entdeckung gemacht: Steht man zur Wintersonnenwende auf ihm, dann sieht man genau über dem Michelberg die Sonne aufgehen. Was bedeutet, daß zur Zeit der Errichtung dieses Grabhügels im 7. Jahrhundert v. Chr. der Michelberg – obwohl er unbewohnt war – für die Menschen als ein besonderer Punkt in der Landschaft gegolten haben muß.

War eine Kultstätte oben? Galt er als heiliger Berg? Wurde er deshalb nicht mehr bewohnt?

Es gibt einen ziemlich eindeutigen Beweis dafür, daß der Michelberg einst ein „heidnischer Götzenberg" war. Nachdem Kaiser Karl der Große um 800 die Awaren vertrieben hatte, soll auf dem Berg alsbald ein dem Erzengel Michael geweihtes Kirchlein erbaut worden sein, und solche Gotteshäuser für den „Bannerträger Christi" haben die Karolinger vor allem an vorchristlichen Kultplätzen errichtet. Das Michelbergkirchlein war dann auch längere Zeit das erste und einzige Gotteshaus in diesem Gebiet.

Heute führt eine Autostraße bis unter das Gipfelplateau des Michelberges. Doch wer von unten zu Fuß hinaufgeht, wird verstehen, daß den Landbewohnern damals dieser Kirchweg (besonders zur Winterzeit) doch zu beschwerlich gewesen sein mußte. Im 11. Jahrhundert ist daher in Niederhollabrunn eine Pfarrkirche entstanden.

Der in Haselbach am Michelberg 1387 geborene Geschichtsschreiber und Rektor der Wiener Universität, Thomas Ebendorfer, ist in seiner Jugend oft auf dem Berg gewesen, und seine Beschreibung ist ein recht aufschlußreiches Dokument über die Beziehung der Menschen von seinerzeit zu einem Berg. Ebendorfer meinte, daß der 409 Meter hohe Michelberg „im Sommer fast über die Mitte der Luftschichten hinausragt. Das habe ich manchmal aus der Dünne der Luft wahrgenommen. Denn manche Knaben zarter Konstitution, die im Tale gesund und wohl waren, wurden, als sie den Berg hinaufstiegen, im Gesichte ganz rot."

Außerdem erzählte Ebendorfer von einem aus Erde und Steinen geformten, dem Kolosseum gleichenden Gebilde (gemeint war sicher die Umwallung) auf dem Gipfel. Ein Heidenschloß soll da oben gestanden sein, welches von Christen zerstört wurde. Und in einem Tontopf wurden Münzen gefunden und außerdem goldene (?) Fibeln. Der Michelberg bewegte noch immer die Gemüter.

Um 1700 wird von einem schwitzenden Marienbild in der alten Bergkirche erzählt. Wunder über Wunder ereigneten sich in der Zeit der Gegenreformation und des Barock an ungezählten Orten, und ein Wunder wäre es gewesen, wenn sich am Michelberg keines ereignet hätte. Der Michelberg wurde zum Wallfahrtsort, und daß ihn viele Leute aufgesucht haben, bezeugen die Urkunden von einem heiligen Krieg zwischen dem Stift Klosterneuburg (als Grundherren von Haselbach) und dem Bistum Passau (dem Niederhollabrunn zugehörig war) um die Spendengelder. Jetzt hängt das Bild (Maria Verkündigung) wenig beachtet in der Pfarrkirche von Haselbach.

1745 wurde das alte Kirchlein durch eine neue große Kirche (37 Meter lang, 13 Meter breit) ersetzt, die jedoch unter Kaiser Joseph II. 1783 schon wieder abgebrochen wurde. 1867 entstand dann die heutige Michelberg-Kapelle als Dank dafür, daß das Land den preußisch-österreichischen Krieg 1866 halbwegs gut überstanden hat. Der Michelberg war noch immer mit dem Zeitgeschehen verbunden. Noch bis weit in unser Jahrhundert hinein war es auch Brauch, daß die Familienväter aus der Umgebung zumindest einmal ihre Kinder auf den Berg führten, um sie – wie es hieß – „ins Land einischauen" zu lassen. Kein Bauer wäre damals auf einen Berg gestiegen, wenn er dort oben „nichts zu tun" gehabt hätte. Eine Besteigung des Michelberges war daher mehr als ein Sonntagsausflug. Für die Kinder war es auch ein außergewöhnliches Erlebnis, ihre Heimat einmal von oben zu sehen.

In der 1926 erschienenen Volkssagensammlung aus dem Bezirk Korneuburg wird auch die mündlich überlieferte Sage vom „Teufelsstein am Michelberg" erzählt. So wie an vielen Orten wollte auch am Michelberg der böse Teufel das Gotteshaus mit einem großen Felsblock zerstören. Doch als er damit durch die Lüfte flog, kam ihm der Erzengel Michael entgegen und vor Schreck ließ der Teufel den Stein fallen, der dann unweit der Kirche in den Boden schlug.

„Teufelsstein" ist mit blauer Farbe auf einen Felsen hinter dem Michelberggasthaus hingepinselt. Hier gab es einmal Steinbrüche. Das erweckt Mißtrauen gegen die drei ausgehauenen Stufen an dem Felsen und die große Vertiefung, von der gesagt wird, daß es eine Opferschale sei. Anderseits ist es merkwürdig, daß in einem Steinbruchgebiet ein so großer Felsbrocken nicht ebenfalls zu Schotter oder sonstwas verarbeitet worden ist und justament an diesem Felsen starke Strahlungen feststellbar sind.

Es heißt in dem Sagenbuch, daß einst „vom Michelberg aus die Flammen der Opferfeuer weit hinaus ins Land geleuchtet haben". Noch heute brennen Sonnwendfeuer am Michelberg. Doch auch der Berg- und Höhenkult hat viele Variationen. Es wäre auch vorstellbar, daß der Michelberg im 1. Jahrtausend v. Chr. und zur Zeit, in der es keine Siedlung mehr auf ihm gab und die großen Hügelgräber unter ihm errichtet wurden, als Sitz der Götter galt und der Gipfel nur noch von wenigen Auserwählten betreten wurde. Auch Moses stieg allein auf den Berg Sinai, und am 2872 Meter hohen Monte Bego in den französischen Alpen reichen die berühmten Felsbilder nur bis etwa 200 Meter unter den Gipfelaufbau – die Bergspitze gehört dem Gott oder den Göttern.

Ob nun der „Teufelsstein" ein in christlicher Zeit verteufelter alter Kultstein ist oder nicht, bleibt eine offene Frage. Eindeutiger Unfug ist hingegen, was man in jüngster Zeit dem Michelberg angetan hat ...

An den Rand der Gipfelfläche wurde ein großer Granitblock hingestellt, der zu einem Opferstein, mit einer viereckigen Schale (!) und einer plumpen breiten Kerbe, welche wohl eine sogenannte Blutrinne darstellen soll, gestaltet wurde … „Hirtenrast" heißt das seltsame Gebilde. Noch etwas problematischer scheint uns das aus billigem Leichtmetall und einigen Steinen gebastelte, eher einem schlampig gebauten Hasenstall gleichende Denkmal, das an das Kriegsende 1945 erinnern soll. Das haben sich die Kriegsopfer wahrlich nicht verdient, und davon sollte auch der Michelberg – so wie Österreich im Jahre 1945 – wieder befreit werden.

Ein eigenartiger Zauber umgibt den Michelberg, und auch das Land zu seinen Füßen ist davon berührt …

Anläßlich einer Innenrestaurierung der Kirche von Niederhollabrunn im Jahre 1990 fand eine archäologische Untersuchung statt, bei der im Kirchenboden mittelalterliche Gräber gefunden wurden. Auf einem der Skelette lag ein mit der Mündung nach unten stehender Tontopf aus dem 15. Jahrhundert. Seine Funktion ist ungeklärt, schreibt der Ausgräber Ernst Lauermann. Ein Relikt aus heidnischer Zeit? Oder sollte der Topf die Krankheit des Toten bergen und ist ihm daher ins Grab mitgegeben worden?

In diesem Land, wo sich die Grabhügel der Vorzeit noch immer hoch gegen den Himmel abheben, konnte die Vergangenheit nicht so schnell versinken. Ein bisserl etwas von der Alten Welt ist dort noch immer zu ahnen. Und nicht nur der Michelberg hat noch seine Geheimnisse, auch in dem Land unter ihm gibt es sie.

 Von Haselbach nördlich von Stockerau führt eine Fahrstraße bis zum Gasthaus auf dem Michelberg, von dort bringt ein Fußweg in fünf Minuten zum Gipfelplateau. Der „Teufelsstein" befindet sich in dem Wald ca. 50 Meter nördlich von dem Gasthaus.

Man sollte es nicht versäumen, bei einem Besuch des Michelberges auch die großen Grabhügel bei Niederhollabrunn, Niederfellabrunn und Großmugl zu besichtigen.

Sehr empfehlenswert ist auch ein Besuch des Museums der Stadt Korneuburg und des Bezirksmuseums Stockerau (beide Museen sind nur Samstag nachmittags und Sonntag vormittags geöffnet).

Burgruine Werfenstein und Donauinsel Wörth (rechts) mit dem Wörther Kreuz

Unten: Brunnenruine auf der Insel Wörth

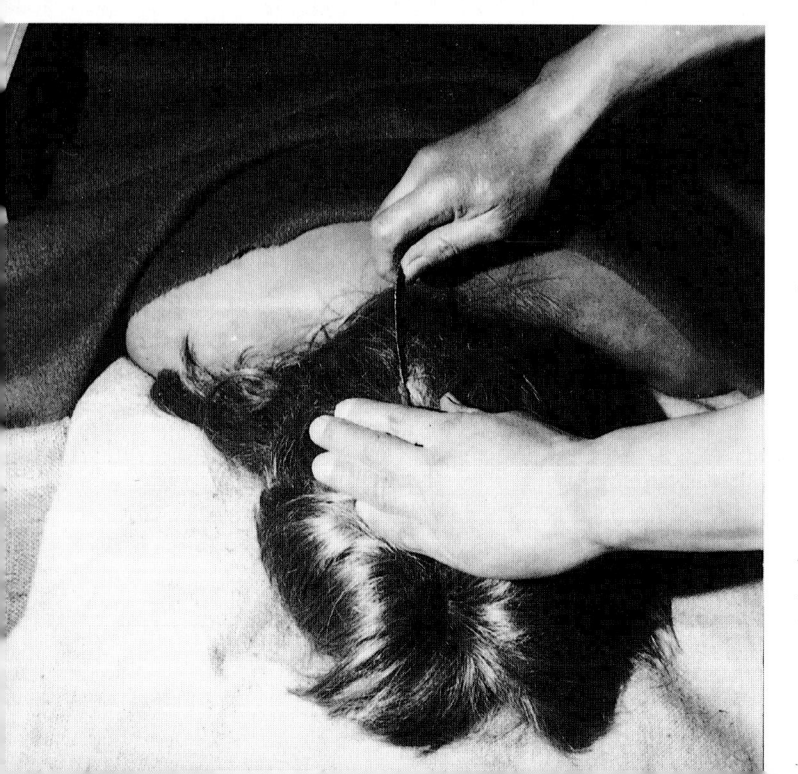

Links: Weiterleben römischer Porträt- und Grabmalkunst am Zwölf-Apostel-Portal der Tullner Pfarrkirche

Unten: Darstellung einer urzeitlichen Kopfoperation im Urzeitmuseum Nußdorf ob der Traisen

Rechts: Nur einige Steine ... Römischer Meilenstein bei Nitzing – Der Freiheitsstein in Obritzberg – Der in den Schüttkasten von Zeiselmauer eingemauerte Bogen vom Tor des alten Römerkastells

Auf der nachfolgenden Seite: Die Römerstraße im Kupfertal in der Wachau

VOM LIMES IM TULLNERFELD

Als im Jahre 1872 der Prähistoriker Matthäus Much den seit sechs Jahrtausenden besiedelten Oberleiserberg (457 m) im Weinviertel zu untersuchen begann, fand er dort zu seinem Erstaunen auch Römerziegel.
Römerziegel jenseits des Limes?

Als die Römer um die Zeitenwende nach dem Norden vorgestoßen waren, hatten sie in der Donau eine natürliche Grenze gefunden. Limes hatten die Römer früherer Zeit einen Grenzweg genannt, Limes nannten die
Römer späterer Zeiten die militärisch abgesicherten Reichsgrenzen des
ganzen Imperiums.

Zu Matthäus Muchs Zeiten wußte man wohl, daß die Römer militärische Operationen jenseits der Donau durchgeführt und daß sie dort auch
Marschlager, Winterlager und (wenn auch nur für kurze Zeit bestehende) Kastelle errichtet hatten. Dennoch stellte man sich den Donaulimes
eher als so etwas Ähnliches vor, was dann im 20. Jahrhundert der Eiser-
ne Vorhang war. Auf der einen Seite waren die Römer und auf der anderen die Markomannen und die Quaden – und auf beiden Seiten herrsch-
te erbitterte Feindschaft gegenüber jeweils der anderen Seite. Und die
Germanen waren tapfer, edel und treu – so wurde es zu Muchs Zeit jedenfalls in der Schule erzählt – und die Römer waren hinterlistig und sittlich verkommen.

Im Verlauf der Zeit wurden aber immer mehr Spuren der Römer jenseits der Donau entdeckt, römisches Mauerwerk sogar weit drinnen in
der Slowakei. Und nachdem 1979 erstmals in Österreich die Luftbild-
archäologie zur Anwendung kam, erweiterte sich das Bild. So wurden bis
jetzt auch in Fels, Plank, Engelhartstetten, Kollnbrunn und Bernhardsthal
Legionslager entdeckt.

Auf dem Oberleiserberg wurde dann bei späteren Ausgrabungen sogar
der Grundriß eines kompletten Römerhauses freigelegt, und das erschien
zunächst rätselvoll, weil es in seiner ganzen Anlage und mit der Fußbodenheizung so ganz und gar nicht einem Komißbau glich. Und das war
es auch nicht. Es war Sitz eines germanischen Stammesfürsten, der von
den Römern gebaut worden ist, um den durch Vertrag an Rom ver-
pflichteten Herrn bei guter Laune zu halten.

Kurzum: Es zeigt sich, daß die schlauen Römer jene diplomatischen
Kniffe und politische Raffinesse entwickelten, die auch heute noch von
den Großmächten gern praktiziert werden.

Vier Jahrhunderte lang waren die Römer im Donauland. Und sie hatten als Besatzungsmacht weder das beste noch das schlechteste Verhält-

nis zuz der einheimischen Bevölkerung; man lebte sozusagen in einer Vernunftehe. Vier Jahrhunderte sind eine lange Zeit, und in dieser Zeit gab es zwischen den Römern und den Quaden und Markomannen diesseits der Donau Krieg wie auch Frieden. Es gab also auch Jahrzehnte, in denen die Donau keine starre Grenze war. In den Lagersiedlungen neben den Kastellen lebten ausgediente Legionäre mit ihren meist einheimischen Frauen, Händler hatten dort ihre Läden, und natürlich gab es viele Wirtshäuser und Bordelle. Die Geschäftsbeziehungen funktionierten über die Donau hinweg; römisches Geld nahmen auch die Germanen, und daher gab es in diesem Gebiet besonders viel Falschgeld, das clevere Römer den ahnungslosen „Barbaren" (wie die Römer alle unterworfenen Völker nannten) „angedreht" hatten.

Es gab auch Tauschgeschäfte. Römische Tonwaren und Schmuckstücke waren bei den Germanen so beliebt, daß manche sie sogar ins Grab mitnahmen. Die Germanen hatten außer Lebensmitteln, Bernstein und Pelzen auch blondes Frauenhaar anzubieten, das von den vornehmen Römerdamen gerne als Perücke getragen wurde. Und ein besonderer Exportartikel der Germanen war – Seife!

Saipo ist ein Wort urgermanischer Herkunft, und die Germanen gelten auch als die Erfinder der aus Wollfett (dem Wollschweiß der Schafe) gewonnenen Seife, die im ganzen Römerreich als Luxusartikel galt. Sie selber, die sich – nach Berichten antiker Historiker – morgens regelmäßig wuschen, waren natürlich auch große Seifenkonsumenten, und dazu meinte der Archäologe Helmut Windl: „Wenn wir die Maßstäbe unserer Zivilisation an Seife legen, in der die Quantität des Seifenverbrauches bisweilen als Gradmesser für Kulturhöhe herangezogen wird, müßten die Germanen den Römern kulturell überlegen gewesen sein."

Im Tullnerfeld gab es fünf Römerkastelle: In Mautern, Traismauer, Zwentendorf, Tulln und Zeiselmauer. Am Beginn des 1. Jahrhunderts n. Chr. bestanden sie noch aus mit Palisaden bewehrten Erdwällen und Holztürmen, später entstanden Steinkastelle, die immer weiter ausgebaut worden sind. Trotzdem waren sie nicht sehr groß, das größte Kastell Comagena (das heutige Tulln) hatte 220 x 270 Meter Umfang, Besatzung 500–600 Mann. Die heute noch erhaltenen klotzigen Türme verführen geradezu, in ihnen Symbole der Macht und Stärke des Römischen Imperiums zu sehen. In Wirklichkeit entstanden diese in jener Zeit, in der die Völker jenseits des Limes schon wieder in Aufruhr und Bewegung geraten waren und das Römerreich seinem Ende zuging.

Das Ende des Donaulimes kam nicht durch ein dramatisches Ereignis, es gab keine große blutige Schlacht. Das Römerreich war schwach geworden und seine große Zeit vorbei. Für die noch an seinen Grenzen stehenden Legionäre gab es keinen Truppenersatz, keinen Nachschub, keinen Sold. Der Limes ist nicht mit Hurra erstürmt worden, er hatte sich ganz einfach aufgelöst.

Im Jahre 1897 wurde die „Kommission zur Erforschung des römischen Limes in Ober- und Niederösterreich" geschaffen, die seither in enger Verbindung mit anderen archäologischen Institutionen sehr rührig und aktiv ist. Und dennoch läßt sich im Tullnerfeld ein recht eigenartiges Phänomen feststellen …

Obwohl die Römer so wie überall nicht schreibfaul waren und dementsprechend viel epigraphisches Material hinterlassen haben; obwohl die fleißigen Archäologen erfolgreiche Ausgrabungen und bedeutende Funde machen konnten; obwohl es die „Tabula Peutingeriana" gibt (eine im 11./12. Jahrhundert angefertigte Kopie einer im 4. Jahrhundert entstandenen Straßenkarte des Römischen Imperiums) und auch die im Jahre 511 vollendete „Vita Sancti Severini" (eine einzigartige Dokumentation über die Zustände in unserem Gebiet), obwohl auch alles sonstige Material gründlich durchforstet worden ist, konnten bisher nur von zwei Kastellen die Namen mit vollkommener Sicherheit festgehalten werden: Traismauer = Augustianis, Tulln = Comagena. Mautern gilt mit allergrößter Wahrscheinlichkeit als Favianis. Doch Herma Stiglitz vom Österreichischen Archäologischen Institut, welche lange Zeit in Mautern gegraben und geforscht hat, muß heute noch in lobenswerter Objektivität bekennen: „Archäologische Grabungen und Zufallsfunde haben bisher keinen inschriftlichen Beweis für die Gleichsetzung von Mautern mit Favianis erbracht …"

Zwentendorf gilt als Asturis, Zeiselmauer als Cannabiaca. Hinter beiden römischen Kastellnamen haben aber Österreichs Limesforscher ebenfalls Fragezeichen gesetzt.

Das Wunderliche ist, daß es sich bei den fünf Tullnerfeld-Kastellen keineswegs um „hinterwäldlerische" Siedlungen aus schriftloser Zeit handelt. So dunkel kann der Vorhang sein, den die Zeit über die Vergangenheit hängt.

Die Masken von Mautern

Am Ostende des Tullnerfeldes verlief die Grenze der römischen Provinzen Noricum und Pannonien. Im Flachland Pannonien war man Rom näher, im gebirgigen Noricum blieb man länger so wie man war, bevor die Römer kamen …

Im Jahre 1936 wurde in Mautern in einer römerzeitlichen Abfallgrube ein seltsamer Fund gemacht. Unter den Scherben von Schüsseln, Schalen und Bechern aus dem 1. und 2. Jahrhundert n. Chr. wurden auch drei Tonmasken und noch zwei Fragmente von solchen gefunden. Zu erkennen sind: Ein Kalbskopf, ein Schweinskopf und eine gehörnte Teufelsfratze. Am Rand der Masken sind Durchlöcherungen zur Befestigung eines Sackes oder Pelzes angebracht. Pelz und Teufelsmaske – ein richtiger Krampus steht vor uns!

Maskentragen und Verkleiden sind alte und weltweite Kultbräuche, die natürlich mit unseren Maskeraden nichts gemein haben. Schon unter den Höhlenmalereien der Eiszeit sind verkleidete Maskenträger zu sehen (Höhle Trois Frères, Frankreich: Mann mit Maske eines Hirschen, Fell, Bärenpfoten und Pferdeschwanz, sowie ein flötenspielender Mann mit Hirschmaske und Fell. Alter etwa 15.000 Jahre).

Die Archäologin Hedwig Kenner hat in einer 1950 erschienenen Arbeit über die Masken von Mautern darzustellen versucht, wie solche Masken im alten Favianis-Mautern verwendet wurden. „In den Rauhnächten, zu Neujahr oder zur Fastnacht ziehen junge Burschen, das Gesicht hinter Tonmasken verborgen, in Tierfelle oder Flickenüberwürfe gehüllt unter wildem Tanz und Gesang, unter dem Lärm von allerhand Instrumenten zunächst zu einem Heiligtum, wohl dem Tempel am Forum, vielleicht auch zur Begräbnisstätte des Ortes. Rituelle Schmausereien und Trinkgelage schließen sich an."

Für diese Darstellung waren schriftliche Berichte ab dem frühen Mittelalter die Grundlage und die Annahme, daß sich seit dem Altertum bis dahin an den Bräuchen nicht viel geändert hat. Auch in späteren Berichten werden „weltliche Scherze auf Gräbern mit Larven im Gesicht" erwähnt (Prager Chronik, 11. Jahrhundert), und noch im 15. Jahrhundert wurde den polnischen Priestern befohlen, die Sakramente denjenigen zu verweigern, „die Larven anlegen, in Säcke schlüpfen und Hirsche oder Pferde darstellen."

Der Mummenschanz des Altertums spielte sich auf drei Schauplätzen ab: An einem sakralen Ort, an einer Begräbnisstätte und an einem irdischen Festplatz. Daran hat sich im Verlauf der Zeit durch Brauchtumswandel einiges geändert und erst recht später, als man begann, Volksbräuche zu vermarkten und in Fremdenverkehrsattraktionen umzuwandeln. Erhalten geblieben sind der zottelige Krampus, die „schiachen Perchten", die gräßlichen Dämonen – und noch immer viel Lärm während der Umzüge.

Im Dunkelsteinerwald oberhalb von Mautern hat sich alter Maskenbrauch noch unverfälscht erhalten. Die Dunkelsteiner „Maschkara" sind zwar nur vermummt oder tragen Stoffmasken, gelten aber dennoch mehr als nur als Possenreißer. In ihrem 1994 erschienenen Buch „Von Palmbuschen und Pilgerscharen" berichtet Lucia Haselböck: „Man glaubt im Dunkelsteinerwald heute noch an die positive Funktion der Hochzeitsmaschkara. In diesem Sinn ist es nach Aussage des Heiratsmannes (einer Art Zeremonienmeister) von Nöllig/Gerolding noch immer eine große Ehre für die Brautleute, wenn Maschkara zu Hochzeit kommen. Auch darf ihnen mindestens eine Stunde lang die Vermummung nicht abgenommen werden. Die Unkenntlichkeit hebt unsere Hochzeitsmaschkara von der Gemeinschaft als Wesen aus anderen Welten ab."

Noch einmal Hedwig Kenner zu den Masken von Mautern: „Die Kirche hat in kluger Formung des Vorhandenen die alten Dämonen entweder ins Scherzhafte gedreht oder sie zum bösen Prinzip gestempelt. Ursprünglich sind sie weder ganz gut noch ganz böse, bloß Ausdruck von Kräften, die über dem Menschenbegreifen und außerhalb der Menschengewalt stehen, Vertreter des Glücks, vor allem der Fruchtbarkeit aber auch des Unglücks, des Todes und der Krankheit. Da das Wirken der Toten das größte Rätsel über menschliches Verstehen hinaus darstellt, können sie auch die wieder Form gewordenen Seelen der Abgeschiedenen sein. So stehen die Mauterner Masken in einem Kreis, der sich um die entscheidendsten Ereignisse des Menschenlebens, um Werden und Vergehen, schlingt. Sie sind grotesk und komisch, sie reizen zum Lachen, und doch erhebt sich hinter ihnen ebenso das Ende des Daseins und das Unerforschbare, das nach dem Ende beginnt."

Die Masken von Mautern befinden sich jetzt im Historischen Museum der Stadt Krems.

In Mautern ist der im 4. Jahrhundert in die ältere Kastellmauer eingesetzte Römerturm die (sehr fotogene) Sehenswürdigkeit. Das informative Römermuseum befindet sich seit 1961 in der 1083 erstmals urkundlich erwähnten Margarethenkapelle, welche auf einem älteren Kirchenbau (vor 800) und auf den Grundmauern eines römischen Baues steht.

Traismauer und die Nibelungen

> „Es hatte an der Treysen der Fürst vom Hunnenland
> eine stolze Feste, Treysenmure genannt ..."

Vier Tage verblieben die Nibelungen in Traismauer, bevor Kriemhilde in Tulln ihrem Bräutigam, dem Hunnenkönig Etzel, begegnete. Und wenn es die Nibelungen wirklich gegeben hätte, dann wären sie durch das Wienertor von Traismauer hinaus in Richtung Tulln geritten.

Um ca. 60 n. Chr. hatten die Römer auf dem Boden des heutigen Traismauer ihr Kastell Augustianis errichtet. Und das heutige Wienertor ist noch immer das römische Lagertor, nur der Aufsatz in der Mitte stammt aus späterer Zeit. Aus unserem Jahrhundert stammt das Fresko darauf, welches den Ausritt der Nibelungen aus Traismauer zeigt (und noch immer so manche Leute glauben läßt, daß es die Nibelungen tatsächlich gegeben hat).

In Wirklichkeit ist es eine um 1200 entstandene Dichtung, welche aus Quellen verschiedenster Art (Sagen, alte Lieder, Überlieferungen) gestaltet wurde. Von seinem unbekannten Autor kann nur mit Sicherheit gesagt werden, daß er das Donauland zwischen Passau und Wien gut gekannt hat. Und ebenso sicher ist, daß sein Nibelungenlied zu einem Werk der Weltliteratur wurde, das wie kein anderes so intensiv – je nach dem Zeitgeist – entweder verhimmelt oder verteufelt worden ist … als ein Hohelied der Treue (deutsche Nibelungentreue!) wie auch als ein Werk, das nur von gemeiner Niedertracht beherrscht wird.

Dem Nibelungenlied könnte der gleiche stereotype Text jener Filme vorangestellt werden, bei denen die Handlung frei erfunden und jede Ähnlichkeit mit Personen eine rein zufällige ist. Trotzdem – und das ist das Verblüffende an der Dichtung – hat man in seinen Orten und Personen der Handlung noch immer etwas gefunden, was sich in einen zumindest losen Zusammenhang mit der Realität bringen läßt.

Nur bei Traismauer sagte man bis in jüngste Zeit: Hier irrte der Dichter des Nibelungenliedes!

Von der Voraussetzung ausgehend, daß für den Hunnenkönig Etzel der leibhaftige Attila das Vorbild darstellt, hätte der Nibelungenzug in der Zeit der Völkerwanderung stattgefunden. Und zu dieser Zeit – so glaubte man – wäre nach dem Zusammenbruch der Römerherrschaft in Traismauer keine „stolze Feste" mehr gestanden.

Ab 1971 begann man das römische Traismauer systematisch zu untersuchen, und dabei machte man unter den Bauten aus späterer Zeit erstaunliche Entdeckungen. So fand man auf dem Grund des um 1500 entstandenen Schlosses (in dem sich seit 1989 das sehenswerte NÖ. Landesmuseum für Frühgeschichte befindet) die Basismauer einer im 4. Jahrhundert errichteten Fluchtburg innerhalb der Kastellmauer. Das könnte die „stolze Feste" des Nibelungenliedes gewesen sein. Der Dichter hatte nicht geirrt!

Die zweite Entdeckung bei diesen Ausgrabungen war das Kommandantenhaus des Kastells unter der heutigen Pfarrkirche. Zwei der Räume sind später in ein repräsentatives Grab umgewandelt worden, in dem man das Skelett eines ziemlich großen Mannes fand. Nach den Resten seines mit vergoldeten Silberfäden durchwirkten Prunkgewandes muß es eine bedeutende Persönlichkeit gewesen sein, die – wie eine awarische Pfeilspitze in dem Skelett beweist – im Kampf gefallen ist.

Eine genauere Untersuchung des Skeletts im Bundesdenkmalamt brachte interessante Details: Der etwa dreißigjährige Mann war durch den Pfeilschuß in den Bauch nicht sofort, sondern an den Folgen eines Wundstarrkrampfs gestorben. Und identifiziert konnte er auch werden: Es war der bairische Grenzgraf Cadaloc, der im Jahre 802 im Kampf gegen die Awaren gefallen und dann in Traismauer beigesetzt worden ist.

Das Skelett des Grenzgrafen brachte aufs neue eine rätselvolle und vieldiskutierte Gestalt des Nibelungenliedes ins Gespräch, den Grafen Ruediger von Bechelaren (Pöchlarn). Im Nibelungenlied ist er eine Idealgestalt, und daher wurden auch schon alle nur erdenklichen edlen (und auch weniger edlen) Ritter angeführt, die für den Dichter des Nibelungenliedes als Vorbild für die Gestalt des Rüdiger gedient haben könnten. Einige Gelehrte meinen, daß Rüdiger nur eine Sagengestalt sei; andere behaupten, daß es im 10. Jahrhundert (nachdem die Ungarn bis zur Enns vorgedrungen waren) wohl möglich gewesen sein kann, daß ein „österreichischer Markgraf" in ungarischen Diensten dieses Gebiet an der Grenze verwaltete. Ein Mann zwischen West und Ost – ein Mann so wie der Rüdiger der Dichtung.

Mit dem Skelettfund in Traismauer war einer der frühmittelalterlichen Grenzgrafen sozusagen wiedererwacht. Die langwierige und mit den modernsten wissenschaftlichen und technischen Hilfsmitteln durchgeführte Untersuchung hatte sich gelohnt.

„Hochwürden, da is mit der Post a Packl gekommen vom Bundesdenkmalamt!" meldete eines Tages die Haushälterin dem Pfarrer von Traismauer.

Der Herr Pfarrer – der uns diese Geschichte erzählt hat – war sehr erstaunt, als er dann in der geöffneten Pappschachtel den Totenschädel des Grenzgrafen sah und darunter (nach der Größe ordentlich geschlichtet) dessen sämtliche Knochen.

In Österreichs Ämtern gibt es starre Zuständigkeitsbereiche. Ein Wissenschaftler oder Restaurator eines Bundesdenkmalamtes ist nicht für Post und Versand zuständig, hat da nichts zu sagen. Der oder die Zuständige hatte im Grenzgrafen wahrscheinlich „nur ein paar alte Totenbaner" gesehen ...
Rein damit in eine Schachtel, und ab die Post!

Zwentendorf: Ruinen unter Rüben

„Römerkastell Pirotorto" ... so kann man es noch in der Österreich-Straßen-Generalkarte 1994 (Laufzeit bis 1996) rot unterstrichen lesen. Rotunterstrichenes = Sehenswertes.

Die rotunterstrichene Stelle ist ein weites Feld, auf dem nichts Sehenswertes, auf dem überhaupt nichts zu sehen ist. Das Römerkastell bei
Zwentendorf ist schon lange, sehr lange vom Erdboden verschwunden,
und seinen Namen weiß man auch nicht (Pirotorto hieß es höchstwahrscheinlich nicht, vielleicht Asturis). Wie die von 1953–1962 dauernden
Ausgrabungen ergaben, ist es wahrscheinlich im 5. Jahrhundert zerstört
worden, und außerdem wurde ein Teil von ihm vom Hochwasser der
Donau weggeschwemmt.

Dort, wo von der Straße Zwentendorf–Bärendorf die Straße zu dem
nicht in Betrieb genommenen Atomkraftwerk Zwentendorf abzweigt,
steht ein kleines Wäldchen, und dahinter ist ein Feld, und dort war einmal das Römerkastell.

Irgendein Stück Trümmerwerk muß doch noch aus dem Boden ragen!
So haben wir gedacht. Doch es waren nur einige Disteln, welche hoch über
die Rübenblätter ragten. Bloß auf einige römische Ziegelbrocken stießen
wir in den Ackerfurchen. Und doch war dieses Dahinschlendern über das
Feld ein ganz eigenartiges Erlebnis, ein Spaziergang über eine Vergan-
genheit, welche nicht einmal eine Ruine hinterlassen hatte und neben dem
Schildbürger-Betonklotz der Gegenwart, welcher leider noch nicht zur
Ruine geworden ist …

Die Ausgrabungsarbeiten in den Jahren 1953–62 bei Zwentendorf sind
heute bereits als ein Stück Zeitgeschichte anzusehen. Ihre lange Dauer ist
nicht auf eine wahre Fülle einmaliger Objekte zurückzuführen, die es zu
untersuchen und zu bergen galt, sondern hat eine sehr simple Ursache.
In den Notjahren nach dem Zweiten Weltkrieg war jedes Stückerl Ackererde heilig und kostbar. Die Grabungen konnten daher alle die Jahre hindurch nur im Spätherbst nach der Zuckerrübenernte durchgeführt werden, das heißt zumeist bei Regen und Nebel und tiefem Schlamm auf
Schritt und Tritt. Und nachher mußten die freigelegten Mauerreste sofort
wieder zugeschüttet werden, damit im nächsten Jahr wieder die Rüben
auf dem Feld wachsen konnten.

Tulln: Von Mithras, den zwölf Aposteln und einer Tänzerin

Die Besatzung der Limeskastelle bestand vor allem aus Hilfsvölkern,
die von den Römern grundsätzlich nie in der Nähe ihrer Heimat, sondern
stets weitab von ihr eingesetzt wurden. Die Hilfstruppen an der Donau
kamen zumeist aus Kleinasien; Comagena (Tulln) hatte seinen Namen
von der aus Kommagene in der Türkei stammenden Reitertruppe.

Im Minoritenkloster von Tulln ist jetzt ein lebendig gestaltetes Limesmuseum eingerichtet worden, zu dessen Schaustücken auch ein beson-

ders gut erhaltenes Mithrasrelief gehört. Im Osten hatte der Mithraskult seinen Ursprung, römische Legionäre brachten ihn nach dem Westen (mehr darüber auf Seite 242). Der Tullner Mithrasstein wurde 1730 bei St. Andrä vor dem Hagentale gefunden und stammt aus der Zeit um etwa 100 n. Chr. Es war ein Offizier, der – wie die Inschrift meldet – den Stein dem Heile seiner Soldaten gewidmet hat. Den Kommiß merkt man an dem Stein …

So wie bei allen Mithrasreliefs sind auch auf diesem die zwei Fackelträger Cautes und Cautopates zu sehen. Der mit erhobener Fackel verkörpert die Sonne und das Leben, der mit gesenkter Fackel den Mond und den Tod. Auf diesem Stein – und das ist das Schmunzelige daran – präsentieren die beiden Männer ihre Fackeln so stramm und sturen Blickes, als würden sie vor ihrem Herrn Kommandanten stehen!

Im Tullnerfeld lebten die Römer noch lange weiter, und römisch, sogar sehr römisch, wirkt das Westportal der Tullner Pfarrkirche. Es ist aber romanisch, entstanden am Beginn des 13. Jahrhunderts. So wie Römer, welche es zu Ansehen und einem gewissen Wohlstand gebracht haben und denen von ihren Angehörigen ein Grabstein gesetzt wurde mit ihrem Reliefbild darauf, genauso schauen die zwölf Männer aus, welche aus ihren Nischen in den beiden Torpfeilern ins Leere starren. Es sind aber keine Römer, sondern die zwölf Apostel. Sie sollten den Eingang in das Gotteshaus vor allem Bösen schützen – ein Fortleben keltischer Vorstellungen von der magischen Kraft des Menschenkopfes, das auch noch an den Dämonen- oder Maskenköpfen an den Außenseiten vieler mittelalterlicher Kirchen zu erkennen ist.

Die Nischen mit den römisch-romanischen Aposteln sind außerdem von Flechtbandreliefs umgeben; schon seit dem Frühmittelalter wurden solche als Abwehrzauber angebracht. Alles Böse sollte sich in den Schlingen verfangen.

Die Tullner haben einst den Eingang in ihre Stadt auch noch auf ganz besondere Art geschützt: Sie hatten beim Wienertor in die Stadtmauer einen Reliefstein eingemauert, auf dem sehr deutlich das entblößte Hinterteil einer Tänzerin zu erkennen war. Das soll – so wird erzählt – im Jahre 1529 die Türken gehindert haben, Tulln zu erobern.

Es gibt unzählige Geschichten und Sagen, in denen von nackten Hinterteilen erzählt wird (siehe Seite 124), und lange Zeit wurde das als obszön und ordinär empfunden. Als Abwehrgestus hat aber der nackte Hintern eine Tradition, die weit in die Antike zurückreicht. In einem Etruskergrab zu Tarquinia aus dem 6. Jahrhundert v. Chr. (Tomba dei Giocolieri) zeigt ein Mann nicht nur ein weit herausgerecktes Hinterteil – er scheißt auch (wie die Malerei drastisch zeigt) laut furzend. Griechische Seefahrer reckten bei Sturm ihr nacktes Hinterteil gegen die Windseite, und als die

Venezianer im Jahre 1204 Byzanz belagerten, ließen die Verteidiger die Hosen herunter ...

Nachdem 1861 die Tullner Stadtmauer abgetragen wurde, kam der Stein mit der Tänzerin an die Karnerstiege, später in den Vorhof des Heimatmuseums. Bei der Gestaltung des neuen Limesmuseums hatte man darauf verzichtet, diesen Stein in die Schausammlung aufzunehmen, weil er doch schon zu sehr verwittert ist. Jetzt liegt die einstmals schöne und die Stadt schützende Tänzerin in einem Depot.

Der Schüttkasten von Zeiselmauer

Das Imponierende an den Römerkastellen des Tullnerfeldes ist, daß von ihnen noch so viel erhalten geblieben ist ...

Daß – mit Ausnahme des Zwentendorfer Kastells – noch so vieles erhalten geblieben ist, muß wirklich imponieren, wenn man bedenkt, wieviel heute schon restauriert werden muß an Häusern, welche erst vor einem halben Jahrhundert gebaut worden sind, und wie wir jetzt mit Spendenaufrufen bombardiert werden zur Sanierung von Kirchen, welche oft kaum vor einem halben Jahrtausend entstanden sind.

An den Römerbauten hat nicht nur der unverwüstliche Zahn der Zeit genagt, man hatte auch jahrhundertelang daraus Steine zum Häuslbauen geholt, hat sie abgetragen, überbaut oder etwas in sie eingebaut. Trotzdem haben einige hochragende Türme nicht nur die Zeit überdauert, sondern haben sogar noch heute eine Funktion (wie der Reck- oder Hungerturm von Traismauer oder der Salzturm in Tulln).

Ob die Römer – wie oft gesagt wird – für die Ewigkeit gebaut haben?

Die Römer waren keine Träumer. Sie haben bloß so gebaut, daß alles Gebaute möglichst lange Zeit halten sollte. Dafür haben sie die beste Technik angewandt und das beste Baumaterial verwendet. Und sie hatten ihren wundersamen Mörtel, der (wie die Archäologen immer wieder voll Bewunderung feststellen) sogar härter und widerstandsfähiger ist als alle von der Verwitterung angegriffenen natürlichen Felsgesteine.

Ein origineller Bau ist der Schüttkasten von Zeiselmauer.

Das idyllische Haufendorf steht an dem Platz jenes Römerkastells, von dem man annimmt, daß sein Name Cannabiaca war. Noch heute ragen zwischen Apfelbäumen, Bauern- und Kleinhäusern und Fliedersträuchern an allen Ecken Römermauern empor. Und auf einem kleinen Platz steht wuchtig und irgendwie düster wirkend der Schüttkasten.

Ein mehr als drei Meter breiter, jetzt vermauerter Torbogen ist deutlich erkennbar – er war die Porta des Römerkastells! Das Gemäuer des Torturmes erschien jedenfalls den Menschen des Mittelalters als so solide, daß sie es ohne Bedenken als Basis für einen Schüttkasten verwendeten. In Tulln wurde ein Römerturm zuerst als Pulvermagazin und später als Salzlager verwendet, in Zeiselmauer hatte man einem Römerbau das kostbare Korn anvertraut.

Jetzt hat auch der Schüttkasten schon lange ausgedient, leer und unnütz steht er auf dem stillen Platz. Man kann es kaum glauben, daß unter seinem Bogen einst römische Legionäre durchmarschiert sind …

Der „Erdäpfelsack" bei Nitzing

Einst stand er grau und krumm in dem Feld neben der Straße, und wenn man bei Nebel (den gibt's oft im Tullnerfeld) an ihm vorbeigefahren ist, hätte man ihn für einen vergessenen Sack Kartoffeln halten können – den römischen Meilenstein bei Nitzing. Jetzt hat man ihm eine „würdige Umrahmung" verpaßt, und jetzt hat der „Erdäpfelsack" (wie er von den Bauern genannt wurde) viel von seiner Poesie verloren.

Die Römerstraße von Vindobona ins Tullnerfeld führte nicht der Donau entlang. Die Steilabbrüche des Leopoldsberges und der Berge bei Greifenstein erschienen als zu bedrohend. Vor diesen hatte man noch Angst, als 1867–74 die Franz-Josefs-Bahn gebaut wurde, die dann wegen einiger kleinerer Unfälle von den Wienern bald „Jessas-Maria-und-Josefs-Bahn" genannt wurde.

Die Römerstraßen ins Tullnerfeld (es gab mehrere) führten über den Wienerwald hinweg, die älteste von ihnen brachte über den Exelberg und Scheiblingstein, Königstetten nach Tulln. Diese Römerstraßen folgten zumeist Altwegen und waren weder geschottert noch gepflastert, waren sozusagen nur Pisten; es gab also keine „Via Appia vom Wienerwald".

Ort und Kammhöhe Scheiblingstein haben den Namen vom „scheibeligen Stein" (runden Stein), einem römischen „Meilstein", wie er in einer Urkunde vom Jahre 1324 bereits genannt wird. Mit seiner jetzt aus dem Boden ragenden Höhe von etwa 80 Zentimetern schaut er etwas mickrig aus, er ist jedoch (wie eine Untersuchung 1935 ergab) immerhin 1,70 Meter lang, trägt aber seltsamerweise weder eine Inschrift noch Zeichen.

Umso geschwätziger ist die Inschrift auf dem in der Kirche von Königstetten aufgestellten Römerstein aus dem Ende des Jahres 235. Sie meldet, daß der gütige Herrscher Gaius Julius Verus Maximianus und sein Sohn Brücken errichtet, Straßen gebaut und Meilensteine wiederhergestellt haben. Maximianus hat 235 n. Chr. die Herrschaft angetreten, 238 soll er in Aquileia erschlagen worden sein. Viele Brücken, Straßen und Meilensteine kann er von seinem Amtsantritt an in dem einen Jahr 235 nicht gebaut und wiederhergestellt haben. Die Verewigungssucht unserer Amtsträger, auf jedem in ihrer Amtszeit errichteten Häusl ihren Namen anzubringen, hat Tradition.

Der mit römischen Lettern übersäte und sich nach oben verdickende Stein gleicht einer Riesenkeule – irgendwie unheimlich schaut er aus in dem dunklen Raum, und man meint, daß er schon seit grauen Zeiten darin steht. Er befindet sich jedoch erst seit dem Jahre 1968 da. Im März dieses Jahres wurde er beim Abladen von Abbruchmaterial eines alten Tullner Hauses (Kirchengasse) entdeckt. Er hatte darin als gewichtiger Baustein eine zweite Verwendung gefunden. Sein ursprünglicher Standort war irgendwo im Raume Tulln, Königstetten, Zeiselmauer, jedenfalls an einer Stelle, von der aus es nach St. Pölten 22 Meilen sind (oder ein bisserl mehr; die Meilenzahl auf dem Stein ist nicht ganz deutlich. 1 Meile sind ca. 1,5 Kilometer).

Der „Erdäpfelsack" stand hingegen schon immer an seinem Platz. Ein großes, im Mittelalter eingraviertes Kreuz soll ihn vor Zerstörung oder Verschleppung bewahrt haben. Errichtet wurde er im Jahre 218; die heute kaum noch lesbare Inschrift meldete einst, daß es 26 Meilen von ihm nach Cetium (St. Pölten) seien.

Um ihn gibt es eine total verrückte Sage, welche Ende des 13. Jahrhunderts von dem ungarischen Chronisten Simon von Kéza aufgezeichnet worden ist: Gegen Ende des Römerreiches kämpften Römer unter dem Statthalter Macrinus mit den Germanen unter Dietrich von Bern gemeinsam und vergebens gegen die aus dem Osten einfallenden Hunnen. Bei der auf dem Tullnerfeld stattgefundenen Schlacht fielen 125.000 Hunnen und 210.000 Mann der verbündeten Römer und Germanen. „Bei der Straße, wo die Säule steht", begruben die Hunnen ihre Toten …

Man nimmt mit guten Gründen an, daß „die Säule" der Nitzinger Meilenstein ist. Und wenn auch die Geschichte von der Hunnenschlacht nur eine Phantasterei ist, so zeigt sie immerhin, daß im Mittelalter diese Wegsäule ein Begriff gewesen sein muß, von dem der ungarische Chronist zumindest gehört hatte.

Übrigens: Uns ist es wesentlich lieber, daß in den Feldern um den „Erdäpfelsack" keine toten Krieger liegen, sondern jetzt nur Erdäpfel angebaut sind …

 Der römische Meilenstein an der Wienerwaldstraße über den Exelberg ins Tullnerfeld befindet sich etwa 300 Meter vor dem Ortsbeginn von Scheiblingstein, links von der Straße.
Der „Erdäpfelsack" vom Tullnerfeld steht links an der von Königstetten nach Tulln führenden Straße.

St. Florian in St. Pölten

„Dem Gott Neptun, dem Beherrscher der Gewässer …" stiftete nach einer Traisenregulierung Marcus Aurelius Julius einen Weihealtar. Er war stellvertretender Statthalter des römischen *Municipium Aelium Cetium* – dem heutigen St. Pölten.

Das römische St. Pölten war eine Zivilstadt im Hinterland des Limes – und doch gehörte sie zu ihm so wie der Socken zum Schuh, und obwohl sie bis zum Jahre 1949 als „Österreichs unbekannteste Römerstadt" galt. Erst ab dieser Zeit beschäftigte man sich mehr mit ihr, systematische Grabungen fanden erst 1988 statt.

Das alte Cetium war Handels-, Nachschub- und Versorgungsbasis, und es hatten sich in ihm alle jene Leute niedergelassen, welche irgendwie mit den Limeskastellen zu tun hatten, denen es aber in den neben diesen gelegenen Zivilsiedlungen (mit den Weinschenken, Bordellen und durch die Gassen trampelnden Legionären) zu laut war. Und außerdem war Aelium Cetium auch – so wie später in der k.u.k. Monarchie die Stadt Graz – ein Ruhestandsplätzchen der Soldaten- und Beamtenpensionisten. Der prominenteste von ihnen war der in den Ruhestand getretene (oder vielleicht gesetzte) Kanzleivorstand des Statthalters von Ufernoricum in Lauriacum (Enns) – besser bekannt als heiliger Florian.

Florian ist der erste namentlich bekannte Märtyrer Österreichs. Als sein Geburtsort wird oft Zeiselmauer genannt, nachweisbar ist das allerdings nicht. Sein Todestag soll der 4. Mai des Jahres 304 gewesen sein. Als Florian erfahren hatte, daß man in Lauriacum vierzig Christen zum Tod verurteilt hatte, eilte er dorthin, um ihnen beizustehen. Doch in Lauriacum mußte auch er, um seine Loyalität zum Staat zu beweisen, zuerst den Göttern opfern.

Das war eine rein juristische Formsache. Rom hatte eine Staatsreligion, und wer sie nicht anerkannte, war ein Staatsfeind. Rom ging es immer nur um den Staat. Aber solange ein römischer Bürger die Staatsreligion nicht demonstrativ ablehnte, konnte er privat glauben, was er wollte. So waren denn auch diese Staatsgötteropfer nur eine Farce, bei der es genügte, wenn einige Weihrauchkörner in ein vor einer Statue aufgestelltes Feuerbecken geworfen wurden. Daß jemand das ablehnte und dafür riskierte, als Staatsverbrecher zum Tode verurteilt zu werden, konnten die Richter nicht verstehen. Dazu der Katakombenforscher Univ. Prof. Engelbert Kirschbaum S.J.: „Dem Richter lag daran, den Freispruch zu erreichen. Nicht Blutdurst machte die Beamten zu Christenverfolgern. Überredung, Versprechung, Drohung, Folter wurden nicht angewendet, um ein Geständnis zu erpressen, sondern um den Willen des Angeklagten zu beugen."

Auch Kaiser Marc Aurel konnte diese Haltung der Christen nicht begreifen, als er in seinen „Selbstbetrachtungen" über die Todesbereitschaft der „Christianer" schrieb, daß diese aus „bloßem Eigensinn" komme.

Florian opferte nicht. Auch nicht unter der Folter. Also hängte man einen Stein um seinen Hals und warf ihn in die Enns.

Florian wurde sehr bald – wegen seines Wassertodes – zum Fürbitter bei Dürre. Als römischer Soldat wurde er erst im 13. Jahrhundert dargestellt. Und weil Wasser außerdem zum Feuerlöschen dringend nötig ist, wurde er im 15. Jahrhundert auch zum Feuerpatron und bekam sein Löschküberl als Attribut …

> Heiliger Sankt Florian, du Wasserkübelmann
> Verschon unsere Häuser! Zünd andere an!

Als Patron der Feuerwehrmänner und dargestellt als Soldat mit Helm und Brustpanzer zeigt sich St. Florian als ein ganz anderer als der, der er wirklich war: Ein korrekter *princeps officii presidis* (wie sein Amtstitel lautete), der viel zu tun hatte, weil in dieser Zeit auch tatsächlich viel getan worden ist. Was auch der Weihestein des Beamten Marcus Aurelius Julius beweist, der anläßlich der Traisenregulierung aufgestellt wurde, später bis 1952 an einer Hausecke am Herrenplatz als Prellstein diente und jetzt im Historischen Museum der Stadt St. Pölten zu sehen ist.

In Cetium-St. Pölten hätte Florian als Ruheständler noch viele schöne Tage erleben können, wenn – ja, wenn er nicht so korrekt gewesen wäre! Man verlangte von ihm eine Offenlegung – also bekannte er sich als Christ und starb dafür. Kein Eiferer (wie so manche andere Heilige), sondern ein korrekter Mann, der nur seinen Mitmenschen helfen wollte. Ein sympathischer Heiliger. Eigentlich hätte man ihn als Vorbild zum Patron der Beamten machen sollen.

ATZENBRUGG UND HASENDORF:
„SCHUBERTHÜGEL" UND „VENUSBERG"

Bei Hausbergen gibt's in unserem Donauland Unterschiede. Der Wiener Schneeberg ist der Hausberg der Wiener. Es gibt aber auch Hausberge anderer Art …

Das sind Hügel, auf denen im Mittelalter das Haus von einem der damaligen Herren stand … natürliche Hügel oder künstlich geschaffene. Meist sind diese Hügel noch von Gräben und Erdwällen umringt, welche einst mit Palisaden versehen waren. Anfangs waren die Häuser auf dem Hügel aus Holz, später baute man sie aus Stein. Kurzum: Diese Hausberge waren im 12./13. Jahrhundert die Vorläufer der steinernen Ritterburgen.

Um diese Hausberge gab es von Anfang an Mißverständnisse. Nachdem die Holzhütten auf den Hügeln vermorscht oder die Steine der Steinhäuser später von den Landbewohnern zum Häuselbauen weggeschafft wurden, hielt man im 19. Jahrhundert alle diese nackten Hügel für Grabhügel großer Herrscher. Erst im 20. Jahrhundert begann man zwischen Grabhügeln und Erd(befestigungs)werken zu unterscheiden.

Im Donauland gibt es sehr viele solcher Hausberge, mehr als hundert. Manche von ihnen sind so eindrucksvoll – wie zum Beispiel die Hausberge von Gaiselberg, Stronegg und Obergänserndorf im Weinviertel –, daß man in ihnen sogar große Heiligtümer der Urzeit sah. Und natürlich gibt es auch kleinere Erdwerke, von denen viele fast schon vergessen und die von Gestrüpp umwuchert und von Gelsen umschwirrt sind.

„Gewisse Reiche und Vornehme pflegen, weil sie ständig in Fehde leben, damit sie vor ihren Feinden sicher seien und entweder die Gleichstehenden durch größere Macht besiegen oder die Schwächeren bedrücken können, einen Erdkörper so hoch wie möglich aufzuschütten und einen sehr breiten und tiefen Graben ringsum anzulegen …" heißt es in der Beschreibung eines Hausberges aus dem Anfang des 12. Jahrhunderts.

Der Besuch eines solchen Hausberges wird die allgemeine Vorstellung vom Leben der Reichen und Vornehmen jener Zeit etwas korrigieren. Diese führten keineswegs ein Leben in Samt und Seide und Luxus und Komfort. Denn ob das Häusl darauf aus Holz oder Stein war – behaglich war das Leben darin sicherlich nicht. Der Bau war vom Winde umweht, innen finster und verraucht, und wegen der Steilabbrüche rundum gab es auch keine große Bewegungsfreiheit. Es ist daher anzunehmen, daß man nicht immer in solchen Erdwerken hauste und sich nur bei Feindgefahr in sie zurückzog. – Doch wenn schon die Reichen und Vornehmen so elend hausten, wie miserabel dann erst jene Menschen, welche im Frondienst diese Erdwerke errichtet haben?

Natürlich entstanden später, als diese Erdwerke aufgegeben und verlassen waren, die phantasievollsten Sagen … ein Prunkschloß soll einst dort versunken sein, weil die Bewohner einen „nackerten Ball" veranstaltet haben; Schätze sollen in den Hügeln verborgen sein (im Weinviertel waren das zumeist viele Fässer voll alten Weines), und alle nur erdenklichen grausigen Gespenster ließ man an ihnen herumgeistern …

Manche Hausberge wurden einst alljährlich einmal von allen Dorfbewohnern mit Musik und allem festlichen Drum und Dran erstiegen, als Sonnwendfeuerberge werden sie auch heute noch gerne benützt. In den meisten Orten gehört noch immer der Hausberg (so wie die Kirche) zum Dorf.

Eine urige Geschichte wird um den Hausberg von Spannberg im Weinviertel erzählt. Als Attila, der Hunnenkönig, mit seiner wilden Horde Spannberg erobern wollte (der beste und grausamste Eroberer war für die Spannberger gerade gut genug), war zunächst der Schreck groß. Aber dann hatten die Frauen eine blendende Idee: Sie zogen die Röcke über den Kopf, hockten sich an die Brustwehr und zeigten den Feinden von hoch oben ihre nackten Hintern. Worauf Attila mit seiner Horde den Rückzug antrat, nachdem er im besten Weinviertlerisch gesagt hatte: „Was sind denn das für Leut'? Die bladen G'sichter und die langen Bärt und das Goschenaufreißen! Mit denen fangen wir lieber nichts an!"

Schubert und seine Freunde vor Schloß Atzenbrugg. Im Hintergrund der Hausberg mit dem „Schuberthäusel" (Radierung von Moritz von Schwind)

Auch über den Hausberg von Atzenbrugg wird eine Geschichte erzählt, ausnahmsweise keine erfundene Geschichte.

Schloß Atzenbrugg (bei Tulln) wurde im 17. Jahrhundert erbaut, verfiel dann immer mehr, und 1977 wurde der abbruchreife Bau von der Gemeinde erworben, renoviert und halbwegs revitalisiert. Der Hausberg der bereits im 12. Jahrhundert urkundlich genannten Ritter von Atzenbrugg steht neben dem neuen Schloß. Seine Höhe beträgt etwa 12 Meter, sein Plateau hat den Umfang von 30 x 24 Metern; ursprünglich war der Hügel von einem Graben umgeben. Im 18. Jahrhundert stellte man auf seine Kuppe einen Pavillon, und darin soll – und das soll wirklich wahr sein – Franz Schubert im Juli 1821 die „Sechs Atzenbrugger Deutsche" (Tänze) für Klavier komponiert haben. Weshalb der Hausberg heute auch „Schuberthügel" genannt wird.

Fast in jedem über Franz Schubert geschriebenen Werk (und davon gibt es viele) ist auch die nach einer Zeichnung von Moritz von Schwind entstandene Radierung „Ballspiel in Atzenbrugg" abgebildet. Schubert und seine Freunde sind darauf zu sehen und auch das Schloß und der Hausberg. Ein Onkel von einem dieser Freunde war Verwalter der Herrschaft, und er war es, der die Künstler alljährlich für einige Sommertage in das Schloß einlud, wo sie miteinander diskutierten und musizierten.

Dieses kulturhistorisch sicherlich interessante Bild hat unter anderem auch sehr zu den falschen Vorstellungen über Franz Schuberts Leben beigetragen … Schubert und die Schubertiaden; Schubert, der klavierspielende Gesellschaftsmensch. Auf dem Bild sitzt er im Grase und raucht friedlich eine Pfeife.

Heute ist der Schloßgarten von Atzenbrugg der Spielplatz für die Kinder des Ortes. Wie eine Insel steht der mächtige Erdberg inmitten des Rasens, zwei gewundene Aufgänge führen auf seine Kuppe. Im „Schuberthäusel" ist jetzt ein Schubert-Gedächtnisraum eingerichtet; ein Tisch und ein Stuhl stehen darin, einige Bilder hängen an der Wand. Karg schaut das aus – und darum paßt es so gut zu Schubert. In diese Abgeschiedenheit hatte er sich von den lustigen Freunden zurückgezogen, um auch in den wenigen Ferientagen allein zu sein und ein bisserl Musik zu machen. Ein besessener Arbeitsmensch war Schubert.

Nur wenige Kilometer vom „Schuberthügel" entfernt ist noch ein sehenswerter Hausberg, einer, der dem von Atzenbrugg sehr ähnelt, aber doch ganz anders wirkt, weil er in der freien Landschaft steht: der „Große Venusberg" von Hasendorf.

Es ist ein etwa 15 Meter hoher, von Menschenhand aufgeschütteter Kegelstumpf, der nach allen Seiten mit steilen Wänden abfällt, dicht von Bäumen und Sträuchern überwuchert ist und inmitten eines großen Feldes steht, auf dem zumeist Sonnenblumen angebaut sind. Wenn diese in voller Blüte stehen, dann wirkt der goldgelb umrahmte tiefgrüne Hausberg fast so unwirklich wie ein Phantasieberg in einem illustrierten Märchenbuch.

Unterhalb vom „Großen Venusberg" steht der „Kleine Venusberg" über den Häusern von Hasendorf. Es wird angenommen, daß er die ältere Burganlage (aus dem 11. Jahrhundert) trug und später als Vorwerk für die Burg am Großen Venusberg diente.

Im 14. Jahrhundert wird in Urkunden der Hügel mit den Erdwerken Burgstall (= Burgstelle) genannt. Der Name „Venusberg" dürfte im galanten 18. Jahrhundert aufgekommen sein, weil er wahrscheinlich inzwischen zum Lieblingsplatz für Liebespaare geworden ist ...

In Hasendorf hatte es nicht nur zwei Erdburgen gegeben, sondern auch noch eine Wasserburg, welche im 16. Jahrhundert in ein Wasserschloß umgewandelt worden ist. Davon ist nichts mehr zu sehen; um 1800 wurde das verfallene Schloß abgetragen, und seine Steine wurden für den Neubau der Pfarrkirche von Reidling verwendet.

Heute ist Hasendorf ein kleiner friedlicher Ort, in dem man es kaum glauben will, daß da jahrhundertelang ein stark befestigtes Herrschaftszentrum war. Und ein auf dem Feld unterm Venusberg arbeitender Hasendorfer konnte es wiederum kaum glauben, daß wir nur dahergekommen waren, um die zwei Erdmugel anzuschauen. Er wollte uns dann unbedingt zu dem vier Kilometer entfernten Barockschloß Heiligenkreuz-Gutenbrunn schicken, denn ... „Da habt's nachher wenigstens was g'sehn!"

 Den „Großen Venusberg" erreicht man am besten von der aus Hütteldorf / Watzendorf nach Hasendorf führenden Straße. Dort, wo die Straße zum Dorf abfällt, führt ein Feldweg bergan, der zum Großen und (rechtshaltend) zum Kleinen Venusberg bringt (Gehzeit 5 Minuten).

RÖMERGRÄBER UND RÖMERSTEINE IM WIENERWALD

An der Raiffeisenbank von Gablitz steht ein vielbenützter Bankomat und gleich ums Eck daneben ein wenig beachteter großer römischer Grabstein ...

Er stammt aus der 2. Hälfte des 2. Jahrhunderts n. Chr., und auf dem Relief ist das Ehepaar Secundus Avitus und Litussa Esinertus dargestellt. Liebevoll legt die Frau ihre linke Hand auf die Schulter des Mannes, liebevoll reicht sich das Paar die rechte Hand. Der Mann ist in römischer Tracht dargestellt, die Frau in keltischer. Wir stehen hier vor zwei Wienerwaldbewohnern, denen das Gebiet schon vor fast zwei Jahrtausenden eine Heimat war ... obwohl die zwei Löwenköpfe und das geheimnisvolle Antlitz (ein Medusenhaupt?), welche den Grabstein zieren, so gar nicht nach Geschichten aus dem Wienerwald ausschauen ...

Dieser große Grabstein ist vor gar nicht langer Zeit – 1975 – beim Pflügen nächst dem Weißen Kreuz unter dem Troppberg zum Vorschein gekommen, ist wieder einer jener Zufallsfunde, welche den Wienerwald als alten Lebensraum bestätigen.

Lange, viel zu lange wurde auch für den Wienerwald an dem seit Kaisers Zeiten tradierten monarchistischen Geschichtsbild festgehalten, nämlich, daß im Donauland jedwede Kultur erst mit den Babenbergern begann und dann unter den großartigen Habsburgern ihre Höhe erreichte. Vorher soll der Wienerwald bloß ein Durchzugsgebiet gewesen sein, in dem da oder dort einige „Hinterwäldler" gehaust haben. Wie es wirklich war, hat die Archäologin Gertrud Moßler knapp und treffend formuliert: „Das große Schauspiel Mensch und Wienerwald mit unzähligen Akten begann in vorgeschichtlicher Zeit ..."

Einsam und gottverlassen steht die Laurentiuskirche an einem Waldrand am Fuße des Buchberges. Nur ein paar Häuser des Weilers Haag gibt's unterhalb von ihr (dort bekommt man auch den Schlüssel für die versperrte Kirche). Es ist eine recht große Kirche und eine sehr alte Kirche – eine Rundkirche aus dem 12. Jahrhundert. Doch: Warum wurde sie an dem einsamen Platz und außerdem an einem Hang erbaut und nicht auf einem Hügel, wo sie viel eindrucksvoller ausgesehen hätte und als Wehrkirche auch besser zu verteidigen gewesen wäre?

Nach der Sage hätte die Kirche in dem alten Ort Markersdorf gebaut werden sollen. Das Baumaterial stand schon bereit, doch eines Nachts war es verschwunden, lag dort, wo jetzt die Kirche steht. St. Laurentius erschien einem Zimmermann und sagte ihm, daß er fern von dem Getriebe der Welt in Gottes freier Natur seine Kirche haben wolle. – Solche Legenden von

„vertragenen Kirchen" werden an vielen Orten erzählt, und zumeist befand sich an solchen von Himmel und Heiligen erwählten Plätzen vorher
eine vorchristliche Kultstätte, die christianisiert werden sollte. Nach radiästhetischen Untersuchungen ist der Platz ein guter und auch ein starker – somit auch ein guter Grund, um darauf eine Kirche zu bauen.

Vor noch nicht allzu langer Zeit wurde auch noch gefragt, wie wohl der
Römerstein in das Gemäuer der Kirchenwand gekommen sein mag. Der
Stein stammt aus dem 3. Jahrhundert n. Chr. und zeigt einen nackten ge-
flügelten Genius (also einen antiken Vorläufer der christlichen Engel) mit
gesenkter Fackel. Ein Seelengeleiter ins Jenseits, wie er in der altitalischen
Kunst als Erbe der Etrusker oft zu sehen ist. Solange man im alten Wie-
nerwald nur ein Durchzugsgebiet sah, stand man etwas ratlos vor dem
Todesgenius am Laurentiuskirchlein.

Heute weiß man mehr. Auf dem Buchberg (469 m) entstand schon um
1000 v. Chr. eine bedeutende Ringwallanlage; später war eine Keltensiedlung auf dem Berg, zur Römerzeit wahrscheinlich ein Wehrturm, im
Mittelalter eine um 1000 entstandene Hausberganlage als Zentrum des
Gebietes. 1901 wurde auf dem Gipfel eine 16 Meter hohe Aussichtswar-
te errichtet, 1907 ein Schutzhaus eröffnet; jetzt ist der Gipfel unbegreifli-
cherweise Privatgrund geworden und unbetretbar. Eine römische Siedlung gab es am Fuße des Berges, und eine Grenzfestung (einen Hag – woran heute noch der Weiler namens Haag erinnert) zur Zeit der Ungarn-
herrschaft. Zur Entstehung der Laurentiuskirche heißt es im Neulengbacher Heimatbuch (1984): „Der heilige Laurentius war der Patron der Un-
garnkämpfe. Der Sieg über die Ungarn im Jahre 955 auf dem Lechfelde
wurde nämlich am 10. August, dem Festtag des hl. Laurentius, errungen.
Laurentiuskirchen bezeichnen in der Regel die Stationen der Rückge-
winnung des deutschen Siedlungsbodens."

Heute weiß man auch, daß es zur Römerzeit bereits ein Netz von Ver-
bindungsstraßen durch den Wienerwald gab, das zum Teil auch auf vorrö-
mischen Altwegen basierte. Und so wie überall im Römerreich – neben
den Straßen gab es auch Gräber.

Das „Römergrab" bei Au am Kracking wurde jahrzehntelang von den
Wienerwaldwanderern als Kuriosität angesehen („Wie kommt das da
her?"), weil es das einzige allgemein bekannte war. Als ich noch Führer im
Österreichischen Gebirgsverein war, zählte das „Römergrab" zu den ex-
quisiten Wanderzielen, und unser Führerobmann war bedacht, daß diese
Tour nicht zu oft geführt wurde, weil – „sie etwas Besonderes sein sollte!"

Tatsächlich hatte der stille Talgrund „Bei den Drei Wassern" mit dem urtümlichen Grabhügel noch jedesmal die Führungsteilnehmer in Hochstim-
mung versetzt. Nur – keiner wollte so recht glauben, daß in dem Hügel nicht
vielleicht doch noch ein anderes Grab oder gar ein Schatz verborgen sei …

In den Jahren 1927–29 führte das Bundesdenkmalamt eine Untersuchung der Hügelgräber des Wienerwaldes durch, und dabei wurde auch das „Römergrab" bei Au am Kracking ausgegraben. Es war ein schönes Grab mit einer steinernen gewölbten Grabkammer, mit einem Vorraum und gemauertem offenen Zugang. Die Wände waren getüncht und mit Pflanzenornamenten geschmückt. Aber das Grab war leer!

Der Hügel war schon lange vorher von oben geöffnet worden, wahrscheinlich von Grabräubern. Der Ausgräber Julius Caspart hatte aber auch noch eine andere Erklärung ... „Der schönste unserer Grabhügel, der bei den Drei Wassern, war fertig gebaut. Sein Besteller hauste auf seinem Hofe im Gerndl. Es war das Jahr 166 n. Chr. Da stürmten die Markomannen über die Donau herein, brachen den Festungsgürtel, zerstörten, was da römisch war, und jagten die Römer vor sich her. Damit fand die Zeit der Hügelgräber im nördlichen Wienerwald ihr Ende. Das Grab bei den Drei Wassern blieb leer."

Bei der Ausgrabung hatte man den ganzen Hügel abgetragen (also kein zweites Grab, kein Schatz darin!) und nachher wieder aufgeschüttet. Ein hölzernes Türl schützte den Eingang. Ein romantisches Römergrab. In den 60er Jahren wurde es restauriert. Jetzt schaut es wie ein Luftschutzbunker aus.

In ganz Niederösterreich soll es um die 300 römische Hügelgräber aus dieser Zeit geben. Wahrscheinlich sind es mehr. Sogar in allernächster Nähe des „Römergrabes" stehen noch andere 22 Grabhügel ...

... und zwischen Dornberg und Winten wurden bis jetzt mehr als 30 Grabhügel festgestellt, wovon die meisten entlang eines alten Römerweges aufragen. Entdeckt wurde diese Hügelgräbergruppe bereits im Jahre 1890 vom Pfarrer von Rappoltenkirchen – sie ist eine der eindrucksvollsten des Wienerwaldes ...

– und auf dem Troppberg gibt es 15 Grabhügel, in der Finsterleiten bei Rekawinkel sind es 7, und am Kohlreitberg gibt es 14 (wobei auf dem Deckstein einer Grabkammer die Namen einer 40jährigen Martia und eines 45jährigen Masclus eingehauen waren).

Ziemlich sicher meint man heute, daß die Toten dieser Gräber nicht in Dörfern, sondern in größeren Einzelhöfen gelebt haben. Keine sichere Antwort wurde bis jetzt auf die Frage gefunden, warum in der zweiten Hälfte des 2. Jahrhunderts die Brandbestattungen in Hügelgräbern ein Ende fanden. War tatsächlich – wie Julius Caspart vermutete – der Markomannenüberfall die Ursache? Es kann aber auch die Totenverbrennung von der Körperbestattung abgelöst worden sein – so wie es in Carnuntum jedenfalls um 200 n. Chr. geschah. Auch Bestattungsarten unterliegen im Verlauf der Zeit einem Wechsel. Noch in der ersten Hälfte des 20. Jahrhunderts galt bei uns – unter dem Einfluß der katholischen Kirche –

die Volksmeinung, daß jeder den Flammen übergebene Tote damit gleichzeitig von den ewigen Flammen der Hölle verschlungen werde ...

Außer dem Grabstein von Gablitz und dem Römerstein an der Laurentiuskirche wurden auch noch andere Steine von Grabdenkmälern gefunden. 1912 wurde am Ufer des Laabenbaches jenes Relief mit den zwei Genien gefunden, das sich jetzt in der Schule von St. Christophen befindet. Wann das Herkulesrelief mit den Seeungeheuern in den Langhauspfeiler der Kirche von Altlengbach eingesetzt worden ist, weiß niemand. Und wer weiß, wie viele solche Steine im Wienerwald noch in der Erde verborgen sind ...

I Von der Laurentiuskirche bei Markersdorf ist der Buchberg (469 m) in ca. ¹/₂ Stunde zu ersteigen; andere Aufstiegsmöglichkeiten von Johannesberg oder Burgstall. Die prähistorischen Wälle in einer Länge von mehr als 500 Metern wie auch eine Zisterne am Osthang sind noch gut erkennbar.

Die prähistorische Wallanlage auf dem Buchberg. Nach: Hans P. Schad'n, Hausberge und verwandte Wehranlagen in Niederösterreich, Wien 1953

Römergrab Au am Kracking: Von der Straße Preßbaum–Rappoltenkirchen zweigt nahe von Au ein bezeichneter Weg zum Hügelgrab ab. Gehzeit ca. ¹/₂ Stunde. Folgt man vom Römergrab dem nördlich bergan führenden Einschnitt, erreicht man nach ca. 300 Metern eine von den größeren Hügelgräbergruppen dieses Gebietes.

Die Hügelgräber am alten Römerweg bei Dornberg erreicht man von der Straße Dornberg–Hof, wo bei der Eichbergsiedlung der grünmarkierte Weg nach Burgstall abzweigt. Links vom Weg sind die Gräber (ca. 100 Meter nördlich der Straße).

Die Hügelgräber am Troppberg befinden sich 500 Meter nordöstlich der Rotte Riedanleiten, links vom grün bezeichneten Adolf-Samper-Weg auf den Troppberg.

Die Hügelgräber in der Finsterleiten bei Rekawinkel sind nicht mehr gut erkennbar.

Hügelgräber am Kohlreitberg: Eine Gruppe nördlich der Straße Hinterleiten (Eichgraben)–Neulengbach bei der Häusergruppe Götzwiesen, eine Gruppe südlich der Straße und 300 Meter östlich des Weilers Haag.

VON HEILIGEN WASSERN IM WIENERWALD

Das Klosterbrünndl am Riederberg

Beim Klosterbrünndl am Riederberg erwartet man eigentlich nur noch, daß ein ehrwürdiger Mönch mit einem Wasserkrug herbeigeschritten kommt ... sonst ist alles schon da für ein romantisches Stimmungsbild: der sprudelnde Quell, die malerische Kirchenruine und dahinter der Hochwald ...

In seiner Dissertation (1963) über die Besiedlung und Christianisierung des Wienerwaldes ist Franz Zarl der Meinung, daß das Klosterbrünndl eine alte Quellkultstätte sei. Er war in diesem Gebiet Hausherr ... 1957 war er Pfarrer in Ollern am Riederberg geworden. Und noch bis in die Mitte des 20. Jahrhunderts sind seine Pfarrkinder in trockenen Zeiten zu dem Brünndl gegangen und haben mit einem Stock in dem Wasserbecken gerührt. Daraufhin soll es alsbald geregnet haben.

Jenseits der Donau gab es einst das sogenannte „Brünndlräumen". Bei Dürre wurden drei Jungfrauen auserwählt, welche drei um den Ort liegende Quellen vom Schlamm reinigen mußten. Bis in die Zeit um 1700 waren die Jungfrauen dabei nackt (wobei allerdings ein altes Weib als Anstandsdame scharf aufpaßte, daß ja kein Mann irgendwo im Gebüsch versteckt war). Selbstverständlich wurde auch vom Brünndlräumen erzählt, daß es nachher immer geregnet hat (wann nachher – das wurde allerdings nicht gesagt).

Brünndlräumen und Brünndlrühren gelten als Relikt eines bis in die Vorzeit zurückreichenden Regenzaubers. Es ist naheliegend, daß in den mit solchen Bräuchen verbundenen Quellen alte Quellkultstätten gesehen werden.

Das Kloster, dem das Klosterbrünndl seinen Namen verdankt, ist im Jahre 1456 gegründet worden. Vorher befand sich dort eine dem heiligen Laurentius geweihte Kapelle, über deren Entstehungszeit nichts bekannt ist. Die Geschichte des Klosters „Zu Unserer lieben Frau und St. Laurentius im Paradeys" ist kurz und unheilvoll. Im Jahre 1509 brannten Kirche und Kloster ab; ein Mönch, welcher unter dem Hochaltar Schutz gesucht hatte, verbrannte mit. 1529 kamen die Türken, metzelten die Mönche nieder und warfen sie in die Flammen des neuerrichteten und schon wieder brennenden Klosters. Der auf einem glühenden Rost gemarterte Laurentius hat als Feuerpatron seinem Kloster „im Paradeys" nicht sehr geholfen.

Das Kloster ist nicht mehr aufgebaut worden. Geblieben sind die Ruinen – und das „Klosterbrünndl".

Der Glaube an die reinigende und wundersame Kraft des Wassers ist uralt. Tauf- und Weihwasser sind auch heute noch in christliche Kulthandlungen integriert, und viele alte Quellkultplätze sind zu christlichen Wallfahrtsstätten geworden. Was allerdings nicht heißt, daß alle die vielen Gnadenbrünndln einst heidnische Quellkultstätten waren. Oft sind es nur Angebote auf die Nachfrage: Ab dem 18. Jahrhundert ist das Volk so gnadenwassersüchtig geworden, daß viele Quellen nahe von Kapellen oder Kirchen ganz einfach zu Gnadenbrünndln ernannt worden sind.

Daß unser Klosterbrünndl mit dem Regenzauber bis ins 20. Jahrhundert verbunden blieb, spricht wohl für eine alte Quellkultstätte. Die kleine Laurentiuskapelle ist wahrscheinlich später dazugebaut worden, um diese zu christianisieren. Das Wasser wird also wahrscheinlich den Menschen zuallererst in diesen stillen Waldwinkel gezogen haben, dieses klare frische Wasser, das noch immer munter aus der Quelle sprudelt –„rechtsdrehendes Wasser", wie jetzt Geomanten festgestellt haben, also besonders guttuendes Wasser.

Wie jedoch ein altes und einst viel besuchtes Quellheiligtum verkümmern kann, wenn es wasserlos geworden ist, das zeigt sich drastisch in dem vom Klosterbrünndl nicht weit entfernten Mariabrunn am Rande Wiens.

Mariabrunn

Das ist die Ursprungslegende: Nach dem Tode des Ungarnkönigs Stephan I. des Heiligen im Jahre 1038 kam dessen Witwe Gisela nach Wien, erkrankte und wurde wieder gesund, nachdem sie das Wasser aus einem Brunnen im Wiental getrunken hatte, in dem eine Marienstatue lag. Sie ließ bei dem Brunnen eine Kapelle bauen und die Statue darin aufstellen … Mariabrunn.

Hundert Jahre später brachten Tempelritter die Statue in ihre Schloßkirche auf dem Georgenberg bei Purkersdorf, wo sie bis zur Auflösung des Ritterordens im Jahre 1312 verblieb. Einige Zeit war sie in der Kirche von Weidlingau; dann wurde sie von Truppen des Matthias Corvinus wieder in den Brunnen geworfen, wo sie erst im Jahre 1490 von Soldaten Maximilians I. wiedergefunden und in eine neuerrichtete Kapelle gebracht wurde …

Solche Geschichten von im Wasser gefundenen Kreuzen oder Marienbildern werden von vielen Quellen und Brunnen erzählt, und sie alle wurden erfunden, um das „heidnische Wasserbeten" in christliche Bahnen zu lenken.

Die Umwandlung von Wasser einer heidnischen Kultquelle in christliches Weihwasser haben meine Frau und ich sehr eindrucksvoll auf unserer Alpendurchquerung im Jahre 1984 erlebt.

Als wir im Bergland südlich von Matterhorn und Montblanc zum in 2665 m Höhe gelegenen Oratorio di Cuney – einer Wallfahrtskapelle aus dem 18. Jahrhundert – kamen, fand dort das alljährlich am 5. August gefeierte Fest der „Madonna della Neve" statt. Etwa 600 Bergbauern aus dem Aostatal hatten sich versammelt, und nach einer vom Bischof dieses Gebietes zelebrierten Messe vor dem Santuario zogen alle zu einer in einem düsteren Talkessel entspringenden Quelle. „Sie befinden sich hier an einem keltischen Quellheiligtum!" hatte uns einer der Wallfahrer gesagt, Prof. Damien Daudry, Präsident der „Société de Recherches et d'Etudes préhistoriques alpines d'Aoste".

Bei der Quelle nahm nach einem kurzen Gebet der Bischof das Prozessionskreuz und warf es in das Quellbecken, schöpfte dann mit beiden Händen Wasser und besprengte damit die Gläubigen. Worauf diese ein Kreuzzeichen schlugen und dann hastig zu dem aus der Quelle fließenden Bächlein eilten, um das Wasser zu trinken oder sich damit die Augen zu benetzen oder es in große Flaschen zu füllen. Das Quellwasser war zu Weihwasser geworden. Erst nachdem alle von dem Wasser geschöpft hatten, zog der Bischof das Kreuz wieder aus dem Becken. Nunmehr floß es wieder als gewöhnliches Wasser zu Tale …

Fragwürdig war in der Mariabrunn-Legende schon immer die angebliche Verlagerung der Marienstatue in die Templer-Schloßkirche auf dem Georgenberg bei Purkersdorf. Dort oben gab es weder ein Schloß noch eine Kirche, noch lassen sich die Templer in diesem Gebiet nachweisen (wahrscheinlich wurden diese mit dem Deutschen Ritterorden verwechselt, an den noch heute der Deutschwald bei Purkersdorf erinnert).

Der Georgenberg ist vom Tal aus gesehen eine markante Kuppe über dem Eingang in den Naturpark „Sandstein Wienerwald". Es führt kein markierter Weg hinauf, es geht auch niemand hinauf. Doch vor kurzem haben Heimatforscher auf seiner Höhe eine keltische Siedlung lokalisiert. Es wurden auch Funde gemacht … zwei keltische Silbermünzen, eine vier Zentimeter hohe bronzene Reiterfigur. An der Nordseite des Gipfels ist ein deutlich erkennbarer Wallgraben, an seinem Rand eine tiefe Grube. Eine Zisterne?

Für eine länger bewohnte Siedlung auf dem Georgenberg bei Purkersdorf fehlen dort die vielen an der Bodenoberfläche zutage tretenden Scherben. War es nur eine Zufluchtsstätte? Oder war es mehr?

Georgenberge sind immer kultplatzverdächtig. St. Michael oder St. Georg haben schon vielen Bergen den Namen gegeben, welche vorher vorchristliche Heiligtümer trugen (wie zum Beispiel dem Georgenberg bei Micheldorf, OÖ, oder dem Georgenberg bei Kuchl, Salzburg, auf denen

keltische Heiligtümer waren). Für ein vorchristliches Heiligtum auf dem
Georgenberg bei Purkersdorf würde auch seine Einbeziehung in die Mariabrunn-Legende sprechen – sozusagen als eine nachträglich vorgenommene Christianisierung des Heidenberges. Jedoch: Gegen ein Bergheiligtum sprechen die radiästhetischen Mutungen, welche auf diesem
Berg justament keine der sonst an heiligen Plätzen feststellbaren Strahlungen anzeigen. (Was jedenfalls als Beweis dafür gelten darf, daß die
Wünschelrute keineswegs nur das anzeigt, was der Rutengänger aus seinen Überlegungen von ihr erwartet!)

Kloster und Wallfahrtskirche Mariabrunn sowie das danebenstehende
Brunnenhaus stammen aus dem 17. Jahrhundert. Die Gnadenstatue, die
jetzt auf dem Hochaltar steht, ist ein Werk aus der Mitte des 15. Jahrhunderts. Die Legende in ihrer jetzigen Fassung entstand in der Zeit der Gegenreformation aus dem Bestreben, die Brünndlverehrung des Volkes
auch dadurch in eine intensivere Marienverehrung umzuwandeln, indem
man der Statue ein höheres, ehrwürdigeres Alter zusprach.

Überhaupt wollte die Kirche dem alten Quellkult und der naiven
Brünndlverehrung einen neuen Sinn geben. Abraham a Sancta Clara, der
1662 im Kloster Mariabrunn als Augustinermönch eingekleidet wurde,
sagte es 1673 in einer seiner berühmten Predigten:

> „Wer rein will seyn vom Sündenschleym,
> der suche diesen Brunnen heim!"

Doch Mariabrunn blieb weiterhin ein Naturheiligtum. Bauern, vor allem Weinhauer, nahmen bei ihren Wallfahrten Wasser von dem Brunnen
mit, um damit die Fluren zu besprengen, was deren Gedeihen fördern
und vor Schäden bewahren sollte …

> „Frauenkäferl, Frauenkäferl,
> flieg nach Mariabrunn.
> Bring uns heute,
> bring uns morgen
> a recht a schöne Sunn!"

heißt es in einem alten Kinderlied. Und natürlich ist kein Wallfahrer (auch
Maria Theresia nicht) an dem Brunnen vorbeigegangen, ohne daß er „zu
seinem größten Nutzen" daraus trank.

Für die Altwiener ist das nahe der Stadt gelegene Mariabrunn vor allem deswegen sehr beliebt geworden, weil es nicht nur ein Wallfahrtsort
war, sondern auch ein schönes Ziel für einen Ausflug in die Natur. Am
8. September – Maria Geburt – fand immer das Kirchweihfest statt, bei
dem (wie Adalbert Stifter erzählt) zehn- bis fünfzehntausend Menschen
auf der Wiese vor der Kirche gelagert haben … „Hiebei sind die noch nicht
gerechnet, welche in den Wirtshäusern und auf den Rasenplätzen der her-

umliegenden Orte zerstreut sind, und auch die nicht, welche Mariabrunn gar nicht erreichten, sondern schon im Brauhause zu Hütteldorf kleben blieben." Es waren für die damalige Zeit gigantische Menschenmassen, welche an diesem Tag nach Mariabrunn zogen.

Heute kommen nur noch ganz wenige Wallfahrer nach Mariabrunn. Es ist still geworden um jene Kirche, an deren „Gnaden-Tempelsschwelle unter den zärtlichsten Umarmungen und Thränen aller Anwesenden" (so heißt es zumindest in der Gedenkinschrift) Kaiser Joseph II. von Papst Pius VI. Abschied genommen hatte, nachdem ihn dieser in Wien vergeblich zur Aufgabe der Kirchenreform bewegen wollte. Keine einzige Devotionalienbude auf dem Kirchenplatz, wo einst acht Wachszieher nicht den Bedarf der „Kirchfahrer" nach Wachsmotiven decken konnten. Und kein Tropfen Wasser kommt mehr aus dem trockengelegten Ursprungsbrunnen, dessen Pumpenschwengel lahm und überflüssig geworden ist.

Freilich, mit der Wünschelrute läßt sich das Wasser noch immer feststellen. Es ist noch da, aber es soll nicht mehr trinkbar sein ... seit der Wienflußverbauung und durch die allgemeine Bautätigkeit ist das Grundwasser nicht mehr das gleiche wie zu Giselas oder Maximilians Zeiten ...

Die Frage, warum Mariabrunn als Wallfahrtsort so stark abgekommen ist, wird schon längere Zeit gestellt. Noch immer steht in Mariabrunn das alte Gnadenbild auf dem Hochaltar. Doch Wallfahrtsorte werden vom Volksglauben getragen, und der ist manchmal recht eigensinnig ... ein Mariabrunn ohne Brunn ist nicht mehr ein Mariabrunn!

Große Überraschung in Kleinmariazell

„Bescheiden und versteckt wie ein Waldveilchen, das gesucht werden muß" (so heißt es in einer älteren Beschreibung), liegt die ehemalige Benediktinerabtei Kleinmariazell im Wienerwald. Cella S. Mariae, Alt-Zell, Mooren-Zell, Zell im Walde, Mariazell in Österreich nannte man sie einst; erst im 19. Jahrhundert wurde sie zu Kleinmariazell – obwohl die 1136 gegründete Abtei älter ist als das erst 1157 entstandene hochberühmte steirische Mariazell.

Als Gründer des Klosters werden die Brüder Heinrich und Rapoto von Schwarzenburg genannt, welche lange Zeit verfeindet waren, dann aber einander trafen, sich versöhnten und dabei auch beschlossen – so erzählt die Legende – an dem Platz dieses Treffpunktes als Dank ein Kloster zu erbauen.

Dieses Kloster brannte einige Male ab, wurde dreimal von Ungarn und dreimal von den Türken zerstört, immer wieder aufgebaut, im 18. Jahrhundert barockisiert, wobei es von Johann Bergl 1764/65 einen herrlichen

Freskenschmuck erhielt. Doch kaum waren diese Fresken richtig trocken,
hob im Jahre 1782 Kaiser Joseph II. das Kloster auf.

Still wurde es in dem Waldtal. Nur ab und zu zweigten einige der nach
Mariazell ziehenden Wallfahrer von der „Via sacra" ab, um auch diesen
Gnadenort aufzusuchen, von dem es in einem 1694 erschienenen Büch-
lein heißt: „In diesem Closter wird auch andächtiglich verehrt ein aus
Holtz geschnitztes unser Frauen-Gnaden-Bild, welches ehe die Welt-
berühmte Wallfahrt zu Zell in Steurmarck ihren Anfang genommen nit
allein von der Haupt-Stadt Wienn sondern von allen herumbligenden Or-
then processionaliter besucht worden." In letzter Zeit waren es nur noch
die Kunstfreunde, welche nach Kleinmariazell kamen, um die zwei
romanischen Portale zu besichtigen, vor allem aber die luftig-duftigen
Bergl-Fresken...

Diese Fresken waren es auch, die zu einer kulturgeschichtlich recht be-
deutsamen Entdeckung führten.

Die Fresken begannen sich abzulösen, brauchten dringendst eine Renovierung. Dafür mußten vorher die Grundmauern trockengelegt werden. Als man dabei im Frühjahr 1995 etwas in die Tiefe grub, stieß man
auf ältere Mauern. Neugierig geworden grub man noch tiefer ...

... und im Frühjahr 1996 war bereits der ganze Kirchenboden offen und
zur archäologischen Ausgrabungsstätte geworden!

Die vom Bundesdenkmalamt unter der Leitung von Josef Offenberger
durchgeführten Grabungen brachten überraschende Ergebnisse:

• Es wurden die Gebeine der Brüder Heinrich und Rapoto gefunden, mit
  einer Ziegelplatte, welche das Datum 13. Mai 1609 meldet für ihre
  Wiederbestattung nach dem Neuaufbau des Klosters (fast achtzig
  Jahre nach der Zerstörung durch die Türken im Jahre 1532).

• Es wurden unter dem Kirchenboden bis jetzt über 250 Bestattungen ausgegraben, von denen einige noch aus der Zeit vor der Klostergründung
  stammen.

• Man fand in der Tiefe eine Quellfassung (Mooren-Zell!) und einen
  Baumstrunk, dessen Holz sich noch so gut erhalten zeigt, als wären seit
  der Schlägerung erst wenige Jahre verstrichen. Baum und Quelle – es
  wird angenommen, daß sich an diesem Platz vor der Klostergründung
  ein vorchristliches Naturheiligtum befand.

Somit haben diese Ausgrabungen auch den wahren Kern der Sage von
den zwei feindlichen Brüdern und Klostergründern bestätigt. Denn – so
formulierte es der Diakon von Kleinmariazell, Prof. Dr. Franz Eckert: „Die
zwei werden sich bestimmt nicht irgendwo im Wald versöhnt haben."
Die Brüder hatten einen besonderen Ort als Treffpunkt gewählt – und das
war wohl das schon seit langer Zeit bestehende Heiligtum. Darüber wurde dann – so wie es in dieser Zeit üblich war – das christliche Gotteshaus

erbaut, für das, so wie bei den meisten christianisierten alten Quellkultstätten, die Heilige Maria die Patronanz übernehmen mußte ... Mariazell!

In welcher Zeit das Naturheiligtum entstanden ist, läßt sich nicht sagen, doch wird es bei unserem Mariazell im Wienerwald genauso gewesen sein wie bei Mariazell in der Steiermark, wo vor der Gründung im
Jahre 1157 die Menschen noch – wie es in einem Mirakelbuch aus dem 17.
Jahrhundert heißt – „in blinder Heydenschaft" lebten.

Die Magie dieses Platzes wird auch von radiästhetischen Untersuchungen bestätigt, welche im Kirchenschiff (besonders im vorderen linken Teil
bei dem Baumstrunk) stark positive Strahlungen feststellen. Als christlicher Wallfahrtsort blieb Kleinmariazell weiterhin einer alten Kulttraditi-
on verhaftet, und die vielen Bestattungen dürften wohl auf die Meinung
zurückgehen, daß es auch ein guter Platz für die Ewige Ruhe sei.

Daß sich das in einem Hinterwinkel des Wienerwaldes verborgene
Kleinmariazell auch als vorchristlicher Kultort erwies, war eine Überraschung des Jahres 1995. Das hat aber auch finanzielle Probleme gebracht,
denn die bereitgestellten Geldmittel hätten nur für die Renovierung der
Fresken mit der Himmelfahrt und Himmelsglorie Marias gereicht. Jetzt
verschlingt sie die überraschend aufgetane Unterwelt. Die schon für die
Freskenrenovierung aufgestellten Gerüste wurden wieder abgetragen ...
und der Himmel muß warten!

I Klosterbrünndl am Riederberg: Von Ried führt ein blaubezeichneter Weg
zur Klosterruine (Gehzeit ca. 20 Minuten). Auch von der Riederberghöhe
führt ein Weg dorthin. Oder man steigt von der großen Klosterkurve an
der Bundesstraße 1 über eine Wiese direkt zur blauen Markierung ab
(dann sind es nur ca. 5 Minuten bis zur Ruine).

Wallfahrtskirche Mariabrunn: An Sonn- und Feiertagen ist nach der
Zehn-Uhr-Messe auch eine Besichtigung der Wieskapelle möglich, in der
auf sieben Barockgemälden die Ursprungslegende dargestellt ist, und wo
es außerdem eine als Krippe und hl. Grab zu verwendende Barockbüh-
ne zu sehen gibt. In der Sakristei noch einige alte Votivbilder.

Georgenberg bei Purkersdorf: Von der Bahnstation Purkersdorf-Gablitz
über die Wienflußbrücke zum Eingang in den Naturpark. Vom Rundwanderweg Nr. 4 führt gleich am Beginn (links vom Tal) ein sehr steiler
unmarkierter Weg direkt hinauf zur Kuppe des Berges mit dem Vermessungszeichen. Gehzeit: ca. $^1/_2$ Stunde.

Drei Näpfchen beim „Hängenden Stein"

Der „Hängende Stein" bei Unterkirchbach ist für diesen Teil des Sand-
steinwienerwaldes – alles ist relativ – ein wahrhaftig imposantes Felsgebilde. Unterhalb von ihm überfällt den Wanderer das Gefühl, daß dieser
förmlich in der Luft schwebende Riesenblock im nächsten Augenblick
herunterkrachen kann …

Viele Schauergeschichten wurden um den „Hängenden Stein" erzählt,
was dann auch zu der Annahme führte, daß er ein heidnischer Opferstein
gewesen sein könnte. Es gibt aber auch Skeptiker, welche sagen, daß er
kein Opferstein war – was allerdings ebenfalls nur eine Annahme ist.

Der „Hängende Stein" befindet sich knapp unterhalb einer Kuppe, welche wie eine Kanzel über dem sich zum Tullnerfeld hin verbreiternden
Tal erscheint. Ohne die jetzt dichte Bewaldung muß der Stein einst weithin sichtbar gewesen sein, ein unübersehbarer markanter Punkt. Und hier,
wo die Alpen mit ihren letzten Kuppen an der Donau enden, verlief auch
zur Römerzeit die Grenze zwischen den Provinzen Noricum und Pannonien, und im Mittelalter die Ostgrenze des Passauer Bistums. In einer Urkunde aus dem Jahre 985 wird ein „Hangintenstein" genannt, den man
lange Zeit im Burgfelsen von Greifenstein sehen wollte, der aber höchstwahrscheinlich unser Stein ist.

Ganz nahe von ihm ist noch parallel neben der heutigen, über Königstetten nach Tulln führenden Straße, die Trasse der alten Römerstraße zu
erkennen (der blaubezeichnete Wanderweg führt ein Stück über sie dahin). Und in Unterkirchbach ist noch ein aus dem 12. Jahrhundert stam-
mender Hausberg (siehe Seite 123) gut erhalten. Der „Hängende Stein"
stand also nie weltabgeschieden in der Gegend.

An dem heute unter Naturschutz stehenden Stein haben Menschenhände schon so viele Verewigungen hinterlassen, daß jetzt nicht
mehr feststellbar ist, ob auch alte Zeichen darunter sind. Als Kultplatz
wäre der Stein allerdings nicht sehr geeignet gewesen, weil er in einem
Steilgelände steht. Als kultischer Versammlungsplatz hätte sich die
Hügelkuppe über dem Stein besser geeignet. Radiästhetische Mutungen
ergaben, daß der Stein wie auch der Hügel „starke Plätze" sind.

Der Heimatforscher Oliver Stummer, der sich diesem Teil des Wienerwaldes besonders verbunden fühlt, hat den (jetzt eingezäunten) Hügel
näher untersucht und dabei auf einem Felsblock eine Art Schale entdeckt
(über Schalensteine siehe Seite 83).

Es ist eher eine Vertiefung, wie sie bei der Ausschabung von Steinpulver entstehen und die – wenn sie an Kirchenwänden sind – Wetzrillen

genannt werden. Doch eine Überraschung erlebten wir dann, als wir die kompakte Moosschicht seitlich der Vertiefung entfernten und dort drei sauber ausgeriebene und dicht nebeneinanderliegende Näpfchen entdeckten.

Kein Wanderer und Besucher des „Hängenden Steins" hätte sich an dem kleinen Felsen der darüberliegenden Kuppe durch Ausreiben dreier Näpfchen verewigt. Diese müssen schon vor längerer Zeit entstanden sein, und sie dürfen wohl als ein Beleg dafür gelten, daß der „Hängende Stein" mitsamt der Kuppe einst doch kultische Bedeutung hatte.

Oliver Stummer hat in der nächsten Umgebung des „Hängenden Steins" noch andere seltsame Steingebilde entdeckt, runde Steinplatten, welche man Steintische oder auch Mahlsteine benennen mag. Geht man von der Voraussetzung aus, daß aus jedem größeren Sandsteinfelsen dieses Gebietes Steine für profane Zwecke gebrochen worden sind, dann müßten sich diese Steinplatten (als unvollendete oder vergessene Werkstücke) logischerweise nächst diesen Steinbruchfelsen befinden. Das tun sie aber nicht. Sie liegen tief unten in den Waldschluchten in der Sohle eines Bachbettes, so daß der Eindruck entsteht, man habe sie von irgendwo entfernt und voll Übermut (oder Wut?) in die Tiefe gerollt. Ob zwischen diesen Steinplatten und dem „Hängenden Stein" eine Beziehung besteht?

Daß der in seiner Form absonderliche, sehr beeindruckende und weithin sichtbare „Hängende Stein" von den Menschen von einst – welche bei gewissen Steinen, Bäumen, Quellen und auf besonderen Höhen ihre Stätten der Verehrung hatten – unbemerkt geblieben war, das hatten wir uns nie vorstellen können. Und so haben wir ihn recht oft aufgesucht und immer mit der Hoffnung, dort doch etwas Konkretes zu finden, was unsere Vermutung bestätigen könnte. Wir haben uns wie kleine Kinder unterm Christbaum gefreut, als wir die drei Näpfchen auf dem bemoosten Stein fanden.

 „Hängender Stein": Von der Straße Scheiblingstein–Königstetten abzweigend, die Straße nach Unterkirchbach bis zur großen Kurve. Ca. 30 Meter über ihr zweigen in Richtung Tullnerfeld drei unmarkierte Wege ab; man folgt dem mittleren und erreicht nach ca. 250 Metern den Felsen (Rastbank davor). Der Näpfchenstein befindet sich an der Talseite des jetzt eingezäunten Hüges neben dem „Hängenden Stein".

St. Andrä-Wördern:
Kein Awarenring am Kumenberg!

„Hier erstürmte Carl der Große einen Ring der Avaren 791" – so steht's auf einer vom NÖ. Landesausschusse 1876 gestifteten Gedenktafel an der Straße durchs Hagental unter dem Kumenberg.

Schon lange bevor sich die Wissenschaft mit den vor- und frühgeschichtlichen Erdwerken beschäftigte, hatte sich die Phantasie des Volkes an solchen entzündet. In unserem Donauland galt jeder Erdwall als Türken- oder Schwedenschanze – oder als Awarenring. An Awarenringen waren vor allem die Schatzgräber interessiert, denn – so hieß es – in ihnen hatten die wilden Reiter auch ihre Schätze vergraben …

Diese Awarenringe sind ein Phänomen wie etwa das Ungeheuer von Loch Ness. Obwohl es sie nie gegeben hat, geisterten sie bis in die Mitte des 20. Jahrhunderts durch die historische und heimatkundliche Literatur. „Selbst von so unwahrscheinlichen Blüten, wie einem Awarenring, der vom Kamp bis gegen Stockerau reichte, kann man lesen", berichtete der Frühgeschichtsforscher Herbert Mitscha-Märheim.

Sogar in der Schule hatte man uns von den Awarenringen erzählt, und damals in den 30er Jahren waren wir von der 3A-Klasse der Hauptschule Pyrkergasse fest davon überzeugt, im Wiener Türkenschanzpark einen solchen entdeckt zu haben (es war ein ehemaliges, nicht wieder bepflanztes Rosenrondeau!). In der Nacht wollten wir – ganz geheim – den Schatz darin suchen. Es gab Schwüre, nichts davon weiterzusagen, und mit Unterschrift hatten wir auch dem Entdecker des Awarenringes – er hieß Ernstl Koliha und ist im Krieg gefallen – die Hälfte des Schatzes zugesichert. Leider kam es nicht zur Bergung. Abgesehen davon, daß uns die Eltern wohl kaum in der Nacht zu einer Schatzsuche hätten losziehen lassen, gelang es uns Großstadtkindern auch nicht ums Verrecken, einen Krampen und eine Schaufel fürs Schatzgraben aufzutreiben …

Mitscha-Märheim berichtet auch, wie die Fabel von den Awarenringen entstanden ist. Ein alter Krieger, der unter Karl dem Großen die Awarenfeldzüge mitgemacht hatte, erzählte einem Knaben seine Kriegserlebnisse, erzählte von eroberten Festungsringen mit 100 Kilometern Durchmesser und sonst noch allerlei Flunkereien. Der Knabe wurde später Mönch zu St. Gallen, schrieb Ende des 9. Jahrhunderts das alles brav nieder, und dies (weil's geschrieben war) galt dann jahrhundertelang als historische Quelle. Mitscha-Märheim: „Weder Hunnen noch Awaren kannten Burgen im westlichen Sinn. Der flüchtig errichtete Hag, der leichtvergängliche Holzverschlag, die Palisade, die Wagenburg genügten den

Vorhergehende Seite:
Auf der Siedlungsterrasse
von Ur-Wien auf dem
Leopoldsberg

Links: Vindobona heute ...
ein Stück Kastellmauer in der
Auslage eines Wäschegeschäft
und der Eingang zu den Römi
schen Ruinen am Hohen Markt

Rechts: Die Frau ohne Gesicht
im Heimatmuseum Brunn/
Gebirge

Ausblick vom Weißen Stein bei Perchtoldsdorf zum in der Urzeit besiedelten Hochberg (die bewaldete Kuppe in der Bildmitte)

Der „Hängende Stein" bei Unterkirchbach

Reitervölkern als Grenzschutz oder Sperre gegen anrückende Feinde."

Obwohl die Awaren an die zwei Jahrhunderte lang unser Land beherrschten, wissen wir von ihnen selbst sehr wenig. Doch zwei Fakten sind interessant. Ihre über unser Donauland herrschenden Fürsten trugen den Titel *Tudun,* und genauso nannten sich auch die Provinzgouverneure im chinesischen Kaiserreich und alle Fürsten Zentralasiens. Soviel über die Ausdehnung des Lebens- und Kulturraumes, dem auch die Awaren zugehörig waren. Wenig bekannt ist außerdem, daß die Awaren nicht aus eigener Initiative in den Donauland einbrachen, sondern von den byzantinischen Kaisern engagiert wurden, die ihnen gefährlich scheinenden Barbaren an der Nordgrenze ihres Reiches zu besiegen und zu unterjochen. Was ihnen auch gelang.

Die Awaren waren Söldner für Land und Gold. Das Gold haben sie freilich nicht im eroberten Land rauben können, weil die Leute dort arme Teufel waren; das Gold haben sie von den Byzantinern zuerst bekommen und später gefordert und erpreßt (woraus dann die Geschichten von den sagenhaften Schätzen der Awaren entstanden sind). Und weil der Mensch nicht vom Gold leben kann, und weil aber die Awaren keine Bauern waren, haben sie das eroberte Land von der noch verbliebenen Bevölkerung und später von eingewanderten Slawen bebauen lassen. Die Awaren waren ein Reitervolk, sie haben nichts bebaut und gebaut. Sie haben nur ihre Gräber hinterlassen und die Awarenringe ... und die stammen nicht von ihnen!

Von all den angeblichen Awarenringen ist der auf dem Kumenberg bei St. Andrä der berühmteste. „Az haga Huno Chumiberg" (Am Hunnenhag am Chumiberg) heißt es in den Lorcher Annalen über den Tod des Bischofs Angilram aus Metz, der 791 an dem Feldzug Karls des Großen teilgenommen hatte und an der bei der Erstürmung einer awarischen Grenzsperre zugezogenen Verwundung starb. Diese kleine Notiz hat dazu geführt, daß der Kumenberg in Österreichs vaterländischer Literatur immer mehr zu einem gewaltigen Awarenbollwerk anwuchs, zu einem großen Ort der Auseinandersetzung zwischen West und Ost, Christentum und Heidentum, wurde.

In Wirklichkeit befand sich auf dem Kumenberg kein Awarenring, und bisher wurde dort oben auch kein Fund geborgen, der den Awaren zugeschrieben werden könnte, und auch nichts, was an hier stattgefundene Kämpfe erinnerte. Der *haga huni* (huni = Hunnen, so nannte man damals auch die Awaren) befand sich wahrscheinlich irgendwo im Tullnerfeld.

Auf dem Kumenberg haben jedoch schon im 3. Jahrtausend v. Chr. Menschen gehaust, und etwa 1600 v. Chr. ist das dreieckige Bergplateau zu einer befestigten Siedlung ausgebaut worden. Wo waren da noch die Awaren?

Imponierend ist noch immer der etwa 30 Meter breite und 4 Meter hohe Graben vor dem Gipfeldreieck (Seitenlänge etwa 70 Meter), imponierend ist auch, wie geschickt man damals natürliche Geländeformen durch Abböschen und Aufschütten genützt hat. Im 19. Jahrhundert sollen auf dem Gipfeldreieck noch mittelalterliche Mauerreste zu sehen gewesen sein – jetzt sind sie verschwunden. Es wurden junge Bäume gepflanzt, und in der dafür ausgehobenen Erde stecken Keramikscherben aus den verschiedensten Zeiten und von Menschen, welche auf dieser Höhe einmal gelebt haben und Ausschau hielten nach Feinden oder auch nur, ob nicht bald wieder die Sonne aus den Wolken hervorkommt. Es ist ein stimmungsvoller Platz, dieser Kumenberg.

Die urzeitliche Siedlung reichte zeitweise auch über den Wallgraben hinaus – was Funde beweisen. Diese beweisen, so wie fast überall, auch hier, daß die Völker der Vorzeit eigentlich recht tolerant waren. Es zeigt sich immer ein Verschmelzen alter Kulturen mit neuen, nie ein abrupter Bruch, der auf eine Vertreibung schließen läßt. Später haben die Römer wohl die Kelten von ihren Höhensiedlungen ins Tal geholt – aber auch unter ihrer Herrschaft gab es beiderseitige Anpassung. Zu richtigen Verfolgungen und Vertreibungen kam es erst im christlichen Abendland.

Unterhalb des Kumenberges befindet sich an der aus dem Tullnerfeld nach Klosterneuburg führenden Straße eine Quelle, die „Römerquelle" genannt wird, weil schon die auf dieser einstigen Limesstraße dahinziehenden Römer sich an ihr gelabt haben. Das war vor mehr als 1500 Jahren. Und seit etwa 5000 Jahren haben bereits die Siedler vom Kumenberg von ihr das Wasser geholt. Lang erscheint uns die Zeit, die seit der Römerzeit vergangen ist – aber dreimal so lang ist jene, die uns von den ersten Bewohnern des Kumenberges trennt!

Im Jahre 1821 wurde die Quelle in Stein gefaßt, und diese Fassung schaut – typisch für die Zeit des Klassizismus – eher wie das Portal eines Mausoleums aus. Damals wurde ihr auch das holprige, heute schon fast verblichene Verserl verpaßt:

> „Wenngleich der Wein erfreut des Menschen Herz und Sinn
> So ist doch viel gesünder ein Trunk von dieser Wasserrinn."

I Die Römerquelle befindet sich an der von St. Andrä nach Klosterneuburg führenden Straße, und zwar etwas oberhalb vom Eingang in die Hagenbachklamm und an der Abzweigung der Straße nach Hintersdorf. Etwa 30 Meter oberhalb der Kreuzung zweigt von der Klosterneuburger Straße links ein bergan führender Feldweg ab, der entlang des Waldrandes in ca. 5 Minuten zum Wallgraben des Kumenberges bringt.

KLOSTERNEUBURG:
DUNKLER JAHRHUNDERTE STEINERNE SPUREN

Markgraf Leopold der Heilige stand mit seiner soeben angetrauten Frau Agnes auf dem Söller der Burg auf dem Leopoldsberg, als ein Windstoß ihr den kostbaren Brautschleier entführte. Neun Jahre später fand Leopold den Schleier an einem Holunderbaum hängend und beschloß spontan, an dieser Stelle Stift Klosterneuburg zu gründen. Diese schöne Legende ist eine Erfindung. Im Jahre 1106 – als Leopold und Agnes geheiratet hatten – stand auf dem Leopoldsberg noch keine Burg.

Die Babenbergerburg stand in Klosterneuburg auf den Ruinen eines Römerkastells, von dem man bis heute nicht weiß, wie es hieß. Fotogene Reste der 1977–79 aufgedeckten Palastmauer mit Balkon von der Babenbergerburg sowie spärliche Fragmente der Römermauer darunter sind auf dem Stiftsplatz zu sehen. Ungewiß ist auch, ob Markgraf Leopold tatsächlich der Gründer Klosterneuburgs ist; Tatsache ist, daß er anstelle eines schon älteren Gotteshauses die heutige Stiftskirche erbauen ließ.

Spuren hat auf diesem Plateau über der Donau bereits der Mensch der Jungsteinzeit hinterlassen. Und ein höchst origineller römerzeitlicher Fund wurde erst vor wenigen Jahren (1982) im Kuchlhof des Stiftes gemacht: Aus einer spätrömischen Zisterne aus dem 5. Jahrhundert konnte man mehr als 20 Grabsteine und Architekturteile aus dem 2. Jahrhundert n. Chr. bergen, welche, in Quader zerteilt, als Bausteine für den Schacht verwendet worden sind. Jetzt kann man sie im Lapidarium des Stiftsmuseums besichtigen. Diese Sammlung von zerschnittenen und sorgsam wieder zusammengefügten Römersteinen bietet einen seltsamen Anblick.

Einer der Grabsteine zeigt als Relief Vater, Mutter und drei Kinder, und aus der Grabinschrift hat man die ganze Geschichte dieser Familie herausgelesen. Vater Ulpius Avitus hatte nach 25 Dienstjahren im Hilfstruppenlager den Abschied erhalten, wurde mit dem römischen Bürgerrecht privilegiert, heiratete die Einheimische Victorina und hatte mit seiner Familie dann in dem Lagerdorf neben dem Kastell gewohnt. Im Alter von 75 Jahren (für die damalige Zeit ein hohes Alter) ist er gestorben, seine Frau mit 40 Jahren. Die Kinder sind nicht so alt geworden. Die Töchter Superia und Avita starben im Alter von 6 und 8 Jahren, Sohn Emeritus starb mit 6 Jahren. Tochter Victoria hat ihren Eltern und Geschwistern den Stein setzen lassen. Sie hätte es sich wahrscheinlich nicht vorstellen können, daß man in späteren pietätloseren Zeiten ihren Familienstein einmal brutal zerschneiden und als Baumaterial verwenden würde.

Auf einem anderen Familiengrabstein hält die in einheimischer Tracht gekleidete Ehefrau das jüngste ihrer drei Kinder – ein Wickelkind – wie einen Brotwecken in der Hand. Der Mann (wahrscheinlich ebenfalls ein abgemusterter Veteran) hat ein gutmütiges Vollmondgesicht, ist mit einer römischen Tunika bekleidet und hält einen rollenförmigen Gegenstand, der als Schweißtuch gedeutet wird. Es dürfte aber eher eine Bürgerurkunde oder ein Jenseits-Paß sein, eine Schriftrolle mit Bitten und Gebeten oder mit der Aufzeichnung aller Verdienste des Verstorbenen auf dieser Erde (wie sie auch schon auf etruskischen Grabplastiken zu sehen sind). In unseren rauheren Zonen gibt's für ein Schweißtuch, wenn überhaupt, doch eher nur einen beschränkten Bedarf.

Nach dem Zusammenbruch der Römerherrschaft verfielen Kastell und Lagerdorf. Erst drei Jahrhunderte später kam es in diesem Gebiet wieder zu einer stärkeren Besiedelung – das aber an jener Stelle, wo die heute zu Unrecht wenig beachtete Martinskirche steht.

Als interessant erschien den Historikern und Archäologen dieser Platz schon lange Zeit, vor allem, nachdem im Jahre 1924 bei einem Umbau des Hauses Martinstraße 22 zwei geheimnisvolle Figurensteine zum Vorschein gekommen waren, welche vorher darin als Bausteine gedient hatten. Eine Fundamentuntersuchung der Nordmauer der Martinskirche (wegen Einsturzgefahr) führte dann 1977–82 zu Ausgrabungen mit einem überraschenden Ergebnis.

Auch an diesem Platz wurden bis in die Jungsteinzeit reichende Funde gemacht und auch solche aus der Kelten- und Römerzeit. Jedoch ab 800 entwickelte sich hier eine größere karolingische Siedlung, die zugleich zu einem religiösen Zentrum wurde – und das schon dreihundert Jahre bevor Stift Klosterneuburg gegründet wurde!

Um eine kleine Holzkirche entstand damals auch ein kleiner Friedhof, in dem bis ins 19. Jahrhundert bestattet und wieder exhumiert worden ist und in dem jetzt die Archäologen Bestattungen „auseinanderdividieren" mußten, die von der Karolingerzeit bis ins Biedermeier reichen. Und aus der Holzkirche wurde eine romanische Steinkirche, und aus dieser eine frühgotische Kirche, und diese wiederum wurde in eine spätgotische umgewandelt und zuletzt dann in eine barocke. – Dies alles bekommt der heutige Besucher dokumentiert, wenn er in die zu einem faszinierenden Museum gestaltete Unterkirche hinabsteigt.

Manche der zu St. Martin bestatteten Toten hatten seltsame Beigaben, z.B. eine mit Quecksilber gefüllte Haselnuß – ein in der Barockzeit als besonders wirksam geltendes Amulett gegen die Pest. Augenfälliger ist allerdings das Skelett eines wahren Riesen – gut zweieinhalb Meter groß muß der Kerl gewesen sein, ein Recke!

Das Ergebnis der Ausgrabung brachte auch eine neue Deutung der zwei Figurensteine aus der Martinstraße. Der eine ist eine nach oben sich verjüngende Stele mit einem Frauenkopf oben, vom anderen ist nur der Kopf – ein Männerkopf – erhalten geblieben. Das Original der Frauenstele befindet sich am Fundort (Haus Martinstraße 22, nicht leicht zugänglich), das Original des Männerkopfs im Stadtmuseum Klosterneuburg. Von beiden Steinen sind jedoch Kopien im Museum in der Martinskirche zu sehen.

Einige Zeit hatte man die Steine für keltisch gehalten, dann (nach einer Hypothese von Herbert Mitscha-Märheim) für Grabstelen von Kommandanten türkisch-asiatischer Truppen, welche die Awaren zur Grenzlandsicherung eingesetzt hatten. Nach den Ausgrabungen in der Martinskirche bringt man die Steine mit dieser in Verbindung, hält sie für Teile einer Toranlage (eine Art Karyatiden) aus karolingischer Zeit. Aber dafür scheinen sie (wie der eine noch vorhandene Schaft zeigt) doch etwas zu niedrig. Nach der im Museum ausgestellten Rekonstruktion müßte das ein Zwergerlportal gewesen sein.

So oder so: Diese zwei Steinplastiken gehören zu den kulturgeschichtlich wertvollsten Denkmälern Österreichs. Es gibt nämlich nicht viele aus dieser Zeit, die der Frühgeschichtsforscher Mitscha-Märheim die „dunklen Jahrhunderte" genannt hat.

Eine Venus ist diese Frau nicht, obwohl sie einen Kopfschmuck, Ohrringe und Halsband trägt. Aber auch der Mann ist kein Apoll. Mann und Frau haben Riesenohren und Riesennasen, und ihr Gesichtsausdruck ist – gelinde gesagt – stupide. Leere Augen starren ins Leere …

Sogar im Vergleich mit den Werken der ohnedies künstlerisch zweitrangigen römischen Provinzialkunst zeigt sich, was das Abendland nach dem Untergang des Römerreiches an Substanz eingebüßt hat. Wir stehen hier vor Denkmälern einer Zeit, die keine gute war. Alles war in Bewegung. Auch derjenige, der diese Plastiken geschaffen hatte, scheint nicht die Muße gehabt zu haben, ein Meister in Stein zu werden, und er hat diesen so bearbeitet, wie er es anscheinend vom Kneten weichen Tons gewohnt war.

In der Martinskirche sind aber auch noch andere Plastiken zur kuriosen Sehenswürdigkeit geworden: 16 überlebensgroße, leuchtend vergoldete Heiligenfiguren, welche alles andere in dem Raum überstrahlen. 1782 wurden sie nach Aufhebung des Camaldulenserklosters auf dem Kahlenberg nach Klosterneuburg gebracht. Die Camaldulenser am Kahlenberg führten in ihren Zellen ein schlichtes Eremitenleben; wer im barocken Überschwang diese protzigen Riesenfiguren in die stille Klosterkirche am Berg gestellt hat, lebte wie auf dem Mond, lebte in einer anderen Welt.

I Das Archäologische Museum St. Martin-Klosterneuburg ist an Sonntagen von 10–12 Uhr geöffnet.
Das römische Lapidarium des Stiftsmuseums ist an Samstagen, Sonn- und Feiertagen und nach Anmeldung zugänglich.

Ur-Wien auf dem Leopoldsberg

Im Ersten Weltkrieg – im Juni 1917 – wurden auf dem Leopoldsberg einige Fliegerabwehrkanonen aufgestellt. Was im Zweiten Weltkrieg grausige Wirklichkeit geworden ist, wurde schon damals befürchtet: ein Luftangriff auf Wien.

Damals im Jahre 1917 stießen die Soldaten beim Erdaushub für ihre Geschütze (gleich links hinter dem hohlwegartigen Einschnitt vor dem Eingang in die Burg) auf ein Brandgrab aus der Zeit um 1000 v. Chr., in dem sich unter den Beigaben auch ein kostbares Bronzeschwert befand. Worauf sich der Prähistoriker Oswald Menghin sehr für den Leopoldsberg zu interessieren begann und noch im gleichen Jahr in der „Wiener Zeitung" mitteilte, daß dieser steile Berg über der Donau die „Alt- und Hochburg von Wien" sei.

Bereits Ende des 19. Jahrhunderts waren urzeitliche (bis in die Jungsteinzeit zurückreichende) Funde auf dem Leopoldsberg gemacht worden. Im Jahre 1905 wollte der Privatgelehrte Czech-Czechenherz Grabungen nach der mittelalterlichen Bergburg unternehmen, stieß aber dann auf so viele urzeitliche Funde, daß er bald die Ritterburg vergaß und sich nur noch der Erforschung der Urzeitsiedlung widmete.

Als 1924 Oswald Menghin seine „Urgeschichte Wiens" herausbrachte, stand für ihn die große Bedeutung der im 1. Jahrtausend v. Chr. auf dem Leopoldsberg (der bis in das 17. Jahrhundert Kahlenberg hieß) befindlichen Höhensiedlung bereits fest. Ihr keltischer Name war Vindobona, und diesen Namen haben später die Römer für ihr Legionslager auf dem Boden des heutigen Wiener Stadtzentrums übernommen ... „Er war das letzte Erbe, das die vorgeschichtliche Akropole Wiens der neuen Zeit zu überliefern hatte."

Im Jahre 15 v. Chr. wurde das Gebiet südlich der Donau von den Römern besetzt. Und so, wie sie es schon im alten Italien bei der Niederwerfung der italischen Völker praktiziert hatten, so machten sie das auch bei uns: Die Bewohner von Bergsiedlungen wurden ins flache Land umgesiedelt. So wurde aus der Keltensiedlung auf dem Magdalensberg in Kärnten das Virunum auf dem Zollfeld oder aus Carnuntum auf dem Braunsberg die Zivilstadt neben dem Legionslager an der Donau (für das ebenfalls der Name der Bergsiedlung übernommen wurde).

Wer also das Ur-Wien aufsuchen will, muß auf den Leopoldsberg steigen (bzw. über die Wiener Höhenstraße hinauffahren).

Vor dem Parkplatz Leopoldsberg befindet sich eine Kuppe, welche von der Straße umrundet wird. Dort stieß man im Jahre 1935 beim Bau der Wiener Höhenstraße auf ein Brandgräberfeld aus dem frühen 1. Jahrtausend v. Chr. Nach der vielen Asche, auf die man beim Straßenbau gestoßen ist, befand sich der Verbrennungsplatz westlich dieser Kuppe. Die Bewohner der Bergsiedlung hatten also den Friedhof sozusagen vor der Haustür. Über den Höhenrücken führte aber auch der beste Zugang zur Siedlung. Sollten die Toten den Lebenden eine Art magischen Schutz geben?

Von der Urzeitsiedlung in der Gipfelzone des Leopoldsberges ist infolge der verschiedenen Überbauungen natürlich nichts mehr zu sehen. Doch an der steilen Südflanke sind noch deutlich Siedlungsterrassen und ein noch immer imponierender Wall zu erkennen. Wir betreten eine ganz eigenartige Landschaft, wenn wir vom „Nasenweg" einen schmalen Pfad in den Steilhang hinein verfolgen …

Sonnenopfer der keltischen Urbewohner von Ur-Wien. Romantische Illustration aus: Moritz Bermann, Geschichte der Wiener Stadt, Wien 1863.

Kaum hundert Meter Luftlinie sind's bis zur vielbesuchten Aussichts-
terrasse des Leopoldsberges – und dennoch ist man hier in einer anderen
Welt. Heruntergekollerte Trümmer von der mittelalterlichen Bergburg liegen noch immer verstreut zwischen Bäumen und Büschen. Im 16. Jahrhundert ist der bedeutungslos gewordene Bau auf Befehl des Kaisers gesprengt worden. Eine Wild-Futterkrippe steht auf einer ebenen Fläche,
auf einer jener Terrassen, welche der Mensch einst mühevoll aus der jetzt
fast von einem Urwald überwachsenen Flanke herausgearbeitet hat. Etwas unterhalb führen Archäologen auf einer besonders breiten Terrasse
Grabungen durch; etwa 1 $\frac{1}{2}$ Meter unter dem heutigen Bodenniveau
stießen sie dabei auf Pfostenlöcher für die in der Urzeit üblichen Holz-
Reisighäuser. Holz und Reisig sind längst verfault, aber von dem Lehm-
verputz liegen noch immer Brocken herum auf diesem alten Siedlungsboden, außerdem Keramikreste, Mahl- und Klopfsteine, sogar Bronzen
wurden schon gefunden.

Von diesem beeindruckenden Platz noch etwas absteigend, gelangt man
zum Rand eines sehr steil abfallenden Erdwalls, der nach Osten bis über
den heutigen Nasenweg hinauszieht und dessen Krone wahrscheinlich
einst mit Palisaden versehen war.

Im Westen des Südhanges ist ein gewaltiger, bis hinunter zum Waldbachgraben ziehender Steinwall zu erkennen. Auf einem im Klosterneuburger Stiftsarchiv befindlichen Plan vom Leopoldsberg aus dem Jahre
1760 sind sogar zehn Wälle eingezeichnet, die – wie es in der Erläuterung
heißt – „aus denen Weingarten ausgetragenen Steinen bestehen". Tatsächlich ist früher der Weinbau am Leopoldsberg viel intensiver betrieben
worden, denn auf diesem Plan findet sich die Beschriftung „Alter Weingarten" auch auf Streifen, die aus dem oberen Waldbachgraben bis hinauf zur heutigen Höhenstraße reichen. Interessanterweise gibt es auf diesem Plan auch Flächen, welche die Bezeichnung „Öder Weingarten" tragen – und das sind genau die Terrassen der Urzeitsiedlung. Was nun den
Riesensteinwall betrifft, so haben Sondierungen ergeben, daß er tatsächlich bloß aus Klaubsteinen besteht – was man kaum glauben will.

Etwas rätselvoll sind die vielen am Leopoldsberg vorhandenen großen
Gruben, die von den Bombentrichtern des Zweiten Weltkrieges kaum zu
unterscheiden sind. Aber einige davon waren schon vorher da, und in
dem Plan von 1760 werden sie als „Jochgruben" bezeichnet, welche zum
Auffangen des Wassers bei heftigen Regengüssen dienen sollten, um ein
Abschwemmen des Erdreiches zu verhindern. Solche Gruben gibt es al-
lerdings auch an dem oberhalb der Höhenstraße dahinführenden flachen
Kammweg zum Leopoldsberg. Czech-Czechenherz sind sie bereits im
Jahre 1905 rätselvoll erschienen. Ob sie bei der Gewinnung von Baumaterial für die Gebäude auf dem Leopoldsberg entstanden sind?

An diesem Kammweg sind ebenfalls Siedlungsspuren erkennbar. Ur-Wien hatte sich ab der Mitte des 1. Jahrtausends v. Chr. unter den Kelten weiterentwickelt und ausgedehnt, es ist sozusagen zu einer richtigen Stadterweiterung gekommen. Ur-Wien war mehr als ein kleines Häuserldorf.

Eine Wasserstelle für die Siedlung war die Quelle an dem von Klosterneuburg-Weidling auf den Leopoldsberg führenden heutigen Kollersteig. Die andere war der Waldbach, dessen Quelle sich unterhalb der heutigen Elisabethwiese an dem hufeisenförmigen Sattel zwischen Leopoldsberg und Kahlenberg befindet.

Das ist ein eigenartiger Wiesenfleck …

Auf dem Plan von 1760 heißt er „Mönich Wiesen"; im 19. Jahrhundert wird er dann „Minnewiese" genannt (wahrscheinlich aus der in Mode gekommenen Begeisterung fürs alte Rittertum); in „Elisabethwiese" wurde er später von jenen beflissenen Patrioten umgetauft, welche jedes Plätzchen, auf dem die Kaiserin einmal „verweilte", nach ihr benannten oder mit einer Gedenktafel zur Erinnerung an das große Ereignis versahen.

In der 1922 erschienenen Döblinger Heimatkunde ist zu lesen, daß auf der Minnewiese „seit Urzeiten ein fröhliches Volksfest gefeiert wurde: die Vertreibung des Winters durch den Frühling. Was schon die Urbewohner gepflegt hatten, das übten später die Herrscher des Landes. So war Leopold VI. mit seinen Wienern schon auf die Minnewiese zu Sang und Tanz gezogen. Oft traf es sich auch, daß das erste Veilchen gerade hier gefunden wurde und das Frühlingsfest sich zum Veilchenfest wandelte."

Dieses Veilchenfest ist bereits Thema des um 1350 entstandenen Spiels „Neithart mit dem Veilchen", des ältesten erhaltenen weltlichen Spieles der deutschsprachigen Literatur. Die Geschichte vom Minnesänger, der das erste Veilchen fand, es mit seinem Hut bedeckte und dann flugs zum Herzog eilte, um ihm diese Frühlingsfrohbotschaft zu verkünden, diese Geschichte ist eigentlich wenig minniglich. Denn ein Bauer lüpfte inzwischen den Hut, grapschte das Veilchen und „an die stat so tot er scheissen" (heißt es im mittelalterlichen Text). Die Überraschung der illustren Hofgesellschaft über dieses Veilchen war groß.

Diese Geschichte wird mit zwei Herrschern in Verbindung gebracht: Mit dem Babenbergerherzog Leopold VI. (der im 13. Jahrhundert lebte) und mit dem Habsburger Otto dem Fröhlichen (der im 14. Jahrhundert lebte). Bei Leopold VI. soll der Veilchenfinder der Minnesänger Neidhart von Reuental gewesen sein, und bei Otto dem Fröhlichen ein Poet namens Neidhart Fuchs. Die Verwechslung (oder Verschmelzung) verschiedener Personen entstand in der mündlichen Überlieferung. Dabei wurden auch noch zwei verschiedene Feste zu einem vereinigt: ein Veilchenfest (zur

Blütezeit), das ein eher höfisches Fest war, und das Frühlingsfest am 1. Mai mit Tanz – ein Bauernfest.

Neidhart und sein Veilchen und das Frühlingsfest sind ein stark mit Wien verbundenes Thema.

In Wien (Tuchlauben 19) entdeckte man 1979 bei einem Umbau des bereits 1716 barockisierten Hauses profane Fresken aus der Zeit um das Jahr 1400 (so alte Häuser gibt's in Wiens Geschäftsstraßen!). An den Wänden des 14 x 7 Meter großen Raums sind die Jahreszeiten nach Motiven aus Minnesängerliedern gemalt, wobei der Frühling durch einen Reigentanz dargestellt wurde. Zwei Deutungen gibt es dafür: Tanz im Freien, mit dem der Einzug des Frühlings begrüßt wurde, oder Tanz der Bauern um das gestohlene Veilchen.

Die Geschichte vom Veilchenfest war einst (freilich etwas zensuriert) in jedem Schullesebuch zu finden, und als großes Wandgemälde dargestellt ist es auch in dem 1899 eröffneten Wiener Rathauskeller zu sehen. Als Ort der Handlung wird zumeist das Kahlenberggebiet genannt, was bisher darauf zurückgeführt wurde, daß der „Pfaff vom Kahlenberg" – der berühmte Held mittelalterlicher Schelmenliteratur – im Kahlenbergerdorf gewirkt haben soll. Ins Kahlenberggebiet zogen aber auch noch in den Jahren 1846–71 Wiens Künstler (als Ritter und Burgfrauen kostümiert), um dort ihren Maikönig zu wählen (woran noch heute der sogenannte Künstlerstein auf dem Kahlenberg erinnert).

Veilchenfest, Frühlingsfest, Maifest … Merkwürdig, daß alle diese Feste um den Kahlenberg konzentriert sind! Beruht das auf alter Tradition?

Bei der Annahme, daß das keltische Vindobona auf dem Leopoldsberg ganz bestimmt eine Kultstätte gehabt hat, kommen dafür zwei Plätze in Frage:
- die Gipfelzone (wo sie natürlich durch die Verbauung nicht mehr lokalisierbar ist) oder
- ein größerer freier Platz in der Natur – ein Platz wie die Minnewiese. Für die Kelten waren gewisse Quellen Stätten der Verehrung – dicht unterhalb der Wiese entspringt die Waldbachquelle. Und was noch für diesen Platz spricht: Es ist – nach der Wünschelrute – ein guter Platz. Er war schon seit Menschengedenken eine freie Wiese mit einem mächtigen und durch sein Alter verehrungswürdigen Baum darin (der leider vor einigen Jahren umgeschnitten wurde und von dem jetzt nur der noch immer imponierende Stock zu sehen ist).

Würde die Hypothese zutreffen, daß diese Wiese ein Kultplatz von Vindobona war, dann würde man hier auch an dem ältesten Heiligtum von Ur-Wien stehen. Heute steht ein Gasthaus am oberen Wiesenrand, und ein Kinderspielplatz ist dort, und die Höhenstraße führt daran vorbei zum Leopoldsberg. Denkt man sich jedoch dies alles weg, dann ist die Wiese genau das, was für die Kelten ein *nemeton* bedeutete, eine heilige Lichtung in einem Hain (wobei anzunehmen ist, daß der im Mittelalter „kahle" Kahlenberg früher mehr Bäume trug).

Die Kelten fanden ihre Gottheiten in der Natur. So ist es auch verständlich, daß der keltische Heerführer Brennus (der im 4. Jahrhundert v. Chr. in Rom einbrach) laut lachen mußte, als er dort Tempel mit Götterbildern sah. Götter in Holz oder Stein nachzubilden und sie in ein Gebäude einzuschließen, war für einen Kelten unvorstellbar und lächerlich.

Vorstellbar wäre, daß die Kelten ihr Frühlingsfest Beltene (am 1. Mai) auf der Wiese am Kahlenbergsattel gefeiert haben. Und das wäre auch eine Erklärung dafür, warum gerade dieses Gebiet so intensiv mit Frühlingsbräuchen verbunden ist und warum St. Georg auch zum Patron der einstigen Burgkapelle am Kahlenberg wie von der Kirche im Kahlenbergerdorf (aus dem 12. Jahrhundert) geworden ist. Georg war nämlich nicht nur ein Soldatenpatron; sein Fest am 23. April gilt auch heute noch beim Landvolk als Beginn der Frühlingszeit, an dem um gutes Wachstum für Feld und Vieh gebetet wird.

Gegenüber vom Kahlenberg und über der Donau ist der Bisamberg. Auch auf ihm haben schon lange vor der Zeitenwende Menschen gewohnt. Gegen die flache Ostseite des Berges war ihre Siedlung mit einem Wall geschützt. Der breite Wanderweg vom Gasthaus Gamshöhe zur Elisabethhöhe führt mitten durch dieses Erdwerk.

Die Leute von Vindobona hatten also Nachbarn, und obwohl das auch ihre Zeitgenossen waren, so wissen wir doch nicht, ob sie gut miteinander auskamen oder nicht. Einige der Ur-Wiener vom Leopoldsberg haben zwar an einem Steilhang gewohnt, für den – wie die heutigen Alpenbewohner sagen – sogar „die Hendl Steigeisen brauchen", aber sie haben in Sonnenlage gelebt mit einer schönen Aussicht. Und wenn vom Leopoldsberg auch nicht „gleich einem Luftmeteor" der Dachstein zu sehen ist – wie der Topograph Franz Weidmann noch 1844 schrieb – so hatten sie doch einen guten Ausblick auf das damals noch nicht gegründete Wien.

I Leopoldsberg, Siedlungsterrassen an der Südflanke: Vom Gipfel den „Nasenweg" ca. 150 Meter bergab bis dorthin, wo nach links der Rundweg um die Burg beginnt. Rechts zweigt ein schmales Weglein ab, das nach rechts bald zu den ersten Terrassen und dann weiter nach unten bis zum Wall bringt. Wegen der besseren Übersicht empfiehlt sich der Besuch in einer Jahreszeit, in der die Bäume kein Grün tragen.
Die Neidhartfresken im Hause Wien I., Tuchlauben 19 sind von Dienstag bis Sonntag 9–12 und 13–16.30 Uhr zu besichtigen.
Der Künstlerstein auf dem Kahlenberg befindet sich oberhalb des Stiegenaufganges gegenüber der Kirche.

Kleiner Abstecher in jüngstvergangene Zeiten

Manche Besucher von archäologischen Stätten (wie zum Beispiel von Ur-Vindobona am Leopoldsberg) beklagen es, wenn dort „nicht mehr viel zu sehen ist". Doch in Wirklichkeit muß es fast als ein Wunder erscheinen, daß dort „noch so viel zu sehen ist", wenn man bedenkt, wie sich ein Stück Landschaft auch innerhalb eines leichter überschaubaren Zeitraums verändern kann ...

Oberhalb der Elisabethwiese am Sattel zwischen Kahlenberg und Leopoldsberg standen einmal die pompöse Bergstation und das Maschinenhaus (natürlich mit mächtigem Schornstein) der Leopoldsberg-Zugseilbahn. Diese wurde anläßlich der Wiener Weltausstellung 1873 errichtet; 1872 begann der Bau, 1873 wurde die Bahn eröffnet (man beachte die kurze Bauzeit!). Auf zwei Geleisen wurden mit Dampfmaschinenkraft die an Seilen befestigten zweistöckigen Waggons (mit je 100 Personen Fassungsraum) hinaufgezogen bzw. hinabgelassen. Streckenlänge 760 Meter, Höhenunterschied 290 Meter. Das Gebäude der Talstation zwischen Kahlenbergerdorf und Klosterneuburg-Weidling ist noch heute zum Teil erhalten (bei der Busstation Donauwarte).

Während der Weltausstellung florierte die Bahn, doch die Wiener mißtrauten ihr ... das böse Knirschen der Holzwaggons während der Fahrt ... die Angst, ob nicht doch das Drahtseil reißen könnte. „Mit Ach und Krach wurden einige Zeit Wagehälse herangeschleppt, die immer dem lieben Gott dankten, wenn sie, statt in die Donau gestürzt zu sein, mit heiler Haut wieder im Stationshaus an der Straße anlangten, ein zweitesmal aber gewiß nicht fuhren", heißt es in einem Bericht aus dieser Zeit. 1876 wurde die Bahn – obwohl sie unfallfrei funktioniert hatte – eingestellt und abgetragen. Aus den Ziegeln der Bergstation und des Maschinenhauses wurde zehn Jahre später die Stephaniewarte auf dem Kahlenberg gebaut.

Im Heimatmuseum Wien-Döbling zeigt eine Dokumentation, welches Monster diese Leopoldsbergbahn war. Zur klaffenden Wunde in der Bergflanke über der Donau wurde ihre Trasse. Um Natur- und Landschaftsschutz haben sich unsere Ururgroßväter noch herzlich wenig gekümmert, daran dachte man damals gar nicht.

Heute ist die klaffende Wunde im Berg wieder vollkommen zu. Wer nicht weiß, daß da einmal eine breite Bergbahntrasse war, merkt überhaupt nichts davon. Und wer zur Sommerzeit den Graben aufsteigen möchte, braucht stellenweise fast ein Buschmesser dafür. Hohe Bäume stehen auch dort, wo sich einst die pompöse Bergstation und das Maschinenhaus befanden. Ein Betonblock mit einem Drahtseilfetzen daran und kümmerliche Reste eines Ziegelgemäuers liegen halbversunken im Waldboden. Das ist alles, was heute noch zu sehen ist. Viel ist das nicht.

Ein kleiner Abstecher zur Bergstation der Leopoldsbergbahn fordert spontan zu einem Vergleich mit den urzeitlichen Terrassen und Wällen am Leopoldsberg heraus. Dort hat trotz der in fast drei Jahrtausenden darübergegangenen Regengüsse die Natur die Arbeit von Menschenhänden nicht ganz verschwinden lassen können. Von Ur-Vindobona ist heute noch ein bisserl mehr zu sehen.

I Wo von der zum Leopoldsberg führenden Wiener Höhenstraße die Straße nach Klosterneuburg abzweigt, beginnt auch ein über den Höhenrücken zum Leopoldsberg ziehender blaubezeichneter Fußweg. Man folgt diesem etwa 100 Meter, dann einige Schritte nach links bis zum oberen Rand einer bewaldeten Terrasse, auf der einst die Bergstation stand und wo auch noch deren Reste liegen.

Die Bergbahn auf den Leopoldsberg. Aufnahme aus dem Jahre 1874

VINDOBONA-SPAZIERGANG

Seltsam sind die Entrees zu Wiens römischen Ruinen …

Der Eingang zu denen unter dem Hohen Markt (Haus Nummer 3) führt durch ein Café; die am Platz Am Hof erreicht man aus dem Keller der Hauptfeuerwache Wien (wobei man „mit dem Fahrstuhl in die Römerzeit" fahren kann). Nur das Archäologische Grabungsfeld Michaelerplatz (mit römerzeitlichen, mittelalterlichen und neuzeitlichen Fundamenten) liegt offen da. Leider, weil es nach seiner Gestaltung durch den Architekten Hollein eher einer öden Baugrube mit protziger Umrahmung gleicht, und weil damit ein wunderschöner Wiener Platz zerstört worden ist.

Die ältesten Funde auf Wiens Boden stammen aus dem 6. Jahrtausend v. Chr., es sind Einzelfunde. Und nach den Funden aus den folgenden Jahrtausenden ist wohl die Anwesenheit des Menschen in diesem Gebiet belegt, doch ein größeres Siedlungszentrum konnte bisher nur auf dem Leopoldsberg festgestellt werden.

Dann kamen um die Zeitenwende die Römer. Das Legionslager Vindobona entstand (mit 5000–6000 Mann Besatzung) und im Gebiet des heutigen 3. Wiener Gemeindebezirkes eine kleine Zivilstadt. Vindobona hatte niemals die große Bedeutung wie Carnuntum, stand immer in dessen Schatten.

Das grämte später Wiens Lokalhistoriker, und so gibt es eine Reihe von Römerkaisern, welche sie mit Vindobona in Verbindung bringen wollten (Domitian, Trajan, Hadrian, Aurelian, Diokletian u.a.), wobei sich jedoch keine mit absoluter Sicherheit feststellen läßt. Kaiser Probus soll Begründer des Wiener Heurigen gewesen sein (in Wirklichkeit wurde der Weinbau in diesem Gebiet schon viel früher betrieben, und dieser Kaiser hatte ihn nur gefördert), und Kaiser Marc Aurel hatte man sogar in Vindobona sterben lassen (was er aber nicht tat). Doch zu dem „Philosophen auf dem Kaiserthron" hatten die Wiener schon immer eine liebevolle Beziehung, und als um 1900 bei der Sezession die Bronzegruppe des Feldherrn Mark Anton mit dem Löwengespann aufgestellt worden ist, war das für sie sofort der gute alte Kaiser Marc Aurel. Was Josef Weinheber dichten ließ …

> „Ich bin der alte Römer Mark Anton,
> steh sonstens seitwärts bei der Sezession.
> Die Wiener gehen vorbei und – meine Seel –
> Sie sagen, ich bin der Kaiser Mark Aurel.
> Das hat mich immer schon ein bisserl irritiert:
> Er tragt an Bart, und ich bin glattrasiert.

Viele römische Funde aus Vindobona sind im Historischen Museum der Stadt Wien zu besichtigen. Bei einigen hübschen Gefäßen ist vermerkt, daß sie aus einem Hügelgräberfeld in Hütteldorf stammen. Römische Hügelgräber im 14. Wiener Gemeindebezirk?

Der Fundort hat einen seltsamen Namen: Schuhbrecherinwald (angeblich soll der Wald deswegen so heißen, weil darin nach Regenfällen der zähe Kot die Schuhe bricht). Jedenfalls wurden dort bereits im Jahre 1937 vierzehn Hügelgräber freigelegt und im Jahre 1950 weitere zwanzig.

Solche Hügelgräber aus dem Zeitraum des 1. Jahrhunderts n. Chr. bis Ende des 2. Jahrhunderts n. Chr. gibt es in den römischen Nordprovinzen Noricum und Pannonien an vielen Plätzen. Die Archäologen stehen bei diesen norisch-pannonischen Hügelgräbern allerdings vor einem Rätsel: „Das Problem besteht darin, daß diese Hügelgräber von einer sichtlich bereits stark romanisierten Bevölkerung angelegt wurden, wir diese Sitte aber weder auf einheimische noch auf römische Grabbräuche direkt zurückführen können" – so formulierte es Wiens Stadtarchäologe Ortwin Harl. Hügelgräber wurden einige Jahrhunderte früher in unseren Zonen errichtet, dann nicht mehr. Aber auch die Römer haben diese Bestattungsart nicht in unser Land gebracht, die nur – und auch das ist merkwürdig – abseits der römischen Zentren gepflogen wurde. Bei der großen Bedeutung, welche der Bestattungskult einst hatte, müssen aber diese Hügelgräber aus ganz bestimmten Vorstellungen entstanden sein. Welche?

Die Bestattungsweise war einfach. Zu der Asche des verbrannten Toten kamen die Beigaben, zumeist wurde ein Steinkreis rundum gelegt, manchmal sogar aus Steinplatten eine Grabkammer gebildet, darüber Erde zu einem Hügel aufgeschüttet. Die Hügel im Schuhbrecherinwald sind keine gewaltigen, der größte hat einen Durchmesser von elf Metern und ist jetzt nur noch achtzig Zentimeter hoch.

Gegenüber dem etwa 700 Jahre früher entstandenen Riesengrabhügel von Großmugl mit seinen sechzehn Meter Höhe wirken die Gräber im Schuhbrecherinwald bloß wie größere Maulwurfshügel. Dennoch hat dieser Friedhof aus der Römerzeit seinen eigenen Reiz ... vielleicht auch deswegen, weil man gar nicht glauben kann, daß es so etwas noch im Wiener Stadtgebiet gibt.

Im Wiener Stadtgebiet fanden außerdem in den Jahren 1952/53 Grabungen statt, welche ebenfalls zu einer Gelehrtendiskussion führten.

Ort: Die St. Jakobskirche im XIX. Wiener Gemeindebezirk auf dem Heiligenstädter Pfarrplatz. Dieser Platz ist einer der schönsten Plätze Wiens, ein Vorortplatz, ein idyllischer Dorfplatz, auf dem auch das berühmte sogenannte Eroicahaus (aus dem 17. Jahrhundert) steht, in dem im Jahre 1817 Beethoven kurze Zeit gewohnt und gearbeitet hat.

Die St. Jakobskirche ist uralt, stammt aus dem 12. Jahrhundert und steht auf römerzeitlichen Fundamenten. Der Name Heiligenstadt wird von *locus sanctus* (= heilige Stätte) abgeleitet, und schon seit Jahrhunderten wird erzählt, daß das die Wirkungsstätte und der Sterbeort des heiligen Severin war. Es gibt sogar eine Severinsreliquie, welche 1745 vom Wiener Kardinal Fürst von Kollonitz der Jakobskirche gespendet worden ist, und diese Reliquie wurde nach jeder ersten Sonntagsmesse im Monat den Gläubigen zum Kuß gereicht, wobei das alte Severinslied gesungen wurde:

> Eben hier zu Heil'genstadt
> Ward Dein Leib zur Erd bestatt …

Klemens Kramert, der 1947 Pfarrer von Heiligenstadt geworden war, wollte damals die Jakobskirche renovieren und dabei auch ihr Bodenniveau etwas senken lassen, wollte eigentlich vorher nur ein bisserl nachschauen, was da unten ist. Eigenhändig hob er 1950 eine Grube aus – und stieß auf alte Mauern und einen römischen Ziegel. Er verständigte die Behörden; 1952/53 kam es zu planmäßigen Ausgrabungen, wobei auch ein leeres Grab freigelegt wurde …

Das Severinsgrab?

St. Severin war durch sein Wirken eine wahrhaft große Persönlichkeit des Christentums, kein nur aufs eigene Seelenheil bedachter Frömmler, kein übereifriger Missionar, kein nur auf Popularität schielender Menschenfreund und Wohltäter. Severin lebte in jener Zeit, in der das Römerreich zusammenbrach und die Völkerwanderung begonnen hatte (wobei unter dieser Wanderung brutale Kriegs- und Raubzüge zu verstehen sind). In dieser Zeit war Severin Organisator von Selbstverteidigungskommandos, Diplomat zwischen den Fronten (Freund Odoakers und anderer Germanenfürsten), Ratgeber auf beiden Seiten und Leiter eines gut funktionierenden Nachrichtendienstes, Prophet und Wundertäter, Klostergründer (ohne die Abtwürde anzunehmen), Flüchtlingskommissar und Verwalter von Hilfsgütern … Severin war wie die Feuerwehr an dieser bedrohten Grenze: Wo es brannte, war er da!

Severin starb am 8. Jänner des Jahres 482 in Favianis an der Donau, wo er auch begraben wurde. Als im Jahre 488 die Romanen von Odoaker aus dem Land verwiesen wurden, nahmen die Mönche des Severinsklosters den Leichnam nach Italien mit, wo er heute in Neapel in der Kirche SS. Severino e Sassio ruht. 511 hatte Eugippius, ein Mitglied der Klostergemeinde von Favianis, die Lebensbeschreibung des Severin – die „Vita Severini" – abgeschlossen und damit der Nachwelt schon viel Kopfzerbrechen bereitet …

… denn man erfährt daraus nicht, wo und wann Severin geboren wurde und wer er war, bevor er nach Noricum kam. Severin hatte über sein Vorleben geschwiegen. Nach neueren Forschungen war er ein römischer

Konsul, bevor er Christ und später zum Heiligen geworden ist. Sicher ist nur, daß er in Favianis gestorben ist und dort vorübergehend bestattet wurde, das heißt im heutigen Mautern, in dem man schon seit dem Ende des 19. Jahrhunderts und nachher mit immer mehr guten Gründen das alte Favianis vermutet.

Das 1952 in Heiligenstadt entdeckte kleine bescheidene Grab heizte aufs Neue die alte Diskussion um die Lokalisierung von Favianis an und verursachte große Aufregung unter den Wissenschaftlern.

Für den Pfarrherrn von Heiligenstadt war das Leergrab an dieser Stätte alter Severinsverehrung selbstverständlich das Severinsgrab. Einige Wissenschaftler schlossen sich dieser Meinung an. Das ergab aber automatisch die Folgerung: Wenn Severin in Heiligenstadt bestattet worden ist, dann war hier das alte Favianis und nicht in Mautern. Der Streit begann … pro und kontra Mautern … pro und kontra Heiligenstadt. Und bald gab's dann auch noch eine dritte Hypothese: Das alte Favianis war weder Mautern noch Heiligenstadt, sondern Zwentendorf.

„Der heilige Severin in Favianis/Mautern, Zwentendorf oder Wien" war das Thema eines wissenschaftlichen Gesprächs, das 1980 in Mautern stattfand und an dem Gelehrte aller einschlägigen Fachgebiete teilnahmen. Es wurde anerkannt, daß dieses Heiligenstädter Grab das von einer hochgestellten Person war, es wurde aber auch von einem Gebäude außerhalb des Kastells von Mautern berichtet, in dem eine Priesterbank darin vermuten läßt, daß es das Severinskloster gewesen sein könnte. Kein Zweifel, daß es in Heiligenstadt eine römische Wachtstation gab, aber Heiligenstadt gehörte zu Severins Zeiten zur römischen Provinz Pannonien und Favianis zu Noricum – und Severin war der „Apostel Noricums".

In der Eröffnungsrede zu diesem Disput hatte der Wiener Historiker Univ. Prof. Dr. Erich Zöllner prophezeit: „Eher werden die Vereinten Nationen in einer Sitzung den Nahost-Konflikt beenden, als daß wir die seit einigen Jahrhunderten geführte Severin-Diskussion abschließen könnten." – So war es denn auch.

In Mautern kann der Besucher heute hören und lesen, daß er sich auf dem Boden des römischen Favianis befindet, in Wien-Heiligenstadt meldet an der Außenseite der Jakobskirche, daß hier das erste Grab des hl. Severin zu besichtigen sei.

Ein Abgang inmitten der Jakobskirche bringt hinunter zu den Ausgrabungen. Römisches Mauerwerk aus dem 2. und auch 5. Jahrhundert n. Chr. bildet die Wände. Und wer nun erwartet, einen prunkvollen Grabbau vorzufinden, wird enttäuscht sein. Er sieht nur einen eher ärmlichen Ziegelgrabschacht. Aber für die Zeit seiner Entstehung war das ohnehin schon ein recht aufwendiges Grab; den Prunk hatte man in diesen bewegten Zeiten schon längst abgelegt. Dieses Grab würde zu Severin passen.

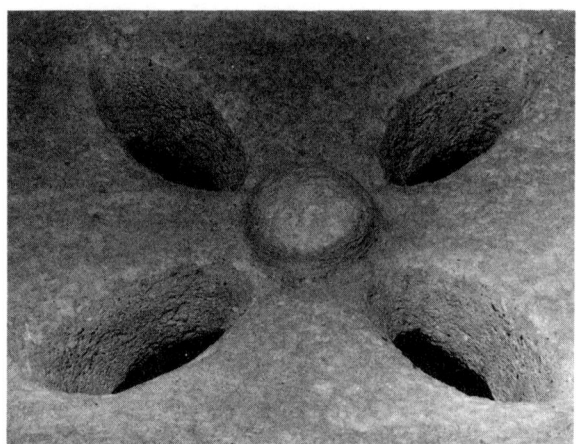

*Steinerner Kanaldeckel aus
dem Römerlager Vindobona*

Wenn wir diesen stillen Dorfplatz in Heiligenstadt verlassen, um wieder ins Stadtzentrum zurückzukehren, dann wird uns wohl auch die Erlebnisvielfalt bewußt, welche in dieser aus Vindobona zu Wien gewordenen Stadt noch immer steckt.

Die Ruinen unter dem Hohen Markt und auf dem Boden des Legionslagers sind Fundamente zweier Offiziershäuser, welche mit Fußboden- und Wandheizung ausgestattet waren. Was natürlich zu der Meinung führen kann, daß es sich die Herrn Römer auch im kalten Norden recht gemütlich eingerichtet haben. Tatsächlich gab es diesen Luxus nur für Lagerkommandanten und höhere Offiziere. Die Legionäre mußten sich mit offenen Herden oder Kohlenbecken begnügen.

Daß die vergehende Zeit auch alle Würden wieder schnell vergehen läßt, beweist ein in dem Schauraum dieses kleinen unterirdischen Museums aufgestellter Abguß vom Grabstein eines Standortkommandanten des Lagers Vindobona. In großen Lettern meldet die Inschrift, welch hochbedeutendem Mann dieser Stein gesetzt worden ist. Dann war die Zeit der Römer vorbei, und der Stein fand eine andere Verwendung: Man schnitt ihn kreisrund, bohrte ein Loch in seine Mitte und gebrauchte ihn als Mühlstein.

Die römischen Baureste unter dem Platz Am Hof sind ein Stück vom Hauptkanal des Legionslagers. War dieser auch nicht so groß wie der durch den Film „Der dritte Mann" berühmt gewordene des neuen Wien, so zeigt dieses Teilstück doch beachtliche Maße: Breite der mit großen Ziegeln ausgelegten Kanalsohle etwa 70 Zentimeter, und mannshoch war der aus Steinen gemauerte Schacht. Wie kultiviert die römerzeitliche Kanalisation war, zeigt der in dem Schauraum ausgestellte Abguß von einem (im Hause Wipplingerstraße 14 gefundenen) steinernen Kanaldeckel – schön ist der wie die Rosette eines alten Domfensters!

Dort, wo einmal die Mauer des Römerkastells stand, wurde Ecke Lichtensteg/Rotgasse in der Mitte des 19. Jahrhunderts ein Neubau errichtet, und bei diesem Umbau kamen Quader von der Kastellmauer zum Vorschein. Man wußte damit nichts anzufangen. Bei einer Geschäftsrenovierung in unserer Zeit wurden sie wieder gefunden, und jetzt sind die Römerquader die sicherlich am originellsten präsentierten Zeugen für das alte Vindobona: Sie stehen in der Auslage eines Wäschegeschäftes zwischen wärmenden Leibchen und Unterhosen ...

I Römerzeitliche Hügelgräber im Schuhbrecherinwald: Die Karl-Bekehrty-Straße im 14. Wiener Gemeindebezirk bis zu ihrem Ende am Waldrand. Neben den Häusern der Jägerwaldsiedlung führt ein Weg (ca. 30 Meter von den Häusern entfernt) nach links den Waldhang hinauf. Nach etwa 180 Metern steht man bei den links und rechts vom Weg befindlichen Hügelgräbern.
Besichtigungszeiten:
Ausgrabungen unter der Jakobskirche, Wien XIX: An Sonn- und Feiertagen von 15–18 Uhr.
Römische Ruinen unter dem Hohen Markt: Dienstag bis Sonntag 9–12 und 13–16.30 Uhr.
Römische Baureste Am Hof: Samstag, Sonn- und Feiertag 11–13 Uhr.

Perchtoldsdorf:
Wann beginnt die Geschichte eines Ortes?

Der Marktplatz ist das Herz von Perchtoldsdorf. An der einen Seite wird er von der Burg und Kirche überragt, auf der anderen Seite vom Hochberg; tagsüber gehört der Platz den Perchtoldsdorfern, später den Heurigenbesuchern. Das Gipfelplateau des nur 40 Meter den Hauptplatz von Perchtoldsdorf überragenden Hochbergs ist kaum zweihundert Meter Luftlinie von ihm entfernt – und doch ist's auf ihm so einsam, als läge es auf dem Mond. Und es gibt Wienerwaldwanderer, welche zwar behaupten, dort jeden Baum zu kennen – nur den Hochberg, den kennen sie nicht!

Ein Steinkreuz aus dem Anfang des 18. Jahrhunderts steht oben, eine vom Wind zerzauste Schirmföhre, zwei Bänke mit herrlichen Ausblicken auf Platz, Burg und Kirche und hinaus ins weite Land und hinauf zum Wienerwald. Schön haben sie es gehabt, die Alt-Perchtoldsdorfer, welche einst da heroben gehaust haben …

Bald nach dem Ersten Weltkrieg hatte der Hauptschullehrer, Prähistoriker und Korrespondent des Bundesdenkmalamtes Karl Moßler erkannt, „daß lange, lange vor den ersten Häusern des Marktfleckens, schon vor mehr als 4500 Jahren an den Hängen dieses Berges Wohngruben oder Lehmhütten von einer jungsteinzeitlichen Bevölkerung angelegt waren."

Und weiters erzählt Karl Moßler in seinem 1926 erschienenen Bericht über die jungsteinzeitliche Siedlung am Hochberg: „Das Plateau des Berges bot relativ wenig Platz, aber einige Sippen haben doch hier gehaust, wie die zahlreichen Spuren am Süd- und Nordhang bezeugen. Die Reste am Südhang sind leider nicht mehr in ihrer ursprünglichen Lage. Wahrscheinlich reichten im Mittelalter, vielleicht auch noch später, die Weingärten höher am Hang hinauf, und die fleißigen Hauer haben fein säuberlich alle Steine, Knochen und Keramikreste in langen nord-südlich streichenden Wällen zwischen den Weingärten angelegt. Diese sekundäre Lagerung hatte die nachteiligen Folgen, daß das vorgeschichtliche Material noch mehr zerbrochen und zerdrückt wurde."

Doch innerhalb weniger Jahre hatte Moßler immerhin eine Menge vorgeschichtlichen Hausrates wie Reib- und Schlagsteine sowie Reste von schön verzierten Schalen, Schüsseln und Töpfen auflesen können.

Diese Siedlung war nur eine von den Höhensiedlungen am Rande des Wienerwaldes, und bis in unsere Zeit sah man in ihr das Ur-Perchtoldsdorf. Doch bereits 1958 hatte Adalbert Klaar, der große Siedlungsforscher, prophezeit: „Die urgeschichtliche Erschließung Perchtoldsdorfs wird jedenfalls noch manche Überraschung bringen". Und so kam es auch.

Die in den letzten Jahren von Dorothea Talaa durchgeführten archäologischen Grabungen ergaben sogar mehr als eine Überraschung, sie ergaben ein neues Bild von der Besiedlung des Raumes Perchtoldsdorf ...

- Schon im 6. Jahrtausend v. Chr. war dieses Gebiet besiedelt.
- Im 5. Jahrtausend v. Chr. bestand hier bereits ein geistiges und politisches Zentrum (was zwei große Kreisgrabenanlagen im Flachland nahe der Südbahn bezeugen.)
- Im 3. Jahrtausend v. Chr. zog sich der Mensch gern auf Höhen zurück – die Ur-Perchtoldsdorfer auf den Hochberg.
- Ab dem 1. Jahrtausend v. Chr. kehrte der Mensch wieder ins flache Land zurück (was Siedlungsspuren wie auch Funde aus der Kelten-, Römer- und Völkerwanderungszeit beweisen).

Höhepunkt der letzten Grabungen war sicherlich die Entdeckung der zwei imposanten Kreisgrabenanlagen – die in der Flur Aspetten hat einen Durchmesser von 80 Metern, die am Bachacker sogar 100 Meter; Tiefe der Gräben: 3 Meter. Wenngleich auch um solche Kreisgrabenanlagen (siehe Seite 96) noch immer viele Fragen offen sind, so stellen sie allein durch die für ihre Größe erforderliche Arbeitsleistung Kult- und Kulturbauten dar, welche den Jungsteinzeitmenschen unserer Zonen in neuer Sicht zeigen. Rätselvoll bleibt allerdings, warum auch in Perchtoldsdorf zwei solche Riesenanlagen nebeneinander errichtet worden sind.

Perchtoldsdorf hat also eine steinalte Geschichte – wenn man ihm auch seine Vorgeschichte anrechnen würde!

Die „Geschichte des Marktes Perchtoldsdorf/Von den Anfängen bis 1983" von Silvia Petrin ist ein zweibändiges Werk mit insgesamt 684 Seiten. Über die Anfänge findet sich darin allerdings nur der magere Satz „Archäologische Funde lassen darauf schließen, daß das Gebiet von Perchtoldsdorf bereits lange vor unserer Zeitrechnung bewohnt war ... „ Und das siebenundfünfzig Jahre nach dem Erscheinen von Moßlers ausführlichem Bericht über die jungsteinzeitliche Siedlung am Hochberg!

In diesem Werk beginnt die Geschichte des Ortes um das Jahr 1138, weil in einer Schenkungsurkunde damals erstmals ein Heinricus de Perchtoldsdorf schriftlich genannt wird. Was vorher war, läßt sich nicht aufhellen, weil es sich in einem Milieu abspielte – so die Historikerin – „das noch nicht zur Schriftlichkeit gefunden hatte."

„1000 Jahre Perchtoldsdorf – 991 bis 1991 – Eine Siedlungsgeschichte" heißt das Werk des Perchtoldsdorfer Heimatforschers Paul Katzberger. Dieses enthält wohl einen ausführlichen Beitrag der Archäologin Dorothea Talaa – „8000 Jahre Besiedelung des Raumes Perchtoldsdorf" –, jedoch für die Gründung des Ortes führt der Autor das Jahr 991 an. Das war jenes Jahr, in dem nach Vertreibung der Magyaren die bayrischen Kolonisten hier eine Turmburg errichteten.

Beide in letzter Zeit erschienenen Werke führen zur Frage: Wann beginnt eigentlich die Geschichte eines Ortes? Mit der ersten schriftlichen Erwähnung? Oder nach einer historischen Eroberung? Oder nicht doch mit den ersten Lebensspuren?

Hier am Rande des Wiener Beckens ist jedenfalls der Mensch nach seinem ersten Auftreten nie mehr ganz verschwunden, hat es dann nie mehr Jahrhunderte oder Jahrtausende gegeben, in denen das Land öd und leer war (auch wenn es aus manchen Zeitabschnitten noch keine Funde gibt).

Warum werden die „8000 Jahre Besiedlung des Raumes Perchtoldsdorf" nicht in die Ortsgeschichte miteinbezogen? Nur weil die Leute in früheren Jahrtausenden noch keine „Schriftlichkeit" hatten?

Warum wird auch in keiner der beiden Ortsgeschichten der „Weiße Stein" erwähnt?

Der Weiße Stein ist ein weithin sichtbarer Felsen am Ende der Elisabethstraße und am Hang der Föhrenberge. Ein Weinhüter soll an ihm von Bierbrauern ermordet worden sein – zur Erinnerung daran wurde der Stein weiß gestrichen. Nach dem Volkskundler Gustav Gugitz war bei dem Felsen in der Römerzeit eine Dionysos-Kultstätte. Die Bierbrauer (Konkurrenten aller Weinhauer) sind die rohen Titanen der Dionysos-Sage, welche den Gott des Weinbaues getötet haben. Es heißt aber auch, daß bei dem Stein einst die Richtstätte war und das Streichen des Steines angeblich auf einen Gemeindebeschluß zurückgehe (den man noch heute befolgt, sooft das Weinhüterhüttl am Ende der Elisabethstraße neu getüncht wird). Dazu sei bemerkt, daß das Weißfärben von besonderen Gemeindegrenzsteinen in manchen Gebieten Niederösterreichs bis in die letzte Zeit üblich war und daß es außer dem Perchtoldsdorfer Felsen noch andere gibt, welche noch immer weiß gestrichen werden (siehe Seite 45).

Weißer Stein und Hochberg liegen einander gegenüber. Am Hochberg steht man sozusagen Aug' in Aug' zum Weißen Stein, und irgendwie hat man dabei das Gefühl, daß zwischen dem Berg und dem Stein auch schon in alter Zeit mehr als nur eine Blickverbindung bestanden haben könnte. Weil aber das Gelände um den Weißen Stein steil abfällt, wurde auch schon die Hügelkuppe oberhalb des Felsens als möglicher Kultplatz in Betracht gezogen, für die der Stein der Richtpunkt gewesen sein könnte.

Rätselvoll ist er noch immer, der Weiße Stein, und ein faszinierendes Kulturdenkmal ist er außerdem … obwohl es auch über ihn nichts Konkretes und nichts Schriftliches gibt …

 Hochberg: Die von der Elisabethstraße abzweigende Hochbergstraße bis zu einer Kapelle links von der Straße. Dort beginnt der Aufstieg.
Im „Archäologischen Museum im Wehrturm" befindet sich eine interessante Dokumentation über die Ausgrabungsergebnisse der letzten Jahre.

Brunn am Gebirge: Die Frau ohne Gesicht

„Römische Funde" liest man über einem niedrigen Steinbogen im Gliedererhof von Brunn am Gebirge. Betritt man das Gewölbe dahinter, steht man auch gleich vor dem besonderen Schaustück des jetzt in dem Haus untergebrachten Heimatmuseums, steht vor einem für ganz Österreich einzigartigen Denkmal.

Es ist eine mit Mörtelbewurf versehene Steinplatte, die eine fast lebensgroß gemalte Frau zeigt. Die Platte war die Seitenwand eines Steinkistengrabes (auch ein solches ist in dem kleinen Raum zu sehen) aus der Zeit um 100 n. Chr. Es wurde 1972 in einem römerzeitlichen Friedhof in Brunn bei Baggerarbeiten für die Erweiterung der Julius-Raab-Siedlung freigelegt. Bei den damals sofort durchgeführten Notgrabungen konnten 24 Gräber festgestellt werden. Einige der Gräber waren noch unzerstört und enthielten außer den Skeletten auch noch Beigaben (Münzen, Perlen, Gefäße, Gürtelschnallen, einen goldenen Ohr- und Fingerring), die meisten der Gräber waren allerdings schon vorher ausgeraubt worden, auch das in mehr als eineinhalb Meter Tiefe befindliche Grab mit der bemalten Steinplatte.

Die bemalte Steinplatte im Brunner Museum ist insofern etwas Besonderes, weil sie in unseren Zonen weit und breit kein Gegenstück hat. Es gibt wohl ursprünglich bemalte römerzeitliche Reliefgrabsteine, die bemalte Steinplatte ist hingegen ein Unikum.

Die Frau ist in norisch-pannonischer Tracht dargestellt: fußlanges und um den Hals anliegendes Unterkleid aus leichtem Stoff, ärmelloses Oberkleid aus schwerem Stoff und mit einem eckigen Ausschnitt oben, der das Unterkleid sehen läßt. Die Fußbekleidung der Frauen bestand zu dieser Zeit vermutlich aus Filzsocken. Mädchen und Frauen trugen die Haare kurz. Im 1. Jahrhundert n. Chr. sind Frauen noch behütet, im 2. Jahrhundert werden Kopfbedeckungen immer seltener. Unsere Frau trägt eine orangerote turbanartige Haube. Ein Halsreif schmückt sie.

Wir stehen vor einer Frau ohne Gesicht. Während am Gewand alle Details und Falten noch immer gut erkennbar sind – so als wäre es das Wesentliche an diesem Bild –, scheint das Antlitz nur flüchtig (und daher schnell vergänglich) hingepinselt worden zu sein. Das widerspricht aber der Funeralkunst dieser Zeit, in der das möglichst naturgetreue Totenporträt das Wesentliche bedeutete. Daher wurde auch schon vermutet, daß diese bemalte Steinplatte ursprünglich für ein anderes Grabmal angefertigt worden ist und erst in zweiter Verwendung in das Steinkistengrab kam. Dabei hatte man das Gesicht der Frau absichtlich verwischt, zerstört.

Bei vielen Grabsteinen aus dieser Zeit sind in unseren Zonen vor einer

Zweitverwendung die Gesichter zerstört worden. Hier lebte der keltische Glaube noch weiter, daß der Kopf Sitz des Unsterblichen vom Menschen sei. Durch die Zerstörung des Antlitzes wollte man verhindern, daß der Geist des ursprünglichen Grabsteinbesitzers Unheil anrichten könne. Und wie lange diese Vorstellung weiterbestand, hat der Archäologe Gerhard Langmann an einem Grabstein im Burgenländischen Landesmuseum festgestellt: Das Gesicht der im Alter von 75 Jahren gestorbenen Frau Matta wurde bei der späteren Weiterverwendung des in Gols gefundenen Grabsteins nicht nur zerstört, man hatte auch – ein erstes Zeichen des frühen Christentums – zur noch wirksameren Abwehr des Bösen ein Kreuz darin eingehauen.

Vier Jahrhunderte lang war das norisch-pannonische Donauland ein Teil des Römischen Weltreiches. Auch in der Kunst war der römische Stil dominierend, wenngleich sich dieser fern von Rom in einem römischen Provinzialstil zeigt, in dem auch viel bodenständige (in diesem Fall keltische) Volkskunst erkennbar ist. Gewiß: Ein großer Maler hat dieses Brunner Totenbild nicht geschaffen, dafür ist der Kopf im Verhältnis zum Körper zu klein, aber trotzdem fasziniert die Dame jeden Besucher, sobald er den Rundbogen am Eingang des Gewölbes durchschritten hat.

Dieser Bogen wurde erst bei Restaurierungsarbeiten nach Ankauf des Gliedererhofes durch die Gemeinde (1964) freigelegt und soll noch von einem Bauwerk aus der Römerzeit stammen. Sicher ist jedenfalls, daß der im 15. Jahrhundert errichtete Bau auf wesentlich älteren Fundamenten steht.

Daß der Gliedererhof mitsamt seiner ganzen alten Einrichtung (wie die Rauchkuchl) an die Gemeinde Brunn kam, ist eine eigene Geschichte. Mehr als zweihundert Jahre lang war der Hof im Besitz der Familie Gliederer. Dann gab es eine Mutter, welche keine andere Frau in ihrem Haus duldete und deren drei Söhne daher ledig bleiben mußten. Zuletzt wohnte nur noch der achtzigjährige Anton Gliederer allein in dem großen (und immer mehr verfallenden) Haus – bis er es schließlich an die Gemeinde verkaufte.

Die Keltenfrauen waren sicherlich nicht so. Viele der römischen Soldaten haben einheimische Frauen geheiratet, und auf den Grabreliefs zeigen sich bei solchen Ehepaaren die Männer in römischer Kleidung, die Frauen hingegen in norisch-pannonischer Frauentracht. Warum die Frauen sich nicht nach der neuen Mode kleideten? Man nimmt an, daß den Römern die einheimische Tracht so gut gefiel, daß die Frauen sie ihnen zuliebe weiter trugen. Die Exotik der Tracht!

I   Heimatmuseum Brunn am Gebirge, Gliedererhof, Leopold-Gattringer-Straße 34. Öffnungszeiten: 1. April bis 30. November Sonntag 15–17 Uhr.

Vom „Matterhörndl" bei Mödling

Das „Matterhörndl" ist ein bizarres durchlöchertes Felsgebilde von etwa zehn Meter Höhe nächst dem Husarentempel im Anningergebiet. Als um etwa 1880 die Wiener Bergsteiger die Felsen bei Mödling zum Üben für Hochgebirgskletterreien entdeckt hatten, gaben sie diesen Namen von großen Bergen, und so wurde aus einem „Muatterhörndl" (wegen dem vulvenförmigen Spalt in seiner Mitte) das „Matterhörndl".

Auch „Pfennigstein" wurde der Felsen genannt. Und das auf Grund der wahrscheinlich in der Zeit der Romantik nach der Burg Mödling übertragenen frühmittelalterlichen Genovevasage: Ritter hat tugendsame Frau, welche von einem abgewiesenen Liebhaber verleumdet wird / Erboster Ritter wirft Frau ins Burgverlies und bietet sie jedem um einen Pfennig an, der sie haben will / Treuer Knecht befreit Frau und versteckt sie in einer Felsenhöhle / Liebhaber liegt nach Jagdunfall im Sterben und gesteht vorher dem Ritter noch die Verleumdung / Ritter holt Frau zurück und läßt bei dem Felsen ein Frauenkloster errichten / Seither wird der Stein „Pfennigstein" genannt.

In der heimatkundlichen Literatur des 19. Jahrhunderts scheint auch der Name Fenes (Venus-)Stein auf. Das dürfte aber auf eine Verwechslung mit dem „Phönixstein" am Kleinen Anninger zurückgehen, wo 1813 Fürst Liechtenstein eine kleine künstliche Ruine errichtet hat.

Frauen / Mütter scheinen am Anninger ihre Heimstatt zu haben …

Außer dem Muatterhörndl (mit Frauenhöhle und Frauenkloster) gibt es an ihm auch noch den Frauenstein, auf dem drei sagenhafte Frauen gehaust haben sollen. Die Alte hauste in einer Erdhöhle, die andere in einem Haus im Grünen, die Junge in einem dem Himmel näheren Nest. Die eine grub, die andere spann, die jüngste sang. Drei Männer – ein alter Arzt, ein Jäger, ein junger Sänger – kamen und wollten die Frauen heiraten. Doch nur die auf der Erde hausende willigte am dritten Tage ein. Nach der Hochzeit waren die beiden anderen Frauen verschwunden. Als der Alte und der Junge wieder vom Frauenberg zurückkamen, merkten sie, daß sie nicht drei Tage sondern dreimal drei Jahre auf dem Frauenberg verbracht hatten. – Viel Symbolik, viel Mystik steckte in dieser Sage von den drei Frauen oder drei Nornen oder drei Bethen oder wie immer die urzeitliche Göttinnen–Trinität später genannt wurde.

Vom Muatterhörndl vermutet man, daß es ein Erdmutterheiligtum war. Alles Leben kommt aus der Erde. Aus der Erde kommt aber auch alles Üble – und das wollte man ihr wieder zurückgeben. Man wollte es abstreifen, und dazu benützte man Engstellen zwischen zwei Bäumen oder gezwieselten Bäumen oder gespaltenen Felsen.

Dieser Brauch des Durchkriechens ist uralt und – wie völkerkundliche Vergleiche beweisen – findet sich fast bei allen Völkern der Erde. In Österreich zählen neben anderen die „Bucklwehlucke" von St. Thomas am Blasenstein, die „Heidnische Kirche" beim Kraftwerk Kaprun und die „Wolfgangshöhle" am Falkenstein zu den „prominenten" Durchkriechsteinen.

Als vorchristliche Kultstätte wurde das Muatterhörndl bereits von dem großen Urgeschichtsforscher Matthäus Much erkannt, welcher (im Jahre 1875) dazu bemerkte, „daß im Heidentume Krankheiten auf Steine, welche man durchkroch, übertragen werden sollten. Doch durften die Öffnungen nicht von Menschen gemacht sein, was am deutlichsten zeigt, daß die Heilkraft hier von natürlichen , also göttlichen Wesen ausgehen mußte." Much meinte auch, daß die Heilung unter gleichzeitiger Darbringung von Opfern bei solchen Steinen gesucht wurde.

„Noch heute kriecht der Landmann durch den Felsspalt, um sich vor Krankheit, namentlich vor dem Kreuzweh, zu schützen. Auch soll dieses Durchschliefen vor sonstigem Unglück, insbesondere vor Verarmung bewahren. Daß dieses Durchkriechen unbeschrien (schweigend) und ohne Rückblick geschehen muß, das weiß jedes Kind. Sind doch diese Zauberbräuche schon längst in das Spiel der Kinder übergegangen wie der Kinderreim beweist: Schau dich nicht um, der Plumpsack geht um!" schreibt Guido List im Jahre 1880 über das Muatterhörndl. Und: „Es heißt im Volksmunde, daß derjenige, der durch den Spalt schlüpft, in demselben Jahre weder an Rheumatismus noch an Kreuzschmerzen erkrankte", berichtete noch im Jahre 1919 der Mödlinger Heimatforscher Robert Eder.

Die Höhen um Mödling und Hinterbrühl trugen schon in der Jungsteinzeit Siedlungen, vor allem aber im 1. Jahrtausend v. Chr.: Jennyberg, Kalenderberg (wo besonders prunkvolle Keramik gefunden wurde), Frauenstein, Schweinzerberg, Schwarzkogel (faszinierend durch seine Lage). Siedlungsterrassen, Gräben und Wälle sind auf allen diesen Höhen noch erkennbar. Die Hänge um Mödling und Hinterbrühl sind zwar mit kleinen und größeren Felsen gespickt, jedoch das bizarre durchlöcherte Pseudo-Matterhorn hoch oben auf dem Bergkamm hat kein Gegenstück. Es wäre fast ein Wunder, wenn es einst keine Kultstätte gewesen wäre.

Eine Höhle, in der sich die Ritterfrau der Pfennigstein-Sage versteckt gehalten haben kann, gibt es natürlich nicht – sie gibt's ja nur in der übernommenen und nach Mödling übertragenen Sage. Doch bereits Matthäus Much ist aufgefallen, daß der Felsen von einem noch teilweise erhaltenen Steinkreis umgeben ist. Außerdem ist an seiner Ostseite ein runder Erdwall erkennbar (der aber auch erst im Zuge der Fürst Liechtensteinschen Verschönerung und Aufschließung dieses Gebietes am Beginn des 19. Jahrhunderts angelegt worden sein kann). Jedenfalls: Kreisförmige Umschließungen hatten bei alten Kultstätten eine Schutzfunktion.

Am gespaltenen Felsen sind deutliche Bearbeitungsspuren zu erkennen, vor allem an der ostseitigen Öffnung des Spalts, wo eine von Menschenhand ausgehauene Plattform (Kanzel?) zu sehen ist. An dieser Seite ist auch eine kleine natürliche Nische im Fels, in deren Grund sich ein künstlich ausgearbeitetes Becken befindet. Solche Bearbeitungen wurden sicherlich nicht zu profanen Zwecken vorgenommen; wir wissen heute nur nicht, welche Bedeutung sie hatten.

Untersuchungen durch Radiästheten haben ergeben, daß der Felsen bei dem Loch besonders starke Strahlungen aufweist. Was natürlich zu der Annahme führt, daß diese Strahlung in Urzeiten auch zur Bildung dieses Lochs beigetragen haben kann. Bizarre Felsbildungen oder besonders auffallende Bäume sind nicht zufällig auch „Orte der Kraft".

Zu einem anderen „Ort der Kraft" wurde das Matterhörndl dann lange Zeit für die Kletterer. Heute klettert man gerne sehr schwere Routen, solche kann das Matterhörndl nicht bieten. Für die Kletterer von heute gilt das einst kreuzwehlindernde „Muatterhörndl" und später von allen Seiten begeistert erkletterte „Matterhörndl" nur noch als „ein netter, aber sonst vollkommen uninteressanter Zapfen".

I Zum Matterhörndl: Vom Gasthof „Föhrenhof" in der Vorderbrühl führt ein gelb bezeichneter Weg hinauf zum rotbezeichneten Schöffel-Wanderweg. Diesen entlang den Höhenrücken nach Westen ca. 400 Meter weit folgen bis zum Matterhörndl (Tafel). Gehzeit ca. 30–40 Minuten. Empfehlenswert ist ein Besuch des Bezirksheimatmuseums Mödling (Deutschplatz 2), in dem schöne Funde von den prähistorischen Höhensiedlungen bei Mödling zu sehen sind.

Außerdem sei noch auf eine Mödlinger Sehenswürdigkeit aufmerksam gemacht, welche zwar nicht sehr bekannt, aber dafür recht interessant ist:

Der „Römerbrunnen" in der Quellenstraße

Die Quellenstraße ist eine Seitenstraße der nach Gumpoldskirchen führenden „Weinstraße". Diese Quellenstraße heißt nicht so, weil jetzt das Pump- und Wasserwerk der Stadt Mödling in ihr steht, sondern weil sich dort schon seit ältester Zeit eine Quelle befindet, welche so stark ist, daß sie Ende des 19. Jahrhunderts noch ein Drittel des Wasserbedarfs der Stadt deckte und auch jetzt noch in die Wasserversorgung einbezogen ist.

Beim Bau des jetzigen Wasserwerkes in den Jahren 1926/27 stieß man im Boden auf eine aus zugehauenen Quadern bestehende Steinkuppel (Durchmesser an der Basis 3 Meter, Höhe 1,7 Meter), von der angenommen wird, daß sie eine Brunnenstube aus römischer Zeit ist. 1973 wurden in dem Quellengrund auch zwei Bronzespiralarmringe aus der Mitte des 2. Jahrtausends v. Chr. gefunden, und überhaupt ist dort der Boden reich an Tonscherben aus allen Zeiten, von der Urzeit bis in die Neuzeit.

An dieser Stelle führte einst auch der alte Verkehrsweg von Mödling über den Eichkogel nach Baden vorbei; der Quellplatz war also für den Menschen schon immer von einiger Bedeutung.

Die Steinkuppel über der Quelle hatte als Fassung/Brunnenhaus sicherlich einen praktischen Zweck, dürfte aber dennoch mehr gewesen sein. Bei den Griechen waren Nymphen Naturgöttinnen, welche bei Bäumen, Quellen und in Grotten verehrt wurden. Die Römer haben diesen Kult übernommen, haben auch allerorts ihre künstlichen Quellgrotten (Nymphäen) errichtet. Das Gewölbe von Mödling könnte eine Verbindung von Praktischem und Kultischem sein, sozusagen ein Mehrzweckbau.

Nach ihrer Entdeckung hat man die Kuppel abgetragen und auf dem heutigen Bodenniveau gegenüber dem Wasserwerk wieder aufgebaut. Von den Etruskern haben die Römer das Bauen von Kuppeln gelernt, und es war eine lange Entwicklung von den Grabbauten des 7. Jahrhunderts v. Chr. mit den aus vorkragenden Steinen gebildeten „falschen Kuppeln" bis zum römischen Pantheon und der Kuppel von St. Peter. Die Minikuppel von Mödling – sie ist ein Unikum in unseren Zonen – erinnert daran.

An einigen der Quadern des „Römerbrunnens" sind einige Kreuze eingehauen – nicht gleich erkennbar, verwischt, sie müssen schon vor längerer Zeit entstanden sein. Vielleicht erschien den Menschen im Mittelalter oder später der Heidenbau nicht ganz geheuer, sie wollten ihn aber als Brunnenfassung doch behalten und schlugen daher – sicher ist sicher! – die Kreuzzeichen ein …

DIE DURCHLÖCHERTEN SCHÄDEL VON GUNTRAMSDORF

Guntramsdorf hat zwei große Heimatforscher: Ernst Wurth senior und Ernst Wurth junior. Wurth junior war achtzig Jahre alt, als er uns durch das vom Senior (1889–1965) im Jahre 1927 gegründete Heimatmuseum Guntramsdorf führte und dabei so beiläufig sagte, daß er erblich belastet sei. Schon seit frühester Kindheit sei er beim Forschen und Sammeln in des Vaters Fußstapfen getreten, habe dann das Museum erweitert und ausgebaut und sei natürlich so wie der Vater Lehrer geworden.

Guntramsdorf ist als Weinort wohlbekannt, als archäologischer Fundplatz hingegen ist er unter Gelehrten weltberühmt geworden, nachdem Wurth senior 1927 dort den ersten trepanierten (operativ geöffneten) Schädel aus der Keltenzeit gefunden hat, bei dem die Bohrtechnik angewandt worden ist. In Österreich wurde der Fund – so wie es landesüblich ist – zunächst einmal nicht sonderlich gewürdigt; erst nachdem 1928 in London ein großer Zeitungsbericht darüber erschienen war, erkannte man dessen Wert. Der schweizerische CIBA-Konzern wollte dann den Schädel erwerben und als Kaufpreis sein Gewicht in Gold dafür erlegen!

Die Schädeloperationen (Trepanationen) der Antike waren lange Zeit von einem Geheimnis umgeben: Wurden sie nur bei Geisteskranken zur Befreiung von bösen Geistern vorgenommen oder waren es echte Heilversuche? Moderne Untersuchungen haben ergeben, daß es vor allem Heiloperationen (z.B. bei Knochenentzündungen) waren. Solche Operationen wurden bereits in der Jungsteinzeit vorgenommen. Österreichs ältester trepanierter Schädel ist ca. 5000 Jahre alt, wurde in Zillingtal gefunden und ist im Burgenländischen Landesmuseum zu sehen.

Drei Operationsarten gab es: Die Schabtrepanation, die Schnitttrepanation und die Bohrtrepanation (mit feingezahnten Hohlbohrern). Der griechische Arzt Hippokrates (460–375 v. Chr.) hatte bereits genaue Anleitungen für eine solche Bohrtrepanation gegeben … „Beim Bohren muß man den Bohrer wegen der Erhitzung häufig aus dem Knochen herausnehmen und in kaltes Wasser tauchen …"

Haben die Menschen eine solche Operation überlebt?

Etliche Menschen haben sie überlebt!

Sie haben sie überlebt, obwohl es damals noch keine Narkose und Antiseptika im heutigen Sinn gab. Doch wie aus den Schriften des griechischen Arztes Galenos (129–199 n. Chr.) hervorgeht, verwendete man bereits einen aus den Blüten und Früchten der Mandragora (eines Nachtschattengewächses) gewonnenen Extrakt, der drei bis vier Stunden Bewußtlosigkeit erwirken konnte. Daß Patienten die Operation überlebt haben, konnte bei trepanierten Schädeln an den wieder vernarbten Operationsstellen festgestellt werden. Nach den bisherigen Funden haben jedoch nur 50% aller Operierten die Prozedur überlebt.

Was den von Ernst Wurth im Jahre 1927 gefundenen Schädel zu einem Unikat macht, ist, daß an ihm drei Operationen feststellbar sind. Die erste war eine kreisrunde Bohrung (Durchmesser 19 mm) am linken Scheitelbein, die der Patient überlebt hat. Die zweite war eine Schabtrepanation am rechten Scheitelbein, die der Patient ebenfalls überlebte. Die dritte Operation hinterließ drei kleeblattförmig angelegte Bohrlöcher (Durchmesser je 20 mm) und zeigt keine Verknöcherung; der Patient hat sie nur kurze Zeit, vielleicht nur einige Tage überlebt. Dieser arme Geschundene war ein 30–35jähriger Krieger (nach den Grabbeigaben Lanzenspitze und Messer zu schließen), und die Operationen sind im 3. Jahrhundert v. Chr. durchgeführt worden.

Im Grab dieses Kriegers wurde als Beigabe auch eine kreisrunde Scheibe gefunden, welche man ihm bei der ersten Bohrung aus dem Schädel

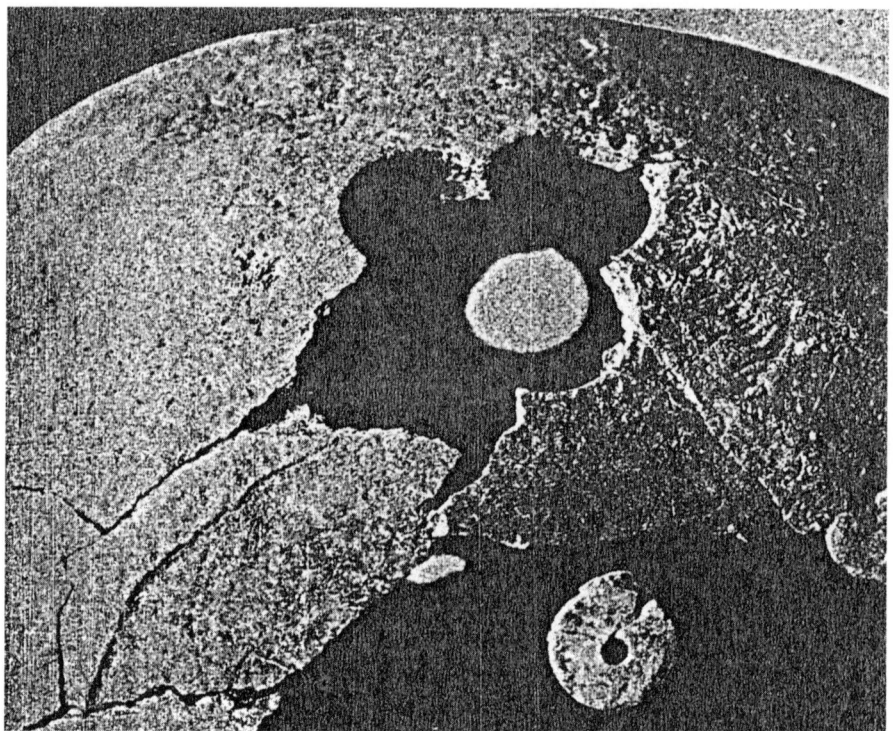

Die Dreifachbohrung an dem Schädel von Guntramsdorf mit dem durchlöcherten Knochenstück von einer vorangegangenen Trepanation (Amulett).
Aus: Friedrich Wimmer, Vier neuentdeckte La-Tène-Gräber in Guntramsdorf.
In: Materialien zur Urgeschichte Österreichs, Wien 1927.

geschnitten hat. Sie hat ein Loch in der Mitte, und es wird angenommen, daß sie der Tote nach der Operation als Amulett getragen hat. Viel Glück scheint es ihm nicht gebracht zu haben ...

Aus der Keltenzeit sind in ganz Mitteleuropa bisher nur in etwa zwanzig verschiedenen Orten trepanierte Schädel gefunden worden, der Bereich Guntramsdorf, wo sogar bei vier Beisetzungen solche Köpfe gefunden wurden, steht dabei an der Spitze. Außerdem präsentieren Guntramsdorf und Katzelsdorf bei Wiener Neustadt (ein Schädelfund) die einzigen Befunde für Bohrtrepanationen in der keltischen Welt. Man nimmt an, daß diese Operationen in den zwei nahe beieinander gelegenen Orten von ein und demselben Arzt vorgenommen worden sind, wahrscheinlich von einem „Gastarzt" aus dem Mittelmeerraum. Ernst Wurth junior ist fest davon überzeugt, daß in und um Guntramsdorf noch einer oder sogar mehrere trepanierte Köpfe zu finden wären.

Daß trepanierte Schädel auch in keltischen Brandbestattungsgräbern gefunden wurden, liegt im keltischen Glauben, nach dem der Kopf auch der Sitz vom Unsterblichen des Menschen (wir nennen es Seele) sei. Der Leib wurde verbrannt und die Asche in eine Urne getan, der Kopf daneben unverbrannt beigesetzt.

Das Original des goldeswerten Schädels befindet sich heute im Urgeschichtsmuseum Asparn/Zaya. Im Heimatmuseum Guntramsdorf ist eine Dokumentation über diesen Fund zu sehen und außerdem im Original ein Kopf mit einer Doppelbohrung.

Gefunden wurden alle diese Köpfe in einem über hundert Keltengräber umfassenden Areal, das dicht neben der Triester Bundesstraße (dort, wo sie den Wiener Neustädter Kanal überquert) liegt und heute mit Siedlungshäusern verbaut ist. Eine Gasse in der Siedlung heißt zur Erinnerung an das Gräberfeld und den Fund vom Jahre 1927 „Keltengasse".

In Guntramsdorf läuteten bereits die Mittagsglocken, als wir den Rundgang durch das drei Stockwerk hohe Guntramsdorfer Ernst-Wurth-Museum beendeten, wobei Wurth junior bemerkte, daß das nur eine flüchtige Besichtigung gewesen sei. Doch bevor wir gingen, zog es uns noch einmal zu der Vitrine mit den Köpfen ...

Damals im Jahre 1927, als der Kopf mit den fünf Operationslöchern gefunden wurde, hatten einige Guntramsdorfer noch gefragt, was daran so etwas Besonderes sein soll an dem „hinigen Totenschädel mit ein paar Löchern drin"?

 Ernst-Wurth-Museum Guntramsdorf, Schulgasse 2. Geöffnet jeden Sonntag 10–12 Uhr.

Einödhöhlen – „Haushöhlen der Wiener"

Die Einödhöhlen bei Pfaffstätten sind – so kann man es lesen – Brandungshöhlen aus dem Jungtertiär, sind vor etwa 60–70 Millionen Jahren von den Meereswellen aus dem Gestein gespült worden.

60–70 Millionen Jahre … das sagt sich leicht, das schreibt sich leicht, aber vorstellbar ist ein solcher Zeitraum nur schwer oder überhaupt nicht. Vorstellbar ist auch nicht, was in solchen Zeiträumen alles zu geschehen vermag …

An den Brandungshöhlen des Wienerwaldes hatte der bekannte Höhlenforscher Hubert Trimmel beim Gedanken an solche Zeiträume eine ihn nachdenklich stimmende Feststellung gemacht, nämlich, eine von ihm selbst beobachtete lebhafte Verwitterung des Gesteins zu körnigem Grus und einen raschen Raumverfall innerhalb weniger Jahre. Das ergab die Frage: Was hätten 60–70 Millionen solch „lebhafter" Jahre wohl an einer Brandungshöhle bewirkt?

Hubert Trimmel hatte damals (1952) geschrieben: „Man hat bisher immer angenommen, daß die Höhlen dieser Zone fast durchwegs der Brandungswirkung des jungtertiären Meeres ihre Entstehung verdanken, das die Ebene vor dem Alpenostrand erfüllte. Bei der raschen Umbildung der Höhlen, wie wir sie gegenwärtig miterleben können, erheben sich begründete Zweifel an einer solchen Ansicht. Sollten sich die Brandungshöhlen durch all die langen Zeiträume bis in unsere Tage erhalten haben, um uns jetzt ihre rasche Vergänglichkeit zu offenbaren?"

Ob nun die Höhlen am Alpenostrand dem Meer ihre Entstehung verdanken oder nicht – sicher ist, daß viele schon von jenen Menschen benützt wurden , denen vor Jahrtausenden dieses Gebiet zum Lebensraum wurde. Und es war der Badener Heimatforscher Gustav Calliano (1853–1930), welcher bereits am Ende des 19. Jahrhunderts im Badener Raum jede der Höhlen durchforschte. Durch seine Ausgrabungen im „Winschloch" und in der „Königshöhle" (wobei nach den darin geborgenen Funden sogar ein Kulturkreis des 3. Jahrtausends v. Chr. „Badener Kultur" benannt wurde) konnte auch nachgewiesen werden, daß diese beiden Höhlen bedeutsame prähistorische Kultstätten waren. Calliano hatte erkannt, „daß ein gewisser geistiger Zusammenhang zwischen der Sagenwelt, der Höhlenkunde und der modernen prähistorischen Wissenschaft bestand", und das ermöglichte es ihm auch – wie er schrieb – „Einblicke in die Nachklänge einer mythischen Naturanschauung zu gewinnen."

Natürlich hatte der bienenfleißige Sagen-, Höhlen- und Urgeschichtsforscher auch die sagen- und höhlenreiche Einöd bei Pfaffstätten aufge-

Vorhergehende Seite:
Wall und Wallgraben auf
dem Burgstall bei Purbach

Links: Geheimnisvolle
Steine auf der Joiser Heide –
Der Eingang in das
sagenumwobene Zwergloch
bei Hundsheim –
Das Zeilerbrünndl an der
alten Bernsteinstraße

Oben: „Attilas Grabstein" in St. Georgen

Links: Der sich vor Frühaufstehern verneigende
„Kümmerlingstein" in Kleinhöflein

Der „Hölzelstein" bei Oggau

Unten: Freilichtmuseum bei Siegendorf: Das restaurierte Kriegergrab (12. Jahrhundert v. Chr.)

sucht. Der Riese Aenother soll dort in einer Höhle gehaust haben, die so
groß war, daß ein zweispänniger Wagen in ihr bequem umkehren konnte. Diese Höhle gibt es nicht mehr; 1888 wurde sie wegen Einsturzgefahr
gesprengt.

Die Einödhöhle (mit einer Ganglänge von 87 Metern) und die Elfenhöhle
gibt es noch. Beide Höhlen wurden – wie Einzelfunde ergaben – vom Menschen prähistorischer Zeit verwendet, doch leider wurden die Höhlen in
der Neuzeit auch für Reibsandgewinnung benützt und dadurch alle Fundschichten gründlich zerstört. 1925 wurden sie zu Schauhöhlen ausgebaut
(Besuchszeit täglich 8–20 Uhr, Führungen in deutsch, rumänisch, serbisch,
bulgarisch, russisch, türkisch. Eintrittsgebühr 30 Groschen).

Von der Einöd erzählt eine Sage, daß dort ein ewiges Feuer brenne. Das
klingt so ganz anders als Feuer zum Wärmen, Fleischbraten oder Feuer
zum Warnen vor Feinden, das klingt so sakral als wie ewiges Licht. Nach
einer anderen Sage haben drei wilde Frauen (welche – wie man heute
weiß – stets synonym für die drei Bethen, die alten Muttergottheiten gelten) darin gehaust. Diese Sagen haben auch zur Vermutung geführt, daß
die Höhlen in diesem stillen Hinterwinkel auch alte Kultplätze gewesen
sein könnten.

Natürlich sind die Benennungen einzelner Höhlenteile wie „Thronsaal"
(in der Einödhöhle) oder „Kapelle" (in der Elfenhöhle) romantische Er-
findungen aus jüngster Zeit. Trotzdem scheint ein ganz eigenartiger Zauber von diesen Höhlen auszugehen, scheint eine fast magische Anzie-
hungskraft in ihnen zu wirken – gegen die sogar die nicht weit davon entfernte längste Höhle des Wienerwaldes nicht ankommt. Das ist die „Drei-
därrischenhöhle" (nach drei menschenähnlichen Felsen so benannt) oberhalb von Gumpoldskirchen mit einer Ganglänge von 230 Metern. Es ist
eine vor allem im Winter durch Eisbildungen sehenswerte Höhle, aber –
so sagen die Wienerwaldfreunde – „die Einödhöhle ist trotzdem viel schöner!" Und so sind die Einödhöhlen auch schon lange vor der heutigen
Esoterikwelle recht oft zur Abhaltung von Feierstunden („Nachklänge einer mythischen Naturanschauung") aufgesucht worden (sehr zum Ärger
der Höhlenforscher und Fledermäuse, welche Höhlenfeiern mit Höhlenfeuer nicht mögen).

In der Zeitschrift „Der Gebirgsfreund" erschien im Jahre 1926 ein vom
Niederösterreichischen Landesmuseum herausgegebener Werbetext für
die Einödhöhlen … „Immer anders ist der Eindruck, den die Umgebung
der Höhlen am frühen Morgen, im vollen Tageslicht, bei goldig-rotem
Sonnenuntergang oder im bleichen Mondlicht auf den Besucher macht.
Wer aus der Erhabenheit und Schönheit der Natur Ruhe, Freude, Erho-
lung, Lebenslust und Naturbegeisterung schöpfen will, findet alles im
vollen Maße bei einem Besuch der Einödhöhlen; diese sind infolge der

In den Sagen des Donaulandes wird Kaiser Karl der Große oft mit dem Riesen
Aenother in Verbindung gebracht, der in seinem Heer gekämpft und die Awaren wie
Frösche aufgespießt hatte. In der Einöd soll er in einer Höhle gehaust haben. Er
wurde auch Einheer genannt, weil er ein ganzes Heer ersetzen konnte. Darin stecken
allerdings altgermanische Vorstellungen von tapferen Einzelkämpfern – „Einherier"
genannt – welche nach ihrem Heldentod sofort in Walhalla einziehen durften.
(Illustration aus: Moritz Bermann, Geschichte der Stadt Wien, 1863)

großen Besucherzahl, die im Vorjahre über 30.000 betrug, mit Recht als
die Haushöhlen der Wiener bezeichnet worden, der sprechende Beweis
ihrer großen Beliebtheit."

In einem Jahr mehr als 30.000 Besucher der Einödhöhlen in der Einöd
bei Pfaffstätten!

Damals waren die Leute noch ärmer und konnten sich keine großen
Fernreisen leisten, innerlich waren sie aber noch reicher und konnten auch
in der Nähe große Erlebnisse finden.

I Die Einödhöhlen erreicht man von dem aus der Einöd (bei Pfaffstätten)
auf den Pfaffstättnerkogel führenden Weg (Gehzeit von der Straße 10–15
Minuten). Mitnahme einer Taschenlampe empfehlenswert.

HOHE WAND: DER GEHEIMNISVOLLE SCHACHT VOM „KARNITSCHSTÜBERL"

In den langen Ostabstürzen der Hohen Wand ist eine riesige Halbhöhle, die schon von weit draußen im ebenen Land gesehen werden kann und bei deren Anblick man unwillkürlich an eine Apsis denkt. Die Halbhöhle heißt „Karnitschstüberl" (nach dem einstigen Besitzer des unterhalb befindlichen Loderhofes), und der mit Leitern und Drahtseilen gesicherte an ihr vorbeiführende Steig heißt „Hanselsteig" (nach dem Schlossermeister aus Wiener Neustadt, der ihn angelegt hat). In dem 1919 erschienenen Hohe-Wand-Führer schreibt der Hohe-Wand-Pfarrer und spätere Domprälat Dr. Alois Wildenauer von einem ca. 7 Meter tiefen, runden Schacht in der Halbhöhle ... „ein kleines Naturwunder, in welches auf senkrechter Eisenleiter hinabzuklettern eine unschuldige Freude bereitet."

1940 – ich hatte gerade mit dem Bergsteigen begonnen – gönnte ich mir die unschuldige Freude und kletterte hinab in den Schacht. 1945 feuerte die russische Artillerie in die Halbhöhle, und dadurch sind viele Felsbrocken in den Schacht gestürzt und bedecken noch immer den Schachtboden. Ich kann mich aber gut erinnern, wie der Boden beschaffen war: Er war vollkommen eben und glatt.

Erst etliche Jahre später wurde mir bewußt, daß der mehr als zwei Meter breite Schacht keineswegs ein Naturwunder ist, sondern von Menschenhänden sorgfältigst ausgemeißelt wurde. Außerdem ist am Rande noch eine Art Bank ausgehauen. Wer hat das gemacht? Und wozu?

In dem 1971 erschienenen Hohe-Wand-Führer meint sein Verfasser Robert Hösch, daß der „merkwürdige mehrere Meter tiefe Schacht" ein Brunnen gewesen sein könnte. Das war er nie. In der Halbhöhle gibt es weder Tropf- noch Sickerwasser.

Es gibt auch weder Überlieferungen, Sagen oder irgendeine schriftliche Erwähnung. Es gibt nur Vermutungen.

Signalstation für Feuerzeichen zwischen den Burgen Emmerberg und Starhemberg? Es gibt keine Feuerspuren. Und wie hätte in dem Loch ein gut sichtbares Feuer brennen sollen?

Depot für Getreide und Saatgut in Kriegszeiten? Ein Versteck an einer solch markanten Stelle erscheint unglaubwürdig und der Schacht dafür zu aufwendig.

Anläßlich eines Vortrages vor Heimatforschern aus dem Raum Leobersdorf stellte ich am Schluß auch den Schacht vom „Karnitschstüberl" zur Diskussion. Allen Damen und Herren erschien er ebenfalls rätselhaft.

So kam es, wie es kommen mußte ... „Wenn man net weiß, was etwas ist, dann sagt man, es ist kultisch!" (Ausspruch des Prähistorikers Franz Eppel).

Als Kultplatz erscheint die weithin sichtbare Riesenhalbhöhle als ein Idealplatz. Auch heute wird sich kaum ein Bergwanderer der Faszination dieses Platzes entziehen können, umso mehr muß ein solches Naturwunder auf die dafür wesentlich empfänglicheren Menschen früherer Zeiten gewirkt haben.

Wir sind hier in einem seit der Urzeit besiedelten Gebiet. Direkt gegenüber von den Steilabbrüchen der Hohen Wand mit dem „Karnitschstüberl" befand sich in den Fischauer Bergen auf der Malleiten im 1. Jahrtausend v. Chr. eine bedeutende Höhensiedlung. Und auf dem 1023 Meter hohen Geländ (einem Ausläufer der Hohen Wand) konnte eine aus etwas noch älterer Zeit stammende Wallburg lokalisiert werden, welche gleichzeitig ein Kupferverarbeitungszentrum war. Auf der Malleiten wurden – nach den Funden – die „Hoffmannshöhle" wie auch die eindrucksvolle Naturbrücke „Steinerner Stadl" bereits in der Jungsteinzeit als Kultstätte aufgesucht. Durch den Spalt am „Teufelsmühlstein" krochen noch bis in unser Jahrhundert die Leute, um ihr Rheuma loszuwerden (ein Brauch, der in älteste Zeiten zurückreicht).

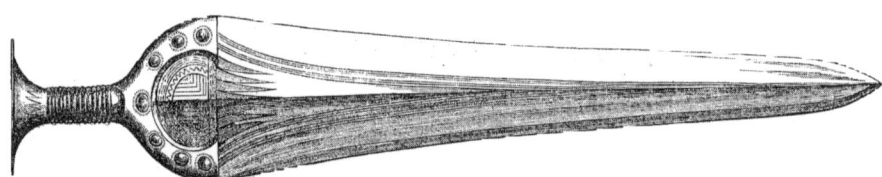

Mit diesem prächtigen Bronzedolch haben in einem Bauernhaus am Fuße der Hohen Wand Kinder gespielt! Aus: Eduard v. Sacken, Die Funde an der langen Wand bei Wiener Neustadt, Wien 1865

„Ein Herr, der von Neustadt aus einen Ausflug in diese Gegend machte, sah in einem Bauernhause Kinder mit einem Bronzewerkzeuge spielen; durch die seltsame und elegante Form desselben angeregt, erwarb er dasselbe nebst einigen kleinen Gegenständen ..." berichtete im Jahre 1865 Eduard v. Sacken in den „Sitzungsberichten der Akademie der Wissenschaften". – Das Kinderspielzeug war ein prachtvoller Bronzedolch!

Sacken erzählte damals außerdem, daß in diesem Gebiet schon seit mehr als dreißig Jahren „viele Bronzen der vorzüglichsten Art" gefunden worden sind, von denen die meisten als Alteisen (!) an Metallfabriken verkauft wurden. Im Sommer 1864 fand ein Hirtenjunge oberhalb von Stollhof und unterhalb vom „Karnitschstüberl" „zwischen nackten, steilen Felsen, mit Geröll bedeckt, auf einer ziemlich jähen, nur mit einiger Beschwerde zu ersteigenden Abdachung" den seither berühmt gewordenen „Depotfund von Stollhof", dessen kostbare Objekte (u.a. zwei Goldscheiben aus dem frühen 4. Jahrtausend v. Chr.) im Naturhistorischen Museum, Wien, zu besichtigen sind. Die Höhe des Fundplatzes wurde mit etwa 2200 Fuß (ca. 695 Meter) angegeben. Das ist schon sehr hoch oben im Steilabbruch der Hohen Wand – das Hanselsteighaus am Plateaurand hat eine Seehöhe von 850 Meter. Als Bergsteiger, der schon so ziemlich jeden Winkel der Hohen Wand kennengelernt hat, habe ich nie recht begreifen können, warum ein Händler so hoch gestiegen ist, um seine Waren zu verstecken. Gibt es doch wesentlich tiefer ebenfalls gute Versteckplätze! Depotfund? Ob es nicht unter der Riesenhalbhöhle hinterlegte Opfergaben waren?

Es spricht wahrhaftig viel dafür, daß die Höhle mit dem Schacht darin ein Kultplatz war. Doch: Welcher Kult wurde da betrieben?

Auf unserem „Alpenspaziergang" von Wien nach Nizza im Jahre 1984 kamen wir auch in die in prähistorischer Zeit gegründete Alpenstadt Susa. Dort gibt es einen Opferstein der Kelto-Ligurer, auf den später die Römer einen Aquädukt gesetzt haben. Und auf dem Stein mit seinen Schalen und Rillen gibt es ebenfalls einen kreisrunden Schacht, der als Mundus gedeutet wird – als symbolischer Eingang in die Unterwelt, als Opferschacht für die Erdgötter aber auch für die Toten. Damals in Susa meinten wir, daß auch der Schacht vom „Karnitschstüberl" ein solcher Opferschacht gewesen sein könnte.

Die Zeit verging, und Zweifel kamen. In der Etruskernekropole von Cerveteri hatten wir ebenfalls einen Totenopferschacht gesehen – und der ist schmal. Auch der Schacht von Susa ist wesentlich schmäler als der von der Hohen Wand. Der hat beinahe die Größe einer Senkgrube von einem großen Bauernhaus …

1993 untersuchte der Radiästhet Harald Walther aus Bielefeld den Schacht (er hatte nicht nur in Europa, sondern auch schon in Ägypten und Indien an vielen Kultstätten Erfahrungen erworben). Sein Ergebnis: Der Schacht hatte eine Kultfunktion, war aber keine Opferstätte.

1995 kam Harald Walther wieder. Auch ihn hatte der ominöse Schacht nicht losgelassen. Diesmal brachte Walter gleich eine ganze Gruppe von Mitgliedern des „Forschungskreises für Radiästhesie" mit. Die Untersuchung ergab zunächst, daß das Zentrum des Schachts ein positiver Platz ist, seine Rückwand hingegen ein absolut negativer. Plus und Minus nebeneinander. Ergebnis: Vermutlich ist es ein Initationsplatz oder ein Platz der Schamanen für ihre Meditation oder Trancen gewesen.

Initiationsriten (lat. *initium* = Eintritt, Anfang) sind Zeremonien bei – um es zeitgemäß auszudrücken – einem Rollenwechsel. Wenn der Knabe zum Mann und das Mädchen zur Frau werden, so gleicht das dem Beginn eines neuen Lebens, und damit waren seit ältesten Zeiten und bei allen Völkern der Erde gewisse Feiern und Zeremonien verbunden. Eine Reihe von Riten – so der Religionswissenschaftler Mircea Eliade – „steht in Beziehung zu den Grotten und Spalten der Berge, Symbolen der Gebärmutter der Mutter Erde. Erwähnen wir nur, daß die Grotten eine Rolle in den prähistorischen Initiationen gespielt haben."

In der „Dritten Welt" haben sich Initiationsriten länger erhalten, und das haben die Ethnographen so bienenfleißig genützt, daß wir heute schon eine Überfülle von Beobachtungen und Beschreibungen solcher Riten aus dem hintersten Winkel Afrikas wie von der allerwinzigsten Südseeinsel haben. Es besteht kein Zweifel über die hohe Bedeutung, welch alle noch mit der Natur verbundenen Völker den Initiationsriten zumaßen und noch immer zumessen. Und mit guten Gründen glaubt Mircea Eliade, „daß eines der Merkmale unserer modernen Welt das Verschwinden von Initiationsriten sei."

„Neue Welt" wird das flache Land zwischen der Hohen Wand und den Fischauer Bergen genannt, und bei der Annahme, daß das „Karnitschstüberl" einst eine Kultstätte war, wäre es sozusagen die Kirche der Neuen Welt gewesen. Und sollte der Schacht Initiationsriten gedient haben, dann wäre er das gleiche gewesen, was für eine christliche Kirche das Taufbecken ist (welches im Frühchristentum eine tiefe Wanne war, in die der Täufling hineinsteigen mußte). Zwischen Initiation und der jetzigen christlichen Taufe besteht allerdings ein großer Unterschied: Der Täufling in seinen Windeln tritt nicht bewußt in ein neues Leben ein – die Taufe wird an ihm einfach vollzogen.

Nach den Ergebnissen des radiästhetischen Forschungskreises ist der Schacht ein Idealplatz für Meditationen. War er das seinerzeit auch? Und war er das für jedermann oder nur für Auserwählte?

Obwohl es zumeist falsch ist, heutige Vorstellungen auf längst vergangene Zeiten zu übertragen, so ergibt sich beim Anblick der Riesenhalbhöhle doch der Gedanke, daß diese ein Kultplatz für alle und jeden gewesen sein müßte. Als Initiations- oder Meditationsplatz wäre es jedoch nur einer für Wenige gewesen.

Oder: War die gewaltige Steinapsis wohl ein Heiligtum für alle und der Schacht nur ein Teil davon für ganz bestimmte Zeremonien? Und: War die Apsis schon vorher ein Kultplatz, und wurde der Schacht erst später aus dem Fels gehauen?

So ist das schon mit diesem Schacht im „Karnitschstüberl" an der Hohen Wand … kaum meint man, seinem Geheimnis eine Spur näher gekommen zu sein, stellen sich schon wieder neue Fragen in den Weg!

Schon seit der Fertigstellung des „Hanselsteiges" im Jahre 1911 steht im

„Karnitschstüberl" ein solider Holztisch mit Bank davor (auch auf den Wiener Hausbergen schätzt man die Gemütlichkeit). Das ist ein Lieblingsplatz von mir. Von ihm bin ich schon oft weggegangen mit der stillen Hoffnung, beim nächsten Besuch vielleicht schon mehr zu wissen über diesen verflixten Schacht. Doch bis jetzt bin ich immer nur mit neuen Vermutungen zu ihm heraufgekommen. Ob sich daran noch etwas ändern wird?

„Karnitschstüberl" am „Hanselsteig": Der rotmarkierte Steig beginnt beim Gasthof Loderhof oberhalb von Stollhof. Ca. 40 Minuten Steilaufstieg, zuletzt über eine gutgestufte Rampe (Drahtseile, Trittsicherheit notwendig) in die große Halbhöhle.

Geländ (1023 m) bei Grünbach: Von der Bahnstation Grünbach-Klaus der Schneebergbahn auf rotmarkiertem Weg zum Schutzhaus auf dem Gipfel (1 ½ Stunden). Der prähistorische Wall ist ca. 200 Meter westlich der Schutzhütte deutlich erkennbar. An seiner tiefsten Stelle ist auch noch die alte Zisterne (Wassergrube) zu sehen.

„Teufelsmühlstein", „Steinerner Stadl", Malleiten: Vom Sportplatz Wöllersdorf (Parkplatz) den rotmarkierten Wanderweg zum Finkenhaus folgen. Nach ca. 10 Minuten rechts Abzweigung zum „Teufelsmühlstein" (Hinweisschild). Weiter den Höhenweg. Nach ca. ½ Stunde rechts Abzweigung zum „Steinernen Stadl" (Hinweisschild). Weiter den Hauptweg bis zu der zum Finkenhaus führenden Fahrstraße bei der Fiedlerwiese.

Folgt man dort dem blaubezeichneten, nach Bad Fischau führenden Weg, so kommt man zunächst an jetzt nur noch schwach erkennbaren Hügelgräbern aus der Hallstattzeit vorbei, erreicht aber nach ca. 600 Metern (ca. 20 Meter rechts vom Weg in dichtem Wald) den bereits 1895 geöffneten „Königshügel", der so belassen ist, wie ihn die Ausgräber nach der Arbeit verlassen haben (Durchmesser ca. 20 Meter, heutige Höhe nur noch 3 Meter), aber trotz der Zerstörung immer noch beeindruckend.

Steigt man von der Fiedlerwiese in Richtung Westen etwas bergan, erreicht man das Malleiten-Hochplateau (wegen der vielen Scherbenfunde schon seit langem auch „Töpferboden" benannt), wo sich im 1. Jahrtausend v. Chr. eine große Höhensiedlung befand. Die bereits im 4. Jahrtausend v. Chr. als Kultplatz benützte „Hoffmannshöhle" befindet sich knapp unter dem Ostrand des Hochplateaus.

Das „Gschlössl" von Leithaprodersdorf

Die Leitha ist schon seit alten Zeiten ein Grenzfluß, und noch in der k.u.k. Monarchie gab es ein Zisleithanien und ein Transleithanien. Wenn wir heute von Deutschprodersdorf über das kümmerliche Flüßlein hinüberfahren nach Leithaprodersdorf, passieren wir noch immer eine Grenze – die zwischen Niederösterreich und dem Burgenland.

Am Ortsrand von Leithaprodersdorf hatte der Urgeschichtsforscher Matthäus Much im Jahre 1878 ein – wie er schrieb – „prähistorisches Bauwerk" entdeckt … „einen flachen, nur wenig gewölbten Hügel auf breiter kreisrunder Basis, von einem zweifachen niedrigen Ringwalle umschlossen". Vom Volk wird es „Gschlößl" genannt.

Es ist ein gewaltiges Erdwerk! Der Durchmesser des „wenig gewölbten Hügels" beträgt 60–70 Meter, der zwischen den äußersten Ringwällen 160–180 Meter. Obwohl an diesem Riesenrund mit den drei Gräben und drei (nicht zwei) Ringwällen der Regen und der Wind und auch der Mensch schon viel zur Planierung (für einen geplanten Sportplatz) bewirkt haben, ist der heutige Besucher noch immer sehr beeindruckt, wenn er davorsteht.

Much hatte damals festgestellt: „ Alle Umstände, insbesondere auch historische Nachrichten deuten mit ziemlicher Sicherheit darauf hin, daß die Bauwerke dieser Art, d.i. konische von mehreren Ringwällen eingeschlossene Hügel, heidnische Tempelstätten gewesen seien."

Dieses Land an der Leitha ist von der Jungsteinzeit an in allen Epochen besiedelt gewesen, und seit dem Ende des 19. Jahrhunderts ist es daher bis heute zu einem höchst ergiebigen Grabeland für die Wissenschaft geworden. Das großartige Museum in Mannersdorf belegt wohl am besten den fundhältigen Boden dieses Gebietes.

Als Matthäus Much dieses Erdwerk bei Leithaprodersdorf entdeckte, war der Wissensstand der Urgeschichtsforschung noch sehr bescheiden, und so mancher dieser Pioniere ist Irrtümern unterlegen, Much ebenfalls. Viele der Erdwerke, welche er als Heiligtümer bezeichnet hatte, waren in Wirklichkeit Verteidigungsanlagen.

So konnte später auch festgestellt werden, daß das Erdwerk von Leithaprodersdorf 1232 als „Castrum Pordan" schriftlich bezeugt wird und eine um 1200 angelegte Wasserburg war, welche aber bereits 1273 vom Böhmenkönig Ottokar zerstört worden ist. Der Wasserzufluß für die Gräben kam aus einer beim ehemaligen Badehaus südwestlich vom Ort entspringenden Quelle.

Als im Jahre 1956 das Bundesamt für Eich- und Vermessungswesen un-

ter der Leitung von Karl Ulbrich eine Vermessung der Anlage vornahm,
war die 8–12 Meter breite Sohle des Grabens um das Mittelwerk noch mit
Wasser gefüllt. Jetzt ist es infolge einer Verlegung des Baches trocken.
Über diese Vermessung des Gschlößls hat Karl Ulbrich einen sehr infor-
mativen Bericht verfaßt, in dem er sich allerdings nicht verkneifen konnte, dem längst verstorbenen Entdecker dieser Erdanlage eine Rüge zu er-
teilen … „Er hat sie, obwohl es sich offensichtlich um eine Wasserburg
handelt, als heidnisch-germanische Kultstätte aufgefaßt."

Bei diesen Vermessungsarbeiten wurden im Zentrum des Mittelwerkes
in einer Grube Bruchstein-Mauerreste festgestellt. 1971 begann Fritz Felgenhauer im Auftrag des Burgenländischen Landesmuseums dort zu graben und stieß auf die Fundamente eines römischen Wachtturmes aus dem
3./4. Jahrhundert n. Chr. Sie hatten die Ausmaße von 10 x 10 Meter und
eine Mauerbreite von 1 Meter. Man nahm an, daß im Mittelalter auf diese Fundamente das feste Haus von „Castrum Pordan" gestellt und gleichzeitig auch die Rundgräben und Rundwälle herum gezogen worden sind.

In den 70er Jahren wurden in Österreich erstmals spezielle Luftaufnahmen für archäologische Untersuchungen angefertigt, und das erste
und zugleich aufsehenerregende Ergebnis dieser Luftbildarchäologie war
die Entdeckung von Kreisgrabenanlagen in Ostösterreich (siehe auch Seite 97). Zunächst meinte man, daß es diese aus dem 5. Jahrtausend v. Chr.
stammenden Erdwerke nur nördlich der Donau gibt, doch die jüngste
Entdeckung zweier solcher Anlagen bei Perchtoldsdorf widerlegte diese
Meinung.

Es war der an alten Kultplätzen interessierte Pfarrer Franz Jantsch, der
im Hinblick auf die Ähnlichkeit der Grundrisse von Kreisgrabenanlagen
und dem vom Gschlößl meinte, „Es ist verlockend, Vergleiche mit ähnli-
chen Wallanlagen anzustellen und daraus zu schließen, daß es sich ursprünglich nicht um eine Befestigung sondern um eine Kultanlage ge-
handelt hat. Die Rute schlägt wie an anderen Plätzen am Rande der Wälle stark aus." – Die Wünschelrute schlägt auch im Zentrum stark aus.

Von Kreisgrabenanlagen wußte man bis vor wenigen Jahren so gut wie
nichts, sie stehen erst seit kurzem zur Diskussion; nur bei einigen der
durch Luftaufnahmen lokalisierten Anlagen ist es bis jetzt auch zu planmäßigen Untersuchungen gekommen. Und um „kreisgrabenverdächti-
ge" Erdwerke, welche in späterer Zeit für andere Zwecke adaptiert worden sein könnten, hat sich bis jetzt überhaupt noch niemand gekümmert.

Sollte das Gschlößl ein prähistorischer Kultplatz gewesen sein, dann
haben die Römer ihren Wachtturm wohl deswegen auf den Mittelpunkt
der Anlage gestellt, weil er als Erhöhung ein markanter Punkt in dem flachen Land war. Und bereits vorhandene Ringgräben und Ringwälle könnten dann im Mittelalter zum Ausbau für eine Wasserburg animiert haben.

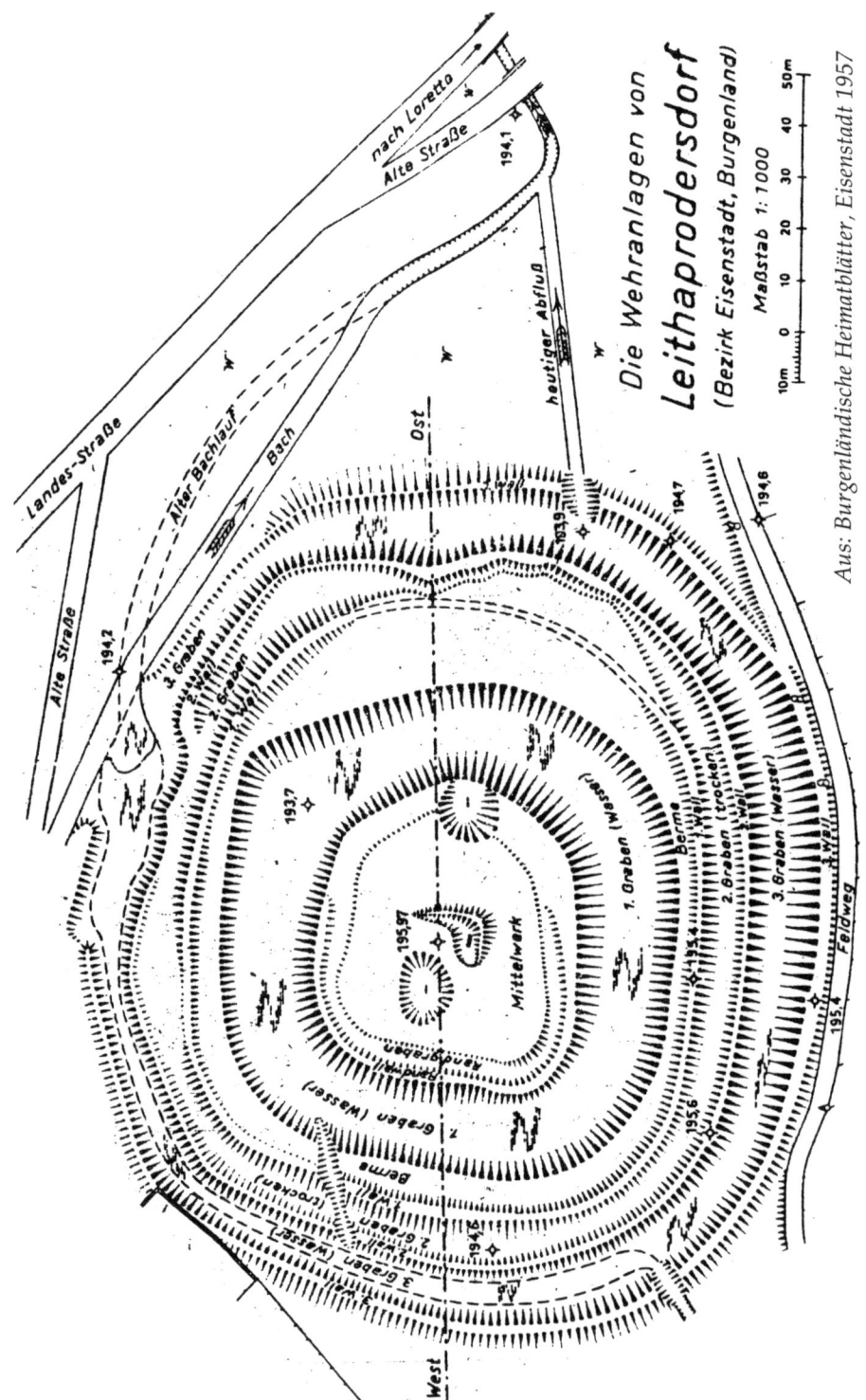

Die Wehranlagen von
Leithaprodersdorf
(Bezirk Eisenstadt, Burgenland)
Maßstab 1 : 1000

Aus: Burgenländische Heimatblätter, Eisenstadt 1957

Würde das zutreffen, dann hätte Matthäus Much doch recht gehabt, als er nach seiner Entdeckung dieses Erdwerkes im Jahre 1878 in ihm ein Heiligtum sah und schrieb: „In den nördlichen und östlichen Ländern errichteten die alten Bewohner ihre Tempelkreise aus Stein; unseren Vorfahren gewährte der heimische Boden nur Erde, aus ihr bauten sie ihre Tempelstätten, auf deren geheiligten Boden sie dem Bedürfnisse, der Gottheit näher zu treten, folgten."

 Das „Gschlößl" befindet sich am Südrand von Leithaprodersdorf neben der nach Loretto führenden Straße (Freilichtmuseum mit Informationstafel). Die daneben aufgestellten römischen Sarkophage wurden nicht an diesem Platz gefunden, sondern stammen aus der römischen Nekropole von Müllendorf.

Etwa 1 Kilometer südwestlich von Leithaprodersdorf liegt auf einem Hügel der Friedhof mit der wie ein Stockzahn aufragenden Ruine der im 13. Jahrhundert erbauten Stephanskirche. Sie war bis Mitte des 17. Jahrhunderts die Pfarrkirche des Ortes. Jetzt ist die Ruine restauriert, und von ihrem Turm bietet sich ein prachtvoller Ausblick auf das an prähistorischen wie frühgeschichtlichen Funden reiche Kulturland rundum.

Das sehenswerte Museum Mannersdorf in der Jägerzeile ist vom 1. Mai bis 31. Oktober an Sonntagen von 10–12 Uhr geöffnet. Zu jeder Zeit ist jedoch der vor dem Museum aufgestellte Grabstein der Umma zu sehen – einer Frau in keltischer Tracht mit großer Pelzmütze, einer der schönsten in keltischer Tradition gearbeiteten römischen Grabsteine.

Donauübergang Sachsengang

Der Busfahrer wollte uns unbedingt bei der vielgerühmten „Taverne am Sachsengang" absetzen, wir wollten aber zum Schloß Sachsengang in Oberhausen. „Dort gibt's kein Schloß!" sagte er.

„Dort gibt es eines!"

„Hörn S', i fahr' die Streckn jeden Tag und hab' noch nie ans gsehn!" Der Busfahrer war etwas beleidigt.

Tatsächlich ist Schloß Sachsengang von so hohen Bäumen umgeben, daß man es von der Hauptstraße nicht sehen kann. Es war ein Sonntagvormittag, und es war auch auf der Hauptstraße weit und breit kein Mensch zu sehen. Wie verzaubert war alles, wie am Ende der Welt ...

„Wo jetzt die knorrigen Eichen, die schlanken Pappeln des Schloßparkes träumerisch rauschen, da war einst dichtes Auland, von vielen Wasserfäden durchzogen. Hier schlich der Quade durch das Dickicht, da er dem Edelhirsch nachjagt; hier bewegten sich Heerhaufen auf den Waldpfaden hin gegen die Ufer des breiten Danubius, spähten lüstern hinüber aufs jenseitige Ufer, wo die Wälle und Türme der römischen Castelle herüberlugten, hinter denen sich blühende üppige Gefilde ausdehnten, wo reiche Städte mit herrlichen Palästen, Göttertempeln und Bädern lagen, wo an den Berghängen um Aque (Baden) goldige Trauben reiften, wo es dann weiterging über die schneebedeckten Alpen hinab ins ewig sonnige, ewig schöne Land Italia mit dem ewigen Roma." – So blühend und üppig hatte sich auch noch in den 80er Jahren des 19. Jahrhunderts die Phantasie eines Historikers bei einer Beschreibung von Schloß Sachsengang entfaltet.

Besonders in der Urzeit war dieses Donauufer, an dem die Donau weitverzweigt und von vielen Inselchen durchsetzt vorbeifloß, der ideale Ausgangspunkt für eine Überschiffung des Stromes, war doch das jenseitige Ufer ebenfalls sehr flach. Bereits 1021 wird in einer Schenkungsurkunde die Insel „Sahsonaganc" genannt, angeblich nach den hier zum Schutze des Überganges am *ganc* (mittelhochdeutsch = Gewässer) angesiedelten Sachsen.

Zwei Bauwerke überragen heute Oberhausen: Die auf einem Hügel stehende Johanniskirche aus dem 17. Jahrhundert und das ebenfalls auf einem Hügel errichtete, in den Grundmauern bis ins 11. Jahrhundert zurückreichende Schloß. Dieses ist vor allem bekannt geworden durch den Alchimisten Conrad Richthauser, der darin sein Labor hatte und eine recht geheimnisvolle Persönlichkeit war. Von Kaiser Ferdinand III. wurde er – gegen alle Bedenken der Hofkammer – 1648 zum Wiener Münzmeister gemacht und – trotz nachgewiesener Unregelmäßigkeiten – 1653 sogar noch geadelt, wobei er (nomen est omen!) einen etwas seltsamen Namen erhielt: Freiherr von Chaos!

Kirchenhügel wie Schloßhügel sind aufgeschüttet worden, waren ursprünglich von hohen Wällen und Wassergräben umgebene Hausberge (siehe Seite 123). Der Schloßhügel mitsamt dem ebenfalls umwallten Wirtschaftshof befand sich innerhalb einer ehemaligen Donauarmschlinge, der heutige Kirchenhügel an deren anderem Ufer und auf dem Festland. Beide Festungswerke gehörten zusammen. Wo heute ein Teil der Oberhausener Hauptstraße verläuft, war einst der Donauarm, war tiefes Wasser.

Für uns ist der gerade in seinem Bett dahinfließende Donaustrom schon so etwas Selbstverständliches, daß wir uns das einstige Landschaftsbild kaum noch vorstellen können … schlanke Einbäume auf stillen Donauarmen dort, wo heute breite Traktoren über weite Felder rattern. Seit der Donauregulierung in den 70er Jahren des 19. Jahrhunderts fließt der Strom in einer Entfernung von mehr als vier Kilometern Luftlinie an Oberhausen vorbei.

Sachsengang war einst eine imponierende Festung an dem Donauübergang, die größte in diesem Gebiet, und natürlich hat sie später die Gemüter bewegt. Ein „Awarenring" soll sie einst gewesen sein, und große Schätze sollen in dem Hügel verborgen gewesen sein (siehe auch Seite 140), und ein kleiner Hügel östlich des Schloßberges (wahrscheinlich ein Vorwerk) galt als – was sonst im Donauland? – Attilas Grab. Bis zum Zweiten Weltkrieg wurde der gepflegte Schloßgarten gerühmt, jetzt ist er ein dunkler Urwald, in dem zwar keine Tiger lauern, aber an schwülen Sommertagen ebenso blutrünstige Gelsen.

Daß an diesem günstigen Donauübergang auch schon lange vor der Zeitenwende Menschen gesiedelt haben, wurde bereits Ende des 19. Jahrhunderts von dem sich auch als „Altertumsforscher" betätigenden Maler Ignaz Spöttl festgestellt. Er berichtete von einem schönen, gut erhaltenen Grabhügel und außerdem, daß sich in den Feldern nordöstlich von Oberhausen Gefäßreste finden, die von einem Urnengräberfeld stammen könnten.

1914 wurde bei der Anlage eines Feldweges ein Drittel des Grabhügels abgetragen, wobei die ausgegrabenen Aschenurnen und bronzenen Grabbeigaben einfach in einen Sack gestopft und dem Bürgermeister von Oberhausen übergeben wurden. 1923 wurde der Rest des Grabhügels wissenschaftlich untersucht. Ergebnis: Er stammt aus der Hallstattzeit, also aus dem 1. Jahrtausend v. Chr.

In diesem Uferland zählt jeder kleinste prähistorische Fund das Vielfache, weil dieser Boden durch Jahrtausende fast Jahr für Jahr von der

Donau überschwemmt worden ist. Von dem einstmals „schönen" Grabhügel ist jetzt nicht mehr viel zu sehen; durch die brutale Abgrabung und dann auch durch die archäologische Ausgrabung ist sein Erdreich aufgelockert und später abgeschwemmt worden. Doch eine Gasse in der neuen Siedlung daneben ist nach ihm benannt ... die „Leeberggasse".

Lee – darin steckt das althochdeutsche Wort *hlê*, das mittelhochdeutsche *lê*, was einst Namen für Hügel, insbesondere für Grabhügel, waren. „Leeberge" nannte man später alle alten Grabhügel. In der „Leeberggasse" fragte ich einen im Garten arbeitenden Mann nach dem alten Grabhügel.

Er erklärte mir, wo der Friedhof ist.

Worauf ich ihm kurz erklärte, was ein Leeberg ist.

„Ah so ist das!" sagte er darauf. „Und ich hab bis jetzt immer glaubt, unsere Gassn heißt nach an früheren Bürgermeister so!"

STILLFRIED AN DER BERNSTEINSTRASSE

„Es gibt in Niederösterreich keinen Ort, dessen Boden mehr Zeugnisse einer alten Vergangenheit bewahrt hätte, als Stillfried an der March. Was die römischen Siedlungen im Süden des Landes bieten, ist schön und wichtig – allein es erstreckt sich nur über einige Jahrhunderte und bedeutet nicht viel mehr als einen Pinselstrich in dem ungeheuren Gemälde, das uns Geschichte und Archäologie von dem Wunderbau der antiken Kultur entwerfen, und es ist von heute und gestern, gemessen an den ungeheuren Zeiträumen, deren Niederschläge uns in Stillfried begegnen. Seit das Lagerfeuer des eiszeitlichen Jägers an den Ufern der March brannte, ist der Mensch nicht mehr von dieser Stelle gewichen …"

Der Prähistoriker Oswald Menghin in seiner Einführung zu Richard Boehmkers 1917 erschienenem „Exkursionsführer für Stillfried an der March"

Unter allen an Urgeschichte Interessierten ist Stillfried weit über Österreichs Grenzen hinaus bekannt. Doch alle Besucher, welche zum ersten Mal dorthin kommen, sind dann ein bisserl enttäuscht … so still haben sie sich Stillfried eigentlich nicht vorgestellt!

Aufgefallen sind Stillfrieds gewaltige Erdwälle bereits dem Topographen Schweickhardt von Sickingen; in seiner 1835 erschienenen „Darstellung des Erzherzogtums Österreich" hält er sie für ein römisches Bollwerk im Lande der Quaden, das unter Kaiser Valentinian I. (321–375) entstanden ist … „Das mächtige Bollwerk muß mit seinen steil abfallenden Böschungen, seinen Wällen und Gräben, seinen Palisadenreihen wie ein gewaltiger Koloß aus der Ebene emporgeragt und ein für die damaligen Verhältnisse schier uneinnehmbares Hindernis gebildet haben." (Richard Boehmker)

Es war der große Pionier der österreichischen Urgeschichtsforschung, Matthäus Much (1832–1909), der ab 1874 in Stillfried zu forschen und zu graben begonnen hatte. Much war Jurist und als Prähistoriker ein Autodidakt. Außerdem war er Inhaber einer „Instrumenten- und Saitenfabrik", um die er sich allerdings nicht sehr gekümmert haben dürfte, denn allein seine Arbeiten auf dem Gebiet der Ur- und Frühgeschichte hätten mindestens zwei Gelehrtenleben ausgefüllt.

Matthäus Much sah in dem Bollwerk eine Germanenburg. Das war natürlich eine Jubelmeldung für alle Deutschtümler jener Zeit, in der Richard Wagners Ring der Nibelungen begeistert gefeiert wurde und jeder biedere Bürger sich stolz als Nachfahre der edlen und trutzigen germanischen Recken fühlte.

Nach den im Jahre 1969 begonnenen Untersuchungen und Grabungen in Stillfried weiß man heute, daß die Wehranlage viel älter ist, daß sie aus dem 8. Jahrhundert v. Chr. stammt, und daß in der „Quado-markomannischen Trutzburg" die Römer als Besatzungsmacht zeitweise sogar eine Kaserne hatten.

Muchs „Germanenburg" hielt sich aber noch ziemlich lange und trutzig im Widerstreit der Meinungen. Der Prähistoriker Oswald Menghin schrieb noch im Jahre 1916: „Der Wall selbst ist jung und hat mit den prähistorischen Schichten in dem von ihm eingeschlossenen Gebiet nichts zu tun." Weder urzeitlich noch germanisch sah hingegen der Frühgeschichtsforscher Mitscha-Märheim die Anlage, er sah in ihr eine unter Kaiser Heinrich III. Mitte des 11. Jahrhunderts angelegte Wallburg. Die Gelehrten hatten Schwierigkeiten, mit den im Boden Stillfrieds übereinander und durcheinander liegenden Artefakten und Scherben aus den verschiedensten Zeiten zurechtzukommen – grimmig hatte Menghin von einem Chaos gesprochen.

Matthäus Much hatte sich also geirrt. Doch daß dies heute noch immer von manchen Wissenschaftlern getadelt wird, ist so läppisch wie wenn man Siegfried Marcus, der zu Muchs Zeiten das Benzinautomobil erfunden hat, jetzt vorwerfen wollte, daß seine Vehikel damals noch nicht locker 250 Stundenkilometer geschafft haben.

Stillfrieds 24 Hektar umfassende Wehranlage gilt als eines der bedeutendsten urzeitlichen Geländedenkmale Österreichs. Das heutige Stillfried ist eine seltsame Verbindung von archäologischer Stätte und idyllischem Bauerndorf. Über einer heimeligen Kellergasse mit Tischen und Bänken vor den Preßhäusern erhebt sich der Kirchenhügel mit der aus dem Mittelalter stammenden St. Georgs-Wehrkirche. Und wo die Archäologen die Erde aufgerissen und nachher wieder zugeschüttet haben, dort grasen jetzt Ziegen, wachsen Blumen, summen Bienen.

Empfehlenswert ist allerdings ein Besuch Stillfrieds zu einer Jahreszeit, in der keine Bienen summen. Zuviel wucherndes Gestrüpp verdeckt zur Sommerzeit die zwischen Wiesen, Feldern und Weingärten liegenden Gräben und Wälle. Denn niemand denkt daran, dieses einmalige Bodendenkmal etwas zu pflegen, so wie auch der in Niederösterreichs Museumsführer angeführte „Erste urgeschichtliche Wanderweg Österreichs" nur auf dem Papier existiert.

Trotz der Regengüsse, welche durch Jahrtausende Erde ab- und angeschwemmt haben, sind die Maße des 280 Meter langen Westwalls noch immer beachtlich: An die 8 Meter fällt er in den bis zu 30 Meter breiten Graben ab. In seinem Kern besteht er aus mit Erde gefüllten Holzkästen, welche vorher durch Anbrennen gegen Verfaulen konserviert worden sind. Das war gut ausgeklügelt. Doch das Ausheben der Gräben und Aufschütten von Wällen mußte damals händisch ausgeführt werden, es war

nicht viel anders, als wenn Kinder heute mit ihren Kübelchen eine Sand-
burg bauen.

Mit der Errichtung solcher Befestigungen im 1. Jahrtausend v. Chr. wurde der schon seit der Altsteinzeit bestehende Siedlungsplatz zum Zentrum dieses Gebiets, war Herrschersitz und Zufluchtsort, aber auch – wie
die gefundenen Formen für Bronzegießereien und Webereigeräte beweisen – ein Industrieort und Marktplatz.

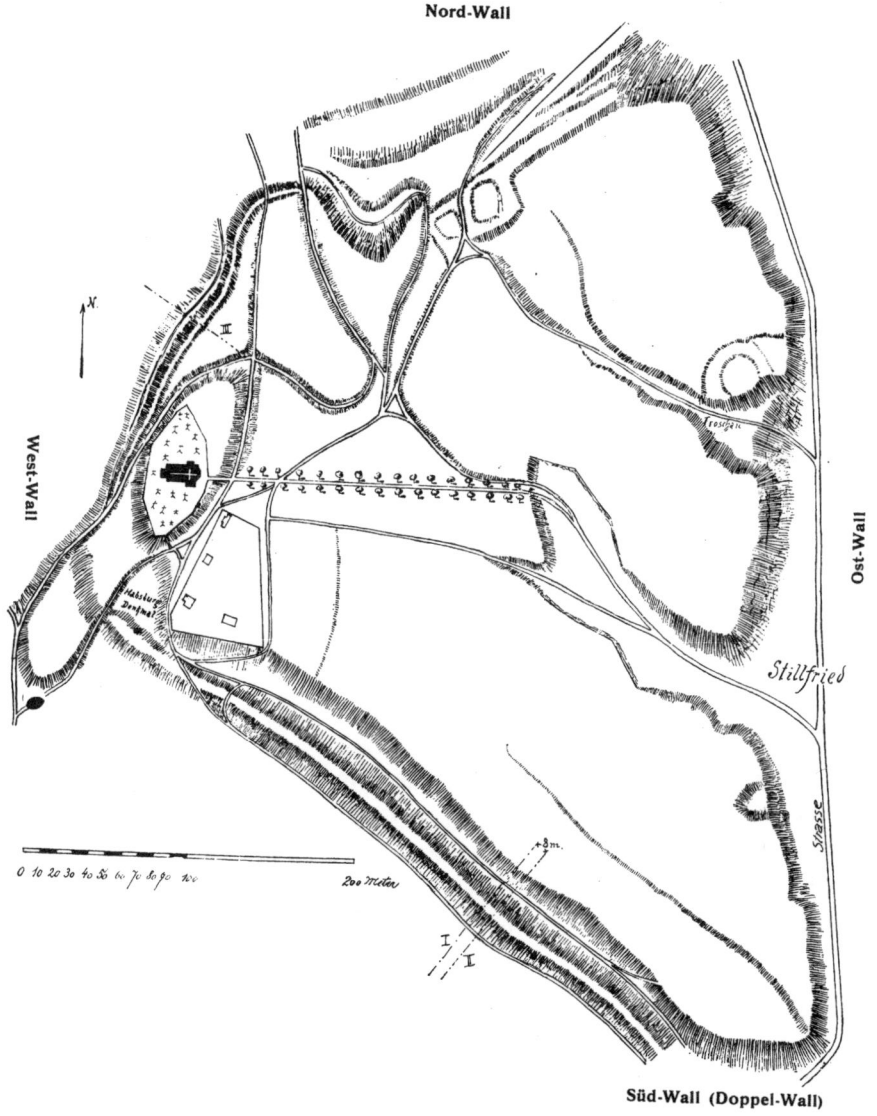

*Grundriß des Wallplateaus in Stillfried. Aus: Richard Boehmker, Exkursionsführer für
Stillfried an der March, Wien 1917.*

Viele der Funde sind in dem in der alten Volksschule (Baujahr 1894) eingerichteten Museum zu besichtigen, Funde von der Altsteinzeit bis ins Mittelalter. Und wenn auch dieses Museum nach seiner Neugestaltung im Jahre 1995 immer noch etwas antiquiert wirkt, so sind es die in ihrer Art einmaligen Objekte, welche beeindrucken. Zum Beispiel der Fundkomplex einer altsteinzeitlichen Werkzeugmacherei. Schaber, Bohrer, Messer – so wie sie der Meister vor etwa 25.000 Jahren vollendet hatte, so liegen sie in der Vitrine. Sogar sein Arbeitsgerät wurde gefunden: Die Geweihstange eines Rentiers mit einer Nut, in welche die zu bearbeitenden Steinstücke eingeklemmt worden sind. Ein Steinzeit-Schraubstock!

Stillfried liegt an der Bernsteinstraße, und dieser Name erweckt die Vorstellung von einer gutgepflegten Straße, auf der reiche Händler mit dem kostbaren Bernstein dahingezogen sind.

Eine falsche Vorstellung, die sich durch den Namen ergibt. Doch der Name Bernsteinstraße kommt nicht aus Überlieferungen über ihre Funktion – wie das bei den Eisen-, Salz- oder Weinstraßen zutrifft – sondern wurde ihr erst in neuerer Zeit von der Wissenschaft verliehen. Und sie war keine Straße im eigentlichen Sinn, sondern zunächst nur die vom Gelände her gegebene günstigste Route zwischen dem Norden und dem Süden. Sie war ein sehr variabler Verkehrsweg: Ein dichter Wald konnte links oder auch rechts umgangen werden, ein Flußlauf da wie dort übersetzt werden. Oder man folgte auf Booten überhaupt dem Lauf von Flüssen (wie der March bei Stillfried). Erst zur Römerzeit wurde von Carnuntum aus die an die Adria führende alte Nord-Süd-Route zur Reichsstraße ausgebaut. Nördlich der Donau gab es nach wie vor nur die Straßenpisten mit ihren Varianten.

Diese Bernsteinstraße getaufte Nord-Süd-Route war jedoch viel mehr als nur eine Straßenverbindung für Soldaten und Händler, Auswanderer und Einwanderer. Über sie wurden auch sozusagen unsichtbare Güter transportiert ... kulturelle Einflüsse aus dem Norden kamen auf diesem Wege nach dem Süden, und umgekehrt war es ebenso.

Seit etwa vier Jahrtausenden ist das „Gold des Nordens" ein Handelsobjekt. Es ist kein Stein, sondern fossiles Harz. Geheimnisvoll wirken seine pflanzlichen und tierischen Einschlüsse, geheimnisvoll auch die elektrische Wirkung, welche durch Reiben entsteht („Elektron" nannten ihn die Griechen, wovon später das Wort Elektrizität für dieses Phänomen übernommen wurde). Schon früh wurde Bernstein in der Volksheilkunde verwendet. Und magische Wirkung sollte er haben, weshalb Bernsteinketten wohl zuallererst nur als Amulette dienten und das kostbare Harz erst später auch für reine Schmuckstücke verwendet wurde – so wie heute Platin als etwas Besonderes gilt, weil es besonders teuer ist.

Stillfried an der Bernsteinstraße lag an einem großen europäischen

Durchzugsweg, und seine Bewohner haben davon bestimmt profitiert. Man möchte daher annehmen, daß für die heutigen Archäologen die Ausgrabungsstätte Stillfried besonders ergiebig an außergewöhnlich wertvollen Funden sein müsse, daß jede Stillfriederin zumindest ihren Bernsteinschmuck ins Grab mitgenommen hat. Das ist ein Irrtum.

Den Funden nach waren die Urstillfrieder zwar wohlhabende Leute, haben sich aber nicht von den an ihren Wällen vorbeitransportierten Waren zu Großmannssucht und Luxus verleiten lassen, lebten eher ein einfaches Leben.

Als Stillfried bereits ein Zentrum war, war das heutige Wiener Stadtzentrum noch ein stiller, urtümlicher Boden. Wenn wir heute im stillen Stillfried wieder die Schnellbahn besteigen, haben wir in vierzig Minuten Fahrzeit Wien erreicht – und da ist's jetzt nimmer still.

„Regenwunder" und „Ödes Schloss"

Eine kuriose Sehenswürdigkeit in der Wallfahrtskirche Maria Lanzendorf bei Wien sind die sieben Schaubilder, auf denen die Geschichte des
Gnadenortes dargestellt ist. Barocker Überschwang triumphierte, und so
wird nur die illustre Prominenz mit der Entstehung von Maria Lanzendorf in Verbindung gebracht ... der Evangelist Lukas (der „allhirr auf di-
ser Heyd" das Evangelium verkündet hat), König Artus, Kaiser Karl der
Große ...

Eines der in den Jahren 1744–46 entstandenen Ölbilder zeigt das Blitz-
und Regenwunder, welches den Römerkaiser Marc Aurel dazu bewog, in
Maria Lanzendorf ein „Bethhäußlein" erbauen zu lassen.

Das Blitz- und Regenwunder nach der christlichen Legende: Während
einer Schlacht gegen die Germanen im Raum zwischen Vindobona und
Carnuntum gerieten die Römer in arge Bedrängnis, vor allem auch durch
große Hitze und Wassernot. Die vielen Christen unter den Legionären beteten laut zu ihrem Gott, worauf sofort ein sanfter Regen auf die Römer
niederfiel – und ein schreckliches Donnerwetter über die Germanen nie-
derging. Die Legionäre siegten und bekamen vom Kaiser die Erlaubnis,
ein christliches Gotteshaus auf „dißer Heyd" zu erbauen.

Tatsächlich hatte Marc Aurel im Jahre 172 n. Chr. einen Vorstoß ins Germanenland über der Donau unternommen, bei dem seine Legionäre fast
eine Niederlage erlitten hätten, und tatsächlich hatte es auch einen sie rettenden Wetterumschwung gegeben. Doch dieses Wunder wurde nicht
dem Christengott zugeschrieben, sondern Jupiter. Unter Marc Aurel, der
die Christen wegen ihres Fanatismus nicht mochte, dürfte es, wenn überhaupt, dann nicht viele Christen unter den Soldaten gegeben haben. Und
es wurde nicht ein christliches „Bethhäußlein" zum Dank für die himm-
lische Hilfe errichtet, sondern ein schon bestehendes Heiligtum auf dem
Pfaffenberg bei Carnuntum für den Blitz- und Wettergott Jupiter Optimus Maximus groß ausgebaut.

Dieses Blitz- und Regenwunder an der Donau ist auch an den Reliefs
der Marc Aurel-Säule in Rom dargestellt, und daß es ein bewegendes Ereignis gewesen sein muß, zeigt auch seine spätere Übernahme in die christliche Legende um Maria Lanzendorf. Doch wo und wie es sich abgespielt
hat, darüber gibt es keine exakten Daten. Man weiß nur ganz genau, wann
es geschah – am 11. Juni des Jahres 172 n. Chr.

Das Heiligtum auf dem Pfaffenberg war ein ganzer Tempelbezirk zur
Verehrung der römischen Staatsgötter wie auch der vergöttlichten Kaiser. Eine kreisförmige Anlage wurde als Kulttheater für Umzüge und Wei-

hespiele gedeutet. Das Bergheiligtum war Carnuntums heiliger Platz – ein
Wallfahrtsort, an dem auch viele Weihealtäre mit Weiheinschriften aufgestellt waren. Diese Inschriften galten vor allem dem Jupiter Optimus
Maximus und standen in Verbindung mit einem alljährlich am 11. Juni
gefeierten Festtag (Staatsfeiertag), der in Bezug zu dem 11. Juni des Jahres 172 steht. Das sind gute Gründe für die Annahme der Archäologen,
daß dieser Tag das Datum des Blitz- und Regenwunders ist.

Dieser Tag scheint (nach anderen Inschriftenfunden) später in ganz Pannonien ein Staatsfeiertag gewesen zu sein, etwa nach der Parole: Jupiter
ist auf unserer Seite, uns kann nichts Schlimmes geschehen! Das Bergheiligtum hoch über Carnuntum war weithin und eindrucksvoll in dem
darunterliegenden Flachland sichtbar und außerdem für die ganze Provinz ein religiöses Zentrum. Und wie sehr es das war, beweist seine gründ-
liche Zerstörung. Es waren keine Feinde, die das besorgten. Es waren die
Christen, welche, nachdem ihr Glaube zur Staatsreligion geworden war,
die Bauwerke auf dem Pfaffenberg nicht nur dem Erdboden gleichmachten, sondern auch alle Statuen und Tafeln mit Weiheinschriften zertrüm-
merten.

Von „versunkenen Bauwerken" auf dem Pfaffenberg wußte man schon
im 19. Jahrhundert; planmäßige Grabungen erfolgten aber erst seit dem
Jahr 1970, und groß war die Freude der Archäologen über die Wiederentdeckung dieses Bergheiligtums und Bergwallfahrtsortes. Doch nur
kurz war diese Freude …

Ende des 4. Jahrhunderts ist das Heiligtum auf dem Pfaffenberg von fanatischen Christen vernichtet worden, Ende des 20. Jahrhunderts ist dieses „größte und wohl bedeutendste Höhenheiligtum unseres österreichischen Heimatbodens" (Werner Jobst) von den Hollitzer Baustoffwerken
bei der Ausweitung des ohnehin schon wie eine häßliche Wunde im Berg
klaffenden Riesensteinbruchs beseitigt worden.

Das Trümmerfeld auf dem heiligen Berg Carnuntums hatte gegen das
heute vielstrapazierte Schlagwort von der Sicherung der Arbeitsplätze
keine Chance gehabt. Das Bergheiligtum, das auch durch die Lage seine
Würde erhielt und mit seinem einzigartigen Kulttheater außerdem ein besonderer Platz kultischen Geschehens war, dieses Bergheiligtum wurde
weggesprengt.

Es wird einmal – so heißt es zumindest – auf dem Kirchenberg von Bad
Deutsch-Altenburg ein Pfaffenbergmuseum geschaffen werden, wobei
das Äußere des Museumsbaus die Form des dort oben gestandenen
Haupttempels der kapitolinischen Trias Jupiter, Juno und Minerva haben
soll. Eine etwas billige Wiedergutmachung …

Denn es war ja vor allem der Platz des Heiligtums, welcher auch seine
magische Wirkung hatte, und wie sehr ein ganz besonderer und ganz be-

stimmter Platz auch heute noch seinen faszinierenden Zauber haben kann, zeigt sich am „Öden Schloß".

„An der Mündung des Rosskopfarmes in die Donau, genau nördlich von Deutsch-Altenburg, liegt zum Theil in Wellsand gebettet, zum Theil von Wasser bedeckt, zwischen alten Bäumen ein unansehnliches Gemäuer, das der Volksmund das ‚Öde Schloß' getauft hat. Noch vor vierzig Jahren sollen hier ausgedehnte Mauerzüge sichtbar gewesen sein, was nach den in der nächsten Umgebung und im Strombette in großer Menge umherliegenden Mauerbruchsteinen und einzelnen umgestürzten Mauerstücken glaubwürdig erscheint. Seit langem hat der Strom an der Zerstörung der Mauern gearbeitet, die wohl auch zum Theil der letzten Stromregulierung zum Opfer gefallen, zum Theil durch Verlandung dem Blicke entzogen worden sind. Der (seither verstorbene) Freiherr von Sacken, der anfangs der fünfziger Jahre die Localität aufsuchte, glaubte im ‚Öden Schloss' die Reste eines römischen Brückenkopfes zu erkennen."

Das berichtete Max Groller (1838–1930, einer von den Ausgräbern Carnuntums der frühen Stunde), nachdem er 1898 das Gemäuer vermessen hatte. Es war nicht viel, was er zu vermessen gehabt hatte: Ein gekrümmtes und zwei gerade Mauerstücke (Gesamtlänge etwa 70 Meter mit einer Dicke bis zu 1,5 Metern). Aber auch scheinbar unbedeutendes Gemäuer kann manchmal bedeutsam sein …

Die Römer haben entlang der Donau wahrlich viel gebaut, doch im Brückenbau waren sie sparsam. Obwohl sie fähig gewesen wären, jede Menge solider Steinbrücken aufzustellen, haben sie das (im 2. und im 4. Jahrhundert n. Chr.) nur an zwei Stellen im unteren Donaulauf getan. Und beide Brücken haben sie nach ihrer Erbauung bald wieder demontiert. Die Donau war für die Römer eine Grenze. Und über Brücken kann man nicht nur an ein anderes Ufer kommen, es können auch Leute vom anderen Ufer herüberkommen.

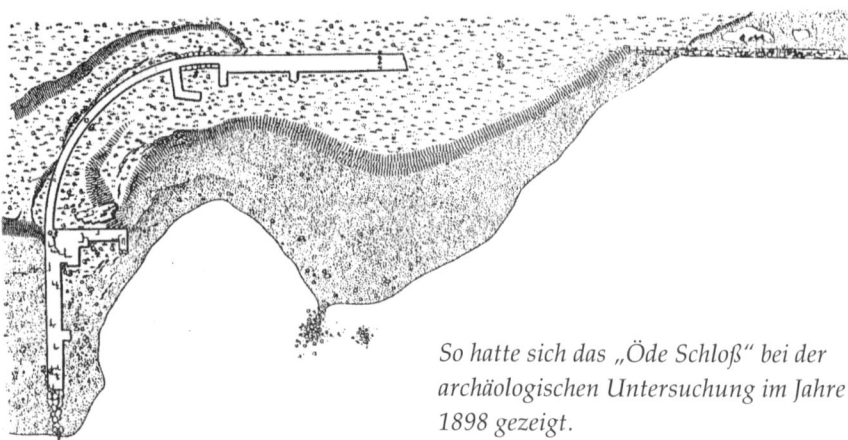

So hatte sich das „Öde Schloß" bei der archäologischen Untersuchung im Jahre 1898 gezeigt.

Die klugen Römer haben daher für ihre Donauübergänge viel lieber Schiffsbrücken errichtet, die sie – wenn es brenzlig wurde – schnell wieder abbrechen konnten. Auf den Reliefs der Marc-Aurel-Säule in Rom ist eine solche Schiffsbrücke dargestellt ... durch Stricke oder Ketten verbundene Boote mit Holzbrettern darauf und an jedem Ufer ein Steinbau als Brückenkopf.

Nicht bei jeder Schiffsbrücke wird es einen steinernen Brückenkopf gegeben haben, doch bei dem wichtigen Donauübergang der Bernsteinstraße aus dem Marchfeld nach Carnuntum hat es sicherlich einen solchen gegeben. Auf der Südseite stand der Steinbau unterhalb des Hügels, auf dem jetzt die Pfarrkirche von Deutsch-Altenburg steht (auch diese Ruine ist wegen eines Steinbruchs vernichtet worden!), auf der Nord seite der Donau erkennt man im „Öden Schloß" seine Überreste.

„Ödes Schloß" wurden diese bescheidenen Mauerreste vom Volk genannt aus der Überlieferung an eine Burg Stopfenreuth, die wahrscheinlich im 11. Jahrhundert auf den Römermauern errichtet worden ist, im späten Mittelalter aber bereits wieder gebrochen war, und deren letzte Reste bei der Donauregulierung im 19. Jahrhundert beseitigt wurden. Geblieben sind die bis sechs Meter tief im Schotter liegenden römischen Fundamente. Neuerliche Grabungen wurden bei diesen bis jetzt nicht durchgeführt. Nur rein zufällig stieß man im Jahre 1957 beim Ausheben einer Schottergrube ca. 100 Meter nördlich davon in 6 Meter Tiefe auf römische Gefäßbruchstücke und Ziegel mit Legionsstempel.

Im Jahre 176 n. Chr. haben Senat und Volk von Rom nach dem Abschluß des Krieges gegen die germanischen Quaden und Markomannen beschlossen, Kaiser Marc Aurel durch eine Siegessäule zu ehren. Die Reliefs an dieser Säule sind eine steinerne Bildreportage dieses Feldzugs, und so zeigen sie auch, wie die Legionäre aus Carnuntum siegessicher über die Schiffsbrücke ins Feindesland gezogen sind, wo sie dann freilich mit den wilden Gegnern ihr blaues Wunder erlebten und nur durch das zuvor erwähnte Blitz- und Regenwunder gerettet werden konnten. Mit den auf den Reliefs dargestellten massiven steinernen Brückenköpfen gibt die weltbekannte Marc-Aurel-Säule zu Rom somit auch einen Beweis für die Deutung einiger versunkener und so ganz und gar unscheinbar gewordener Mauerreste in der Au bei Stopfenreuth.

Durch die moderne Luftbild-Archäologie konnte in den letzten Jahren außerdem noch eine wesentliche Ergänzung zu dem Brückenkopf Carnuntum-Stopfenreuth entdeckt werden: Ein großes römisches Marschlager (Wallumfang 700 x 700 Meter!) nordwestlich von Engelhartstetten; Stützpunkt für militärische Unternehmungen im Germanenland. Grabungen gab es bisher keine. Eine interessante Beobachtung hat jedoch der Autor der „Stopfenreuther Heimatkunde", Kurt Walzl, gemacht. Er konnte „kurz vor der Ernte 1987 die Anlage des Marschlagers in den Feldern teilweise erkennen, da an diesen Stellen schnurgerade Streifen reifen Getreides durch die ansonsten noch unreifen Felder führten. Sogar die Lage der einzelnen Unterkünfte war in rechteckiger Form zu sehen."

So wie dieses Marschlager nicht zu jeder Jahreszeit zu sehen ist, so ist das „Öde Schloß" überhaupt nur zu allen heiligen Zeiten bereit, sich zu zeigen.

Seine Mauern liegen unter Wasser und sind nur bei extremem Niederwasserstand der Donau zu sehen. Das ist auch der Grund, warum sie schon von vielen Leuten gesucht und nach oft stundenlangem Herumirren im Gestrüpp und meterhohen Brennesseln nicht gefunden worden sind. So hat sich dann sogar eine Art Adel unter den Altertumsfreunden gebildet – jene Glücklichen, von denen sogar weitererzählt wurde, daß sie tatsächlich einmal die Trümmer des „Öden Schlosses" mit eigenen Augen gesehen hätten.

Jetzt ist alles anders. Jetzt führt die neue Donaubrücke schnurgerade neben jener Stelle des Roßkopfarmes dahin, wo sich das „Öde Schloß" befindet. Gegenüber vom Kilometerzeichen 1,2 kann man von der Brücke (an der Wiener Seite) in die etwa 80 Meter entfernte Bucht schauen, wo im Wasser das Gemäuer liegt. Freilich, Glück braucht man noch immer, wenn man dieses sehen will … der Wasserstand der Donau muß so niedrig sein, daß sie fast oder gar nicht mehr schiffbar ist, und so kalt darf es auch nicht sein, daß der Roßkopfarm zugefroren ist …

Österreichs lichtscheueste und originellste Römerruine!

Wo Carnuntum am römischsten ist ...

„Da sihett man vast auf ain vierttl meil weg gemeur unnd puchl", hatte der Humanist Wolfgang Lazius (1514–1565) über das Gebiet um Petronell-Carnuntum geschrieben. Er hatte auf dieser Viertelmeile (ca. 1800 Meter) noch wesentlich mehr Gemäuer und Hügel gesehen als wir Leute von heute dort sehen können. Denn nicht nur der bißfreudige Zahn der Zeit hatte an den alten Mauern Carnuntums genagt, sondern auch der Mensch hatte an Steinen fortgetragen, was sich nur forttragen ließ, und zuletzt hat er sogar noch seine Häuser und Straßen darüber gebaut.

Lazius hatte noch Mauerreste des Amphitheaters der Zivilstadt Carnuntum frei emporragen gesehen, auch der Engländer Richard Pococke berichtete von ihnen noch in einem Reisebericht aus dem Jahre 1737. Damals, nach dem Ende der Türkennot, war aber schon der Bedarf an Baumaterial gewaltig gestiegen ...

„Die Lücken im Mauergefüge wurden immer größer; den unbrauchbaren Schutt ließ man beim Abtransport der guten Steine natürlich am Platz. Der Wind, der zu allen Jahreszeiten über die Felder von Carnuntum fegt, trug Samen herbei und lagerte ihn über den Schutthalden, die durch den Kessel der Arena wie ein großer Windfang wirkten, ab, und langsam bildete sich eine dünne Humusschichte, der sich der alte Mörtel als gutes Düngemittel verband. Generationen hindurch ging das Spiel weiter: die Natur verdichtete von selbst die Vegetation auf dem aus Schutt und Moderwerk zuwachsenden Humus und es kam wieder der Mensch, um neues Steinmaterial für die Erfordernisse der neuen Zeit wegzukarren. So waren die Einschnitte in die Schuttmassen des Zuschauerraumes getrieben, welche die unberührten Teile rings um die steinige, allmählich durch das Regenwasser vollgeschwemmte Arena als Hügel erscheinen ließen."

So wurde das Verschwinden des Amphitheaters von dem Archäologen Franz Miltner beschrieben, der mit Rudolf Egger in den Jahren 1923–30 den Riesenbau wieder freigelegt hatte und am Beginn der Grabungen vor einem wüsten Gelände gestanden ist ... „Eine große Mulde, mit Buschwerk dicht bestanden, dann auch einige hohe Bäume, alles aber verwoben und überspannt von wilder Waldrebe, ein kleines Stück Waldwildnis inmitten der Felder."

Der heutige Besucher des Amphitheaters kann es kaum fassen, daß hier noch vor etlichen Jahrzehnten eine „Waldwildnis" war. Alles ist jetzt sorgsam restauriert; mit aufgeschütteter Erde wurde der Eindruck eines amphitheatralischen Kessels hergestellt, den jetzt grüner Rasen deckt.

Wir sind hier in einer ganz eigenartigen Landschaft. Würde man einen ahnungslosen Römer eingeschläfert hierher versetzen, dann könnte er beim Wiedererwachen ohne weiteres glauben, noch immer im Land um Rom zu sein (wenn er es mit der Geographie und Botanik nicht zu genau nimmt und die Hundsheimer Berge als Albanerberge und die Pappeln als Zypressen gelten läßt). Fast möchte man meinen, daß die alten Römer auch ein Stück ihrer römischen Campagna nach dem Norden mitgenommen hätten ...

Um die Zeitenwende sind die Römer in das Donauland gekommen, haben hier ihre Kastelle errichtet und diese immer mehr ausgebaut. Und neben den Kastellen entstanden Zivilsiedlungen. Die Größe und Bedeutung Carnuntums läßt sich allein schon daran erkennen, daß es sogar zwei im zweiten Jahrhundert n. Chr. erbaute Amphitheater hatte:

• Das jetzt als „erstes" Amphitheater benannte für das Legionslager. Fassungsraum: 8000 Besucher.
• Das „zweite" Amphitheater für die Zivilstadt. Fassungsraum: 13.000 Besucher. Die Umfassungsmauer hatte eine Höhe von ungefähr 18 Metern, was der Höhe eines vierstöckigen Hauses entspricht.

Das erste Amphitheater bekam seinen Namen deswegen, weil es zuerst (bereits im Jahre 1888) aufgedeckt worden ist. Das zweite Amphitheater ist jedoch das eindrucksvollere. Bei ihm ist die Landschaft besonders stimmungsvoll, hier ist Carnuntum am römischsten. Hier ist's schön, etwas länger zu verweilen ...

Der heutige Besucher ist vor allem vom harmonischen Oval der Arena beeindruckt. Doch wie der Grundriß zeigt, ist dieses gar nicht so harmonisch, ist eher ein verhatschtes unförmiges Oval. Man hatte beim Bau eine bereits vorhandene Mulde umbaut. Die Römer waren sehr praktisch veranlagte Menschen.

DISNEYLAND: CARNUNTUM – STILIFRIEDA

„Der Wiederaufbau von Carnuntum" ist der Titel eines im Jahre 1900 erschienenen schmalen Büchleins, in dem es um weit mehr ging als nur um das Wiederaufschlichten einiger alter Römerziegel – es sollte bewirken, Carnuntum als „geistigen Curort" wieder ins Leben zu rufen!

„Carnuntum soll in den charakteristischen Formen des Römercastells sich erheben, mit seinen vier stark bewehrten Thoren, den Zinnenmauern, den Wehr- und Trutztürmen ... Innerhalb dieses Mauerrechteckes soll sich die Römerstadt um den großen Platz weiten, welchen die großen Paläste, wie das Prätorium, das Quästorium, die Colonaden und Hallen des Forums bilden. In den Straßen und Gassen die anderen nothwendigen Bauten, wie Fremdenheime, Tafernen und sonstige Baulichkeiten. Darunter in allererster Linie die Badeanstalten in streng antiker Anlage und Pracht, mit allen Neuerungen der Jetztzeit, diese aber streng dem antiken Stile angepaßt."

Guido von List (1848–1919) war der Autor dieses Büchleins – ein Schriftsteller, der 1889 den zweibändigen Roman „Carnuntum" herausgebracht hatte und 1891 die „Deutsch-Mythologischen Landschaftsbilder" (die von dem jungen Adolf Hitler wie von dem alten General Ludendorff sehr geschätzt wurden). List hatte viel Mystisch-Symbolisches geschrieben, nannte sich zuletzt „Lehrer Ario-Germanischer Gottheit", und schon zu seinen Lebzeiten wurde von Verehrern eine „Guido-List-Gesellschaft" gegründet. Er war mehr als nur ein simpler Deutschtümler; er war, wie es der Psychologe Wilfried Daim 1985 formulierte, „ein Mann des europäischen Untergrundes, dessen ideologie-geschichtliche Bedeutung noch nicht im entferntesten erkannt ist".

Nach Guido Lists Konzept mußte selbstverständlich zum römischen Carnuntum ein germanischer Gegenpol entstehen. Stillfried an der March sollte zu einem „Stilifrieda" ausgebaut werden ...

„Ein hoher Erdwall am Firste mit einer aus Weiden um Pfahlwerk geflochtener Brustwehr bekrönt, würde sich aus dem tiefen Wassergraben erheben. Drei oder vier Thore führen durch blockhausartige Holzthürme in das Innere ... Auch Stilifrieda wird seine Fremdenheime, Gastwirtschaften erhalten, genau so wie Carnuntum, nur germanischem Stile und Brauchthum angepaßt. Auch Stilifrieda wird sein Bad erhalten, aber ein Kaltbad mit allen Einrichtungen für Wassergymnastik und Turnerei ..."

Die Gegenpole: Warmbäder für die verweichlichten Römlinge, Kaltbäder für die harten Germanen!

„Um zu verhindern, daß Alt-Carnuntum wie Alt-Stilifrieda lediglich nur in der Anlage und den Bauten antik, in der Bevölkerung aber modern erscheint, wodurch der decorative Rahmen nur ein seelenloses Schaustück, die Suggestion des geheiligten Erdbodens nur eine halbe wäre, so muß auch dafür Sorge getragen werden, daß eine entsprechend bekleidete Bevölkerung sowohl die Quadenstadt wie die Römerstadt belebt. Das ist erreichbar, indem man alle jene Geschäftsleute, seien es Gastwirte, Verkäufer, sowie das eigene Beamten-, Diener- und Wachpersonale verhalten ist, in entsprechender Kleidung zu amtieren."

Wie reife Zwetschken schüttelt der Meister (wie List von seinen Verehrern genannt wurde) die Ideen vom Baum der Phantasie ... das Curpublicum wird veranlaßt, während der Dauer des Aufenthaltes in römischer oder germanischer Tracht zu erscheinen ... in den Musikpavillons würde eine römische Legionskapelle beziehungsweise Markomannenkapelle spielen ... in der Arena Carnuntums treten Turnier- und Fechtverbände auf, in Stilifrieda veranstalten Barden- oder Skaldenorden Sängerkriege ...

Und Guido von List schwärmt: „Man denke sich nur, wie reizvoll, sich plötzlich in eine so ganz andere Welt selber als ein anderer versetzt zu sehen! Welche geistige Erfrischung, so wirklich und wahrhaftig aus dem Einerlei des Alltagslebens herausgerissen zu werden, dem man so gerne entfliehen möchte! Carnuntum-Stilifrieda werden solche Inseln der Glücklichen sein, auf welchen man ein Asyl vor den Verfolgungen der Alltäglichkeit finden wird."

In dieser Schrift fehlt eigentlich nur eine Kleinigkeit: Eine Antwort auf die Frage, wer das alles bezahlen soll? Doch im Kunst- und Kulturbetrieb war es schon immer so und ist es noch immer so, daß eine solche banale Frage große Geister nicht berührt.

Phantasielos waren unsere Vorfahren jedenfalls nicht! Guido von Lists Traumbüchl ist 1900 erschienen, erst ein Jahr später kam Walt Disney in Chicago auf die Welt ...

Der heutige Besucher ist hingegen indigniert von der Vorstellung, daß dieses jetzt so stille Oval einst von einer blutrünstigen, heulenden Menge umgeben war. Gladiatorenspiele? Nein, danke! Doch auf unseren Fußballplätzen heult noch immer die Masse, und bei Ski- oder Autorennen warten die Zuschauer klammheimlich ja doch nur darauf, daß dabei auch „etwas passiert" ...

Aus Begräbniszeremonien und kultischen Zweikämpfen (vergossenes Blut sollte Götter günstig stimmen) für vornehme Etrusker sind die Gladiatorenspiele hervorgegangen. Aus dem Jahre 264 v. Chr. stammt der erste Bericht über einen Gladiatorenkampf zu Ehren eines Verstorbenen – sechs Gladiatoren sind dabei angetreten. Der nächste Bericht stammt aus dem Jahre 216 v. Chr. – da standen sich bereits 22 Gladiatorenpaare gegenüber. Und 107 n. Chr. ließ Kaiser Trajan bei einem 123 Tage dauernden Fest in Rom nicht weniger als 10.000 Gladiatoren kämpfen.

Bei den Etruskern waren es die Angehörigen des Toten, welche die Kämpfe bestellten. Bei den Römern waren es zunächst Geschäftsmänner, welche Gladiatorenspiele managten, aber auch Sponsoren, welche sich durch das Veranstalten von Spielen die Gunst des Volkes und damit politischen Einfluß erkaufen wollten. Bald erkannten dann auch die Herrscher, wie sehr man das Volk durch solche Spiele von Nöten und Problemen ablenken kann, und verstaatlichen sie. (Ähnlichkeiten mit den von heutigen politischen Parteien veranstalteten Volksfesten sind nicht zufällig!)

Gladiatoren traten mit unterschiedlichen Waffen gegeneinander an, z.B. mit Schwert und Schild gegen Dreizack und Fischernetz. Gladiatoren waren Sklaven, Kriegsgefangene, zum Tode verurteilte Verbrecher, aber auch Abenteurer, welche sich freiwillig den brutalen Gesetzen der Gladiatorenkasernen unterwarfen. Wer drei Jahre in der Arena gesiegt und überlebt hatte, war dann nicht nur wieder ein freier Mann, sondern besaß auch ein mehr oder weniger großes Sümmchen an Preisgeldern. Daß auch zum Tode Verurteilte nach drei Jahren wieder frei gingen, hatte weniger humane als psychologische Gründe – ein Mensch ohne kleinste Hoffnung ist kein guter Kämpfer.

Gladiatoren wurden auch *hordearii* (= Gerstenfresser) genannt, weil sie viel stark proteinhaltigen Gerstenbrei essen mußten. Die sie betreuenden Ärzte hatten erkannt, daß dieser zu schönen, aber nicht zu harten Muskeln verhilft ... das Publikum wollte schöne Körper, aber auch schön blutende Wunden sehen! Schon seit ihren Anfängen war die Sportmedizin vom Ethos des Hippokrates ziemlich weit entfernt.

Frauen dürften in Carnuntum wohl nicht in der Arena gekämpft haben; in der Provinz war man sittenstrenger. Doch in Rom zur Zeit Neros wurden auch erstmals Frauen als Gladiatorinnen zugelassen, und es sollen dann prompt sogar hochgestellte Damen als Amazonen aufgetreten sein ...

> „Nach deinen Spielen, Cäsar, wissen wir jetzt,
> daß auch ein Weib kämpfend dasselbe vollbringt",

hatte der römische Dichter Martial (40–100 n. Chr.) geschrieben. Gleichberechtigung im alten Rom bis zum Kampf aufs Messer.

Bei den Tierkämpfen wurden stets unterschiedliche Arten gegeneinander gehetzt, z.B. Bären gegen Wölfe. Oder es traten Gladiatoren gegen Tiere an (was bei den Stierkämpfen noch heute geschieht). Daß nach Carnuntum manchmal auch exotische Tiere gebracht wurden, beweist eine Geschichte, die der griechische Schriftsteller Lukian (120–180 n. Chr.) erzählt ...

Als Kaiser Marc Aurel im Krieg gegen die Markomannen und Quaden (171–173 n. Chr.) in Carnuntum residierte, kündete ein Orakel, daß Sieg und Ruhm ihm gewiß seien, wenn er zwei lebendige Raubtiere mitsamt duftenden Kräutern opfern würde. Worauf der Kaiser zwei Löwen (welche wahrscheinlich für Tierkämpfe bestimmt waren) in die Donau werfen ließ. Die Viecher schwammen aber an das gegenüberliegende Ufer, wurden dort von den Germanen für eine fremde Art von Hunden oder Wölfen angesehen und mit Knüppeln erschlagen. Die nächste Schlacht verloren die Römer, und die Germanen siegten, weil sie – und nicht die Römer – die Bestien getötet hatten!

„Die Christen den Löwen!"— Amphitheater werden immer wieder auch mit Christenverfolgungen in Verbindung gebracht, besonders das Kolosseum in Rom. Jedoch: „Wir haben kein einziges Zeugnis aus dem Altertum, nicht einmal in den Legenden wird das Kolosseum als Hinrichtungsstätte von Märtyrern erwähnt. Erst vom 17. Jahrhundert an begann man die Arena des Kolosseums als einen durch das Blut der Märtyrer geheiligten Boden zu betrachten", hat der deutsche Katakombenforscher und Professor der Gregorianischen Universität zu Rom, Engelbert Kirschbaum, sachlich festgestellt.

Das Programm der Zirkusspiele verlief zumeist nach dem Schema: vormittags Tierkämpfe – zur Mittagszeit traten Komödianten oder Gaukler auf, oder es gab Hinrichtungen von Verbrechern (wobei auch als Staatsverbrecher verurteilte Christen hingerichtet wurden) – nachmittags als Höhepunkt die Gladiatorenkämpfe. Als Tierkämpfer oder als Gladiatoren wurden Christen deswegen niemals eingesetzt, weil das Publikum kämpferische Profis in der Arena sehen wollte und keine frommen Opferlämmer.

Trotzdem wurden auch über das zweite Amphitheater von Carnuntum lange Zeit Märtyrergeschichten erzählt. Bei der Ausgrabung wurde ein kleiner Raum freigelegt, in dem sich ein aus Architekturtrümmern gemauertes sechseckiges Wasserbecken befand. Es wurde angenommen, daß es ein frühchristliches Taufbecken ist, das in spätantiker Zeit (in der das Christentum schon anerkannt war) in dem damals bereits aufgelassenen Amphitheater errichtet wurde. Doch: „Absolute Sicherheit besteht in der Deutung der Anlage bis heute nicht, weil die für den Nachweis eines christlichen Kultbaues verbindlichen Hinweise niemals gefunden wurden und ein aus Spolienquadern aufgebautes Becken noch lange kein Taufbecken sein muß." (Werner Jobst) – Absolute Sicherheit, verbindliche Hinweise ... stärker kann noch immer die romantische Vorstellung sein, daß alle Urchristen Märtyrer waren, und so sehen auch heute noch manche Leute in dem kleinen Steinbecken einen geweihten Ort, wo die sich zu Christus bekennenden, aber noch ungetauften Männer und Frauen ihre Taufe empfingen, bevor sie in der Arena mit wilden Tieren kämpfen mußten.

Vom zweiten Amphitheater ist es nur ein kleiner Spaziergang zum Heidentor, dem einzigen Bauwerk Carnuntums, das zumindest nur halbzerstört durch die Zeiten sichtbar erhalten geblieben ist. Und so vielfältig, wie die in den Gußmauerkern verarbeiteten Architekturtrümmer sind, so

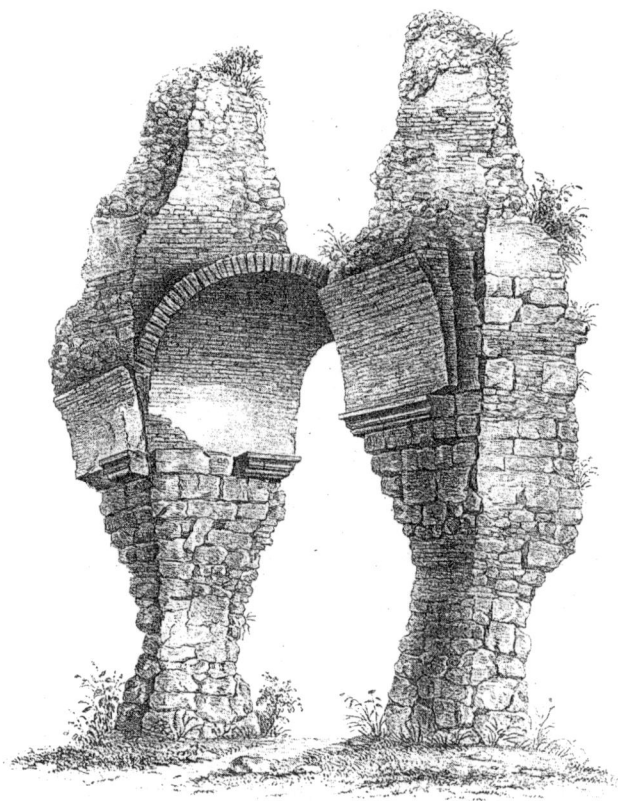

Dieser Stich aus dem 17. Jahrhundert zeigt, wie sehr das Heidentor schon vom völligen Einsturz bedroht war, bevor zu Beginn des 19. Jahrhunderts die ersten Sanierungs- und Ergänzungsarbeiten vorgenommen wurden.

sind auch die Deutungen, welche das Heidentor bis jetzt gefunden hat, von dem man nur mit Sicherheit sagen kann, daß es kein Tor war. Heute stehen zur Diskussion: Gedenkmonument für die im Jahre 308 n. Chr. in Carnuntum stattgefundene Kaiserkonferenz, Triumphbogen für Kaiser Constantius II. (337–361), oder bloß ein Repräsentationsbau an der im 4. Jahrhundert schon stark gefährdeten Nordgrenze des Römerreiches.

So wie man nicht genau weiß, was das Heidentor war, so ist auch die Frage nach der Einwohnerzahl Carnuntums noch immer unbeantwortet. Einige Zehntausend waren es zur Blütezeit – das ist ziemlich sicher. Ganz sicher ist jedoch, daß ein Spaziergang zum zweiten Amphitheater und von ihm weiter zum Heidentor ein besonders starkes Carnuntum-Erlebnis vermittelt.

Es ist vor allem die Landschaft, welche hier die Phantasie animiert durch ihre Ähnlichkeit mit jenem Land am Tiber, wo im ersten Jahrtausend v. Chr. in aus Reisig geflochtenen Hütten die Ahnen jener Männer hausten, welche später ein gutes Stück dieser Welt eroberten. „Römer, du sollst beherrschen des Erdreichs Völker", heißt es in der „Äneide" des Vergil, in dem kurz vor der Zeitenwende entstandenen Nationalepos der Römer. Darin steht auch ein Gebot, das die Römer (fast) immer befolgt haben und welches auch bestimmend für die (verhältnismäßig) lange Dauer des Römischen Imperiums war ... milde mit den Unterworfenen sein und nur streng gegen jene, welche die Ordnung stören.

Tugendbolde waren die Römer deswegen keine; klug waren sie. Trotzdem erschien schon seit langem das Römische Imperium den nachfolgenden Generationen als etwas fast Unbegreifliches. So auch dem deutschen Romantiker Jean Paul, der in seinem um 1800 geschriebenen Roman „Titan" über das Phänomen Römertum niederschrieb: „In Wüsten und Paradiesen schlugen ihre starken Herzen gleich fort, und für diese Weltseelen gab es keine Wohnung, außer die Welt."

 Von der von der B9 in den Ort Petronell-Carnuntum hineinführenden Straße zweigt ein beschilderter Weg zum zweiten Amphitheater und zum Heidentor (ca. 800 Meter) ab.
Wer außer den Ausgrabungen in Petronell und dem Museum Carnuntinum in Deutsch-Altenburg noch etwas Original-Originell-Römisches sehen will, dem sei der Besuch der Ausgrabung neben dem Haus Petronell/Hauptstraße Nr. 439 (Sitz des Museumsvereins Petronell-Carnuntum) empfohlen. Zu sehen sind die Kreuzungsstelle von einem Kanal und einer Wasserleitung. Der Kanal führt über der Wasserleitung hinweg! Eine undichte Stelle hätte für das Trinkwasser schlimme Folgen gehabt. Die römischen Ingenieure hatten Vertrauen in das von ihnen verwendete Baumaterial.

Seltsame Sehenswürdigkeit:
Die Friedhofsmauer von Höflein

Höflein ist ein stiller Ort zwischen Bruck an der Leitha und Petronell-Carnuntum. Sehr schöne Preßhäuser am Ortsrand. Auf einem markanten Hügel die Kirche und rundum der von wuchtiger Mauer umgebene Friedhof …

1896 hatte der Archäologe Wilhelm Kubitschek gehört, daß in dieser Friedhofsmauer römische Inschriften-Fragmente eingemauert seien. Tatsächlich fand er drei. Kubitschek sah aber auch um den Friedhof römische Mauerreste, und der Ausblick vom Kirchenbühel zeigte ihm, daß er „auf einem Punkte stand, wie er für die Anlage eines Römerortes oder eines kleinen Kastells sich vorzüglich eignete".

Im Dezember 1898 führte Kubitschek die ersten Versuchsgrabungen am Höfleiner Kirchenbühel und in seiner nächsten Umgebung durch. Sie bestätigten die Vermutung: Auf dem Hügel befand sich ein römisches Kleinkastell, und das unregelmäßige Viereck der Friedhofsmauer (55 x 60 m) war seine auf großen Quadern ruhende und später immer wieder mit Bruchstücken und Ziegeln ausgebesserte Umfassungsmauer. Der Archäologe war so hellauf begeistert von dieser Entdeckung, daß er sogar am Weihnachtstage nach Höflein fuhr, um vor Abfassung seines Berichtes noch einmal alles genau zu überprüfen (natürlich – wie es damals bei Staatsbeamten noch Ehrensache war – ohne Überstundenbezahlung und Reisespesen).

Weitere Grabungen und Oberflächenfunde lassen schließen, daß der Platz bereits seit der Jungsteinzeit besiedelt war. Das Römerkastell war zum Schutze der von Carnuntum über Bruck an der Leitha und entlang dem Neusiedlersee nach Italien führenden Straße errichtet worden. Im 11. Jahrhundert stand hier schon eine Kirche, die einige Male umgebaut oder zerstört (zuletzt 1945) und nachher immer wieder aufgebaut worden ist. Durch diesen Kirchenbau und die Anlage des Friedhofs sind auch die Innenbauten des Römerkastells zerstört worden.

Geblieben ist die Mauer. Niemand weiß, wie oft sie in der Völkerwanderungszeit und nachher gegen Ungarn, Kuruzzen und Türken Schutz bieten mußte, wie oft sie gebrochen und nachher wieder zusammengeflickt worden ist, wobei man alles, was an Steinen oder Ziegeln erreichbar war, in sie hineinverarbeitete.

Bei der letzten Renovierung 1982 hat man auch eine (leider recht primitive) Kopie jenes römischen Reliefs angebracht, das jetzt im Museum Carnuntinum ist und von Kubitschek seinerzeit bei einem 2 Kilometer von Höflein entfernten Bauwerk gefunden wurde. Es zeigt einen mit Trauben behangenen Weinstock, und die Höfleiner wollen darin einen steinernen

Erinnerungen an eine Alte
Welt im Donauland.
Links: Römische Legionäre
übersetzen die Donau (Relief an
der Marc-Aurel-Säule in Rom)
Unten: Das alte Frühlingsfest
auf einem Fresko um 1400
(Wien, Tuchlauben)
Ganz unten: Tattermann-
Inschrift am Wiener
Stephansdom

Vorhergehende Seite:
Rekonstruiertes Tor der
Slawensiedlung auf der
Schanz bei Thunau

Auf nachfolgender Seite:
Der Türkenbrunnen bei der
Burgruine Merkenstein

Alter Abwehrzauber.
Links: Torwächter am Wiener-
tor und (oben) der sogenannte
Drache (?) am Ungartor von
Hainburg
Unten: Steingravuren an
der römischen Kastell- und
jetzigen Friedhofsmauer von
Höflein (bei Bruck/Leitha)

Beweis sehen für den Weinbau in ihrem Gebiet schon zur Römerzeit. Bevor Kubitschek diese Platte fand, hatte der Grundbesitzer nach seiner Aussage bereits fünfzehn andere „ins Dorf geführt" – was besagt, daß sie dort heute noch in den verschiedensten Mauerwerken verborgen stecken.

Was mag nicht noch alles in der Höfleiner Friedhofsmauer stecken? Bruchstücke römischer Inschriften sind zu sehen, aber auch Fragmente barocker Grabsteine … ein Engelsköpferl, ein Christus am Kreuz. Und etliche der alten Quader sind mit Ritzzeichen versehen … Kreuze, Schrägkreuze, und auch dieses sauber ausgearbeitete Zeichen:

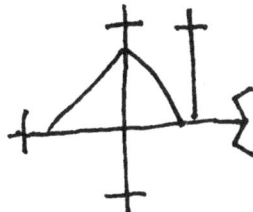

Ein Steinmetzzeichen ist es nicht, dafür ist es zu kompliziert. Es gibt jedoch solche Zeichen unter den Felsritzbildern Europas. Das sind Symbole, welche zu verschiedenen Zeiten an verschiedenen Orten eine verschiedene Bedeutung gehabt haben, und deren Deutung daher noch immer ein Diskussionsthema ist.

Ein Kreuz muß nicht immer das christliche Zeichen sein, es kann auch einen Menschen symbolisieren. Das M- oder W-förmige Zeichen findet sich häufig unter den oft schwer zugänglichen Bildfelsen in den österreichischen Alpen und wird als Marienmonogramm gedeutet. Über geschäftete Dreiecke schreibt der italienische Felsbilderforscher Ausilia Priuli: „Extreme graphische und gedankliche Schematisierung der menschlichen Gestalt, allen jungsteinzeitlichen und kupferzeitlichen Kulturen weiter Gebiete Europas gemeinsam." Bei den österreichischen Felsbildern werden Dreiecke auch als sogenannte Hauszeichen, aber auch als Sexualsymbole gedeutet. Jedenfalls stehen wir hier vor einem recht geheimnisvollen Zeichen, bei dem es vor allem gar nicht sicher ist, ob es überhaupt in seiner jetzigen Form konzipiert wurde. Es könnte auch sein, daß ursprünglich nur ein Zeichen – entweder das Kreuz oder das Dreieck – da war, welches andere Leute dazu animierte, ihre Zeichen daran anzuhängen.

Schon seit der Urzeit hat der Mensch an Wände seine Zeichen gesetzt – und das tut er auch heute noch. Heute benützt er Sprühdosen, einst hatte er die Farbe durch eine Knochenröhre geblasen. Wände haben schon immer zum Verewigen oder Fixieren von persönlichen Anliegen herausgefordert … Höhlenwände, Felswände, Kirchen- oder Kapellenmauern und überhaupt besondere Mauern – so wie die seltsame Kastell-Friedhofsmauer von Höflein eine ist.

BRUCKNEUDORF: RÖMERVILLA UND CHUNIGESBRUNN

Im Burgenländischen Landesmuseum in Eisenstadt sind 320 Quadratmeter römische Mosaiken vor dem Besucher ausgebreitet. Sie stammen
aus einem großen römischen Palast bei Bruckneudorf, sind seit 1975 dort
abgenommen und in das Landesmuseum übertragen worden, wo dieser
größte bisher in Österreich gefundene Mosaikfußboden (ursprünglich
waren es etwa 500 Quadratmeter) jetzt als besonderes Schaustück gilt.
Manche Besucher sind allerdings ein wenig enttäuscht, wenn sie auf
den vielen Mosaik-Quadratmetern nach „schönen Bildern" Ausschau halten und dann vor allem geometrische Ornamente in allen Variationen zu
ihren Füßen sehen. Aber Mosaike waren – nach dem Archäologen Werner Jobst – keine „steinernen Teppiche", sie waren feste Bestandteile der
Architektur, dienten der illusionistischen Erweiterung von Räumen. Wobei höchstwahrscheinlich einige der Ornamente (z.B. verschlungene Kno-
ten) auch eine Bedeutung als magischer Abwehrzauber gehabt haben.
Entstanden sind die Mosaiken in der zweiten Hälfte des 4. Jahrhunderts
n. Chr.
Eine der wenigen szenischen Darstellungen zeigt, wie der mythische
griechische Heldenjüngling Bellerophon die Chimäre tötet. Der schöne
Jüngling war nicht nur Liebling irdischer Frauen (durch die er etwas in
Schwierigkeiten geriet), auch die Götter waren ihm wohlgesonnen. Als
er das dreiköpfige, feuerspeiende Ungeheuer Chimäre (mit Löwen-,
Ziegen- und Drachenkopf) erlegen mußte, stellten sie ihm das Flügelroß
Pegasus zur Verfügung. Und weil sich Pegasus weigerte, einen Reiter zu
tragen, kam sofort Pallas Athene und verriet dem Jüngling, wie er sich
das störrische Roß gefügig machen konnte. Worauf Bellerophons Sieg über
das Ungeheuer gesichert war.
Jedem Betrachter des Mosaiks wird auffallen, daß dieser Bellerophon
auf seinem Pegasus eine verblüffende Ähnlichkeit mit dem christlichen
Drachentöter Georg hat. Schon lange ist das bemerkt worden, und es stell-
te sich allmählich heraus, daß es über den beliebten und vielverehrten
St. Georg eigentlich keine sicheren Nachrichten gibt, daß wahrscheinlich
aus der griechischen Bellerophon-Sage in christlicher Zeit die St.-Georgs-
Legende entstanden ist. Weshalb dann auch im Jahre 1969 unter Papst Paul
VI. der heilige Georg aus dem Heiligenkalender gestrichen worden ist.
Was war das für ein Palast, den solche Mosaiken zierten?
„Ein Privathaus war dieser Palast nicht!" schrieb Gerhard Langmann,
Leiter der Ausgrabungen und Mosaikübertragung in den Jahren 1975–78.
Von einer römischen Villa an diesem Platz wußte man schon seit dem

vorigen Jahrhundert, daß es jedoch eine so große Anlage war, das ahnte niemand. Das Hauptgebäude mit seinen vielen Räumen hatte einen Umfang von 40 x 50 Metern, dazu kamen noch die Nebengebäude: Ein Badhaus, Unterkünfte für Wachen und Dienerschaft, Werkstätten, Magazine, Stallungen sowie eine große Personallatrine mit Abflußkanal. Der ganze Komplex wurde von einer mehr als eineinhalb Kilometer langen Mauer umschlossen. Entstanden ist er in zwei Bauphasen zwischen den Jahren 300 und 360.

Die luxuriöse Ausstattung des Hauptgebäudes (Mosaiken, Wandmalereien, Fußbodenheizung, Toilette) läßt annehmen, daß es ein offiziöses Domizil für einen hohen Würdenträger war, für einen Statthalter oder Armeekommandanten. Es wird sogar vermutet, daß der Römerkaiser Valentinian I. während seiner Operationen zur Sicherung der Reichsgrenze im Jahre 375 in diesem Palast gewohnt hat.

Das klingt sehr plausibel. Denn zu dieser Zeit war Carnuntum bereits so heruntergekommen, daß es von dem römischen Historiker Ammianus Marcellinus (ca. 330–400) ein „ödes Drecksnest" genannt wurde. Und die Lage des Palastes war günstig: Nahe von Carnuntum und an der nach Rom führenden Straße, auf freiem Felde in der stillen Landschaft. So wie heute alle Herrschaften ihre Luxusvillen in guten Gegenden haben und nicht mitten in den Städten, die sie durch ihre Machenschaften versaut haben, so war es nämlich auch schon damals.

In einem solchen Repräsentationsbau sollte das Bellerophon-Mosaik den Triumph des Guten über das Böse demonstrieren. „Daß dieses beliebte Thema als Fußbodenschmuck in der zweiten Hälfte des 4. Jahrhunderts ausgewählt wurde, als die Grenzen des Reiches von Überfällen, Plünderungen und anhaltenden Kriegen verunsichert waren, ist ganz gewiß kein Zufall. Der Herr des Gutshofes ließ offensichtlich sein Haus ganz im Sinne altrömischer Lebenshaltung im Vertrauen auf die Stärke des römischen Staates einrichten." (Werner Jobst)

Natürlich wollten wir nach dem Museumsbesuch den Fundort der Mosaiken aufsuchen …

„Da gibt's nichts mehr zu sehen!" sagte man uns. Zu viele Museumsbesucher sind wahrscheinlich schon nach Bruckneudorf gefahren und haben dann nachher furchtbar geschimpft, weil sie dort keine hohen Palastmauern und Marmorsäulen in die Lüfte ragen sahen. Wir wollten trotzdem zu dem Platz, wo es nichts mehr zu sehen gibt. So wie der Schauplatz einer bestimmten Handlung zur Historie oft viel zu vermelden vermag, so kann auch bei archäologischen Funden der Fundort das Vorstellungsbild bereichern. Man gab uns eine genaue Wegbeschreibung.

Der Römerpalast stand einst frei und weithin sichtbar in einer Ebene (welche heute von der Autobahn durchschnitten wird). Jetzt ragt nur der

von den Ausgräbern hinterlassene riesige Erdhaufen in die Höhe. Das
von ihnen freigelegte Palastskelett lag aber trotzdem nicht sehr tief unter
dem Ackerboden. Und nachdem wir ein kleines Weilchen davor gestanden waren, fanden wir es recht imponierend. Obwohl nur ein kleiner Teil
von den Fundamenten der ganzen Anlage offen daliegt, läßt sich daran
doch erkennen, daß hier ein solides Bauwerk geschaffen wurde, das, wenn
schon nicht für die Ewigkeit, so doch für lange Zeiten dauern sollte. Es
kam anders.

Im 5. Jahrhundert wurde der Palast verlassen und zerstört (und das
nicht nur von Feinden, sondern auch von Landbewohnern, für die er zum
Baustein-Selbstbedienungsladen geworden war). Der Heidewind wehte
Erde über die Mauern, und allmählich versanken sie darin. Und damit
auch das Mosaik mit dem über alles siegenden Bellerophon.

Jetzt steht ein neuzeitliches Gehöft – der Heidehof – nahe der Ausgrabungsstätte und auch nahe dem Platz, wo sich im Mittelalter die 1074 urkundlich genannte Siedlung „Chunigesbrunn" (Königsbrunn) befand.
Auch sie ist längst im Erdboden verschwunden.

1956 entdeckte man die Fundamente der hochmittelalterlichen Kirche
von Chunigesbrunn, grub sie dann im Verlauf der folgenden Jahre aus
und restaurierte sie. Bei den Ausgrabungsarbeiten stieß man auch auf
einen um die Kirche angelegten Friedhof.

Wirklich idyllisch ist dieser Platz unweit der Autobahn, und doch so
fern von deren Hektik. Ein kleines Wäldchen, daneben ein von Schilf um-
standener Weiher, und an dessen Rand eine von mächtigen Quadern
gefaßte Quelle. Arkadien im Burgenland. Ohne Zweifel stammt die Quellfassung aus jener Zeit, in der die Mauern des Römerpalastes noch
aufrecht gestanden sind.

Noch immer sickert Wasser aus dem Boden, und allzu gerne hätten wir
einen Schluck aus dieser Original-Römerquelle probiert. Doch dann dachten wir daran, daß die Ackererde, welche den römischen Prunkpalast wie
auch das bescheidenere Chunigesbrunn überweht hat, heute nimmer die
gleiche ist wie anno dazumal, daß doch ein bisserl zu viel Chemie darin
steckt. Also haben wir auf den Schluck Römerquelle verzichtet ...

I   Von Parndorf die Bundesstraße 10 bis kurz vor die Brücke über die
    Autobahn Wien–Nickelsdorf. Rechts zweigt eine schmale Straße zu dem
    weithin sichtbaren Heidehof ab (ca. 1 km), knapp vorher links ist das
    Ausgrabungsgelände (Hinweistafel).
    Die mittelalterliche Siedlung Chunigesbrunn befindet sich ca. 200 Meter
    östlich vom Heidehof.

DREI STEINE AM TEUFELSJOCH

Im Jahre 1930 wurden vom Österreichischen Archäologischen Institut auf dem Teufelsjoch oberhalb von Jois von den etwa fünfzig damals noch mehr oder weniger erkennbaren Grabhügeln einige geöffnet. In einem der großen fand man 15 Bestattungen in Hockerstellung, von denen alle – bis auf die eines Mannes – zerschlagene Schädel hatten. „Es handelt sich offenbar um eine Häuptlingsbestattung, bei der ein Kind, eine Frau und ein Teil des Gefolges erschlagen und mitbestattet wurden" war noch in dem 1965 erschienenen „Lexikon ur- und frühgeschichtlicher Fundstätten Österreichs" zu lesen.

Diese blutrünstige Geschichte paßte gut zu einem Teufelsjoch!

In einer 1987 erschienenen Publikation wies Wilfried Hicke allerdings nach, daß der aus der frühen Bronzezeit (1. Hälfte des 2. Jahrtausends v. Chr.) stammende Grabhügel eine Familiengrabstätte war mit Bestattungen aus verschiedenen Zeitabständen. Die Schädeldeformierungen könnten von Grabräubern stammen, welche meinten, mit der Zerstörung des Kopfes könnte auch der Geist des beraubten Toten unschädlich gemacht werden. Daß gerade in der Bronzezeit „zeitgenössische Grabräuber" auf der Suche nach Metallbeigaben hochaktiv waren, wird jetzt immer offensichtlicher (siehe Seite 61). Lag es an der Faszination des neuen Werkstoffes, die alle Pietät vergessen ließ und diese Gier erweckte?

Am Teufelsjoch ist von einem Joch weit und breit nichts zu sehen, es ist eine weite – auch Joiser Heide genannte – Hochfläche. Man nimmt an, daß in alten Zeiten die Straße aus der Parndorfer Ebene zum Neusiedlersee über diese Höhe geführt hat. Gräber wurden damals gerne neben Straßen angelegt, und das würde auch eine Erklärung sein für die große Zahl von Gräbern aus der Urzeit bis in die Römerzeit, welche auf der Joiser Heide gefunden worden sind. Wennglich die Grabhügel jetzt nur schwach oder überhaupt nicht mehr erkennbar sind, hat diese Heidefläche einen Hauch von Melancholie, so wie sie auch in der römischen Campagna spürbar ist.

Viele Sagen werden vom Teufelsjoch erzählt. Zwei Riesengeschlechter hätten sich dort oben bekämpft, wobei alle ums Leben gekommen wären. Niemand hätte die Toten bestattet. Ihre Körper zerfielen zu Staub, „und so entstanden die vielen Hügel, die in ihrem Inneren noch die Waffen und Knochen der Riesen bergen". – An dieser Sage zeigt sich jedenfalls, daß sie noch in einer Zeit entstanden sein muß, in der man nach einem zufälligen oder auch absichtlichen Aufbrechen von Grabhügeln noch solch simple Erklärungen für die Knochen und Grabbeigaben fand.

Nach einer anderen Sage haben dort die Heiden gekämpft, und weil die toten Heiden alle vom Teufel geholt worden sind, bekam die Hochfläche den Namen Teufelsfeld oder Teufelsjoch. Für diesen Namen gibt es aber auch die Erklärung, daß auf dieser Höhe ein heidnischer Opferplatz, also ein Ort des Teufels war. Und außerdem wird von drei Rittern erzählt, die sich dort gegenseitig getötet haben und die nachher bei einer am Waldrand stehenden, der heiligen Anna geweihten Kapelle („wundertätig" wird sie in einem Bericht aus dem Jahr 1928 genannt) begraben wurden.

Diese Kapelle existiert nicht mehr. Es gibt auch keinen Bericht darüber, wann und warum sie zerstört oder abgetragen worden sein soll.

Am Waldrand befinden sich jetzt nur eine Ansammlung von zum Teil tief im Boden steckenden, sowie einigen frei herumliegenden Felsblöcken. In der Mitte dieser Steinansammlung stehen drei aufrecht stehende und nachbearbeitete Steine, von denen zwei nach oben spitz verlaufen. Sie gleichen jenen Menhiren, welche – wie Ausgrabungs-Dokumentationen und Schaustücke in prähistorischen Sammlungen zeigen – die Kuppen von urzeitlichen Hügelgräbern gekrönt haben. Auch in dem großen Hügel vom Teufelsjoch, mit den fünfzehn Bestattungen, wurde im Erdreich ein solcher Stein gefunden – von dem die Ausgraber annehmen, daß er erst durch die Wühlarbeit der Grabräuber hineingekommen ist.

Auf dem einen der drei Steine ist ein hohes Eisenkreuz angebracht. Der zweite große Stein hat drei durchlaufende Löcher in seinem unteren Teil, ist also einer der sogenanntn Lochsteine, von denen angenommen wird, daß sie in Beziehung zu einem alten Totenkult stehen.

Radiästhetische Untersuchungen ergaben, daß diese Steine an einem sehr „starken Platz" stehen und daß sich der Lochstein genau am Kreuzungspunkt von geomantischen Linien befindet. Der Platz scheint auch heute noch eine Andachtsstätte zu sein, denn bei unserem Besuch fanden wir auf dem Kreuzstein ein erst vor kurzer Zeit dort abgebranntes Armeseelen-Licht.

Wir waren im Hochsommer bei den geheimnisvollen Steinen auf der Joiser Heide. Kaum hatten wir die mannshohen Brennesseln etwas niedergetreten und das Gebüsch zur Seite gebogen, waren wir auch schon von unzähligen Gelsen umschwirrt. Wir haben nur unscharf mitbekommen, an einem höchst eindrucksvollen Platz zu sein. Daß er ein solcher ist, haben wir erst festgestellt, nachdem wir den Viechern wieder entronnen waren ...

 Von Jois die Bruckerstraße hinauf in die Weingärten und weiter bis zur Hochfläche und an den Rand des Truppenübungsplatzes (ca. 2 ½ Kilometer). Nach rechts ca. 100 Meter zum Waldrand. Einige Meter rechts vom Weg stehen die Steine.

Das Hügelgräberfeld befindet sich links und rechts der alten nach Wilfleinsdorf führenden Straße.

DER KÖNIGSBERG BEI WINDEN

Warum der Königsberg (286 m) so heißt? Es gibt keine Sagen, keine Überlieferungen. Er ist auch kein die Gegend beherrschender Berg, der ihm gegenüber liegende Zeilerberg ist sogar sechzehn Meter höher. Und doch hatte ich das Gefühl, auf einem alle anderen überragenden Berg zu stehen …

Auch die rasige Gipfelkuppe des Königsberges ist nicht beeindruckend … ein Vermessungszeichen steht darauf, und ein Betonklotz aus dem Zweiten Weltkrieg verschandelt ihn. Und die Aussicht war an diesem Tag auch nicht überwältigend, weil eine starke Dunstschicht über dem Land lag. Und trotzdem …

„Hast recht!" sagte meine Frau, nachdem sie die Wünschelrute hervorgeholt hatte. Wir standen auf einem Gipfel mit besonders intensiver Strahlung.

Der Heimatforscher Gerhard Marx hatte uns eingeladen, seine Entdeckungen um den Königsberg zu besichtigen. Er ist Postamtsleiter in Winden am Neusiedlersee, und der Königsberg steht vor seiner Amtstür; er kennt jeden Stein und jeden Baum an ihm.

Zuerst zeigte er uns einen Hügel im Wald ca. 100 m westlich unterhalb des Königsberges, der höchstwahrscheinlich ein beachtlich großer Grabhügel war. Offizielle Grabungen gab es noch keine, nur Schatzgräber haben ein wenig daran herumgekratzt. Es wäre durchaus möglich, daß ein nach der Volksmeinung darin begrabener König dem Königsberg den Namen gegeben hat.

Gerhard Marx zeigte uns auch einige auffallend mächtige Bäume (wie die Bildeiche an der Straße nach Kaisersteinbruch) und auch ganz skurril verkrüppelte, welche erkennen lassen, wie sehr dieses Gebiet durchsetzt ist von positiven und auch negativen Strahlungen. Vollkommen überrascht standen wir dann vor den vielen bizarren Felsgebilden unterhalb des Königsberges.

Ein enger Spalt durch einen hohen Felsen. Negative Strahlung beim Einschlupf, positive Strahlung am anderen Ende – so wie bei allen sogenannten Durchkriechsteinen, welche seit ältesten Zeiten aus magischen Vorstellungen (wie Abstreifen von Krankheiten) durchschloffen wurden.

Oberhalb von diesem Felsen, auf dem Kamm eine Steingruppe, welche wie ein urtümliches Mini-Stonehenge ausschaut. Menschliche Bearbeitungsspuren sind erkennbar, welche vielleicht auch vom Ausbrechen besonderer Gesteinseinschlüsse stammen könnten. In und um das so „kultisch" scheinende Steingehäuse blieben Wünschelrute wie auch Pendel unbeweglich wie ein Ochs vor einem neuen Tor.

Ein seltsam durchfurchter Felsen mit einem mehr als zwei Meter breiten Wasserbecken in seiner Stirnseite – ein wie eine barocke Quellgrotte wirkendes Naturdenkmal. Stark positive Strahlung.

Heute ist es still um den Königsberg, kein markierter Weg führt auf seine Kuppe. Auch der „Kirschblüten-Wanderweg" umgeht ihn in der Flanke. Doch schon seit der Urzeit überragte er ein verhältnismäßig dicht besiedeltes Land sowie einen der günstigsten und ältesten Wege über das Leithagebirge, der später zur Bernsteinstraße und zur römischen Reichsstraße Carnuntum–Bruck/Leitha–Winden–Rom ausgebaut wurde. Ein Stück oberhalb vom Zeilerbrunnen ist die Trasse dieser Europastraße noch gut erkennbar.

Der Zeilerbrunnen: Die Fassung der Quelle ist schon oft erneuert worden, zuletzt mit Beton. Der große Deckstein ist jedoch wesentlich älter, stammt wahrscheinlich noch aus jener Zeit, in der die römische Reichsstraße ausgebaut worden ist. Es ist ein romantischer Winkel, in dem man steht, und er bekommt noch seinen zusätzlichen Zauber bei der Vorstellung, daß hier schon seit ältester Zeit Menschen Wasser geschöpft haben.

Etwas unterhalb befindet sich die Bärenhöhle. Sie ist halbbogenförmig, wobei sich an jedem Ende ein Eingang befindet (Gesamtlänge 60 Meter). Bei der Erforschung der Höhle in den 20er Jahren war der rechte Eingang noch zugeschüttet, und in der Höhle war das Bodenniveau noch höher als heute (allzu hoch ist's noch immer nicht, man muß stellenweise verdammt aufpassen, daß man sich nicht den Schädel anhaut!).

Zahlreiche Tiere sind in der Höhle verendet und haben ihre zersetzten Knochen hinterlassen. Damals hatte man die Behörden ganz schlau für eine Grabung in der Höhle mit dem Argument gewinnen können, daß eine solche nicht nur zur Aufhellung der Vorgeschichte des Burgenlandes beitrage, sondern vor allem seiner Landwirtschaft zu einem vorzüglichen Düngemittel verhelfe. Zehn Wagenladungen wurden davon geborgen. Außerdem wurde eine Fülle von Knochenresten und Skelettpartien von Höhlenbären gefunden, aus denen auch jenes Skelett zusammengesetzt wurde, das jetzt groß und imponierend im Burgenländischen Landesmuseum steht. Seltsamerweise kann man es heute noch immer lesen, daß in der Bärenhöhle nichts gefunden wurde, was die Anwesenheit des Menschen in ihr bezeugt.

Einer der Ausgräber, Oberst Mühlhofer, hatte jedoch Artefakte in der Höhle gefunden, deren Alter von Josef Bayer, dem Ausgräber der „Venus von Willendorf", mit etwa 30.000 Jahren datiert wurde (Notiz in den „Burgenländischen Heimatblättern", 1949). Es gab nur keine dicken Aschenschichten in der Höhle, welche eine längere Besiedelung bezeugt hätten. Wahrscheinlich hat der Urzeitmensch nur fallweise diese Höhle zum

Aufenthalt benützt. Die besonders starke Strahlung in ihr spricht dafür, daß er sie möglicherweise für kultische Verrichtungen aufgesucht hat.

Funde, Gravuren und Malereien in den Höhlen Westeuropas bekunden eindeutig, daß dort der Mensch der Altsteinzeit mit Vorliebe Höhlen als Kultstätten benützt hat. Warum sollte es bei uns anders gewesen sein?

In Höhlen herrscht nicht nur das Dunkel und die Stille. Im Bärenloch bei Winden kann jeder Besucher auch heute noch eine magische Verzauberung, ein akustisches Phänomen besonderer Art erleben …

Gehen Sie vom rechten Höhleneingang an der rechten Höhlenwand ca. 5 Meter weit entlang bis zu einer runden Ausbuchtung an der Decke, unter der Sie aufrecht stehen können. Dort lassen Sie mit tiefer Brummbaßstimme ein langgezogenes „Ooooooooo…" gegen das Höhleninnere los – und Sie werden verblüfft über das Ergebnis sein …

… der Laut wird nicht nur die ganze Höhle erfüllen, er wird, verstärkt durch das Echo, so laut, daß diese zu vibrieren scheint und man meinen könnte, jetzt und jetzt fällt einem die ganze Decke auf den Kopf!

I Der Königsberg befindet sich zwischen den Straßen Winden–Kaisersteinbruch und Winden–Truppenübungsplatz-Bruckneudorf. Eine nördlich am Königsberg dicht vorbeiführende Forststraße (Fahrverbot) verbindet diese beiden Straßen, sie ist auch (besser vom Zeilerbrunnen her) der Zugangsweg zu unserem Berg.

Das vermutliche Hügelgrab befindet sich ca. 100 Meter westlich unterhalb des Gipfels, der Durchkriechstein etwa 100 Meter östlich. Der Felsen mit dem Wasserbecken ist am Fuß des steil nach Südosten abfallenden Gipfelhanges.

Bärenhöhle (Hinweistafel) und Zeilerbrunnen liegen an der von Winden nach Bruckneudorf führenden Straße.

DER PURBACHER BURGSTALL

Als im Jahre 1532 die Türken wiederum nach Purbach am Neusiedlersee kamen, flüchteten die Bewohner in das Leithagebirge, wo sie sichere Schlupfwinkel hatten. Die Türken plünderten, und einer von ihnen soff soviel Purbacher Wein, daß er den Abzug seiner Kumpane verschlief. Nach Rückkehr der geflüchteten Purbacher versteckte sich der Türke im Kamin, doch als Hausbewohner Feuer machten, wurde es brenzlig für ihn. Und als er oben seinen Kopf aus dem Rauchfang steckte, wurde es noch schlimmer – die Purbacher wollten ihn zunächst abmurksen. Doch die Burgenländer waren schon immer gutmütige Leut' und sagten schließlich, wenn der Türk sich taufen lasse, dann könne er als Knecht bei ihnen bleiben. Was der auch tat. Nach dem Tod des Türken ließ der Bauer einen Türkenkopf aus Stein meißeln und an dem Rauchfang seines Hauses anbringen, wo er jetzt noch als Wahrzeichen von Purbach zu sehen ist.

Diese Geschichte vom Purbacher Türken hat aber auch einen interessanten Hintergrund – den Schlupfwinkel der Purbacher. Das ist eine zumindest in das 1. Jahrtausend v. Chr. zurückreichende Wallanlage auf dem Burgstall (338 m), einer bewaldeten Bergkuppe am Ostabfall des Leithagebirges.

Sehr eindrucksvoll und sehr groß ist diese Urburg des Burgenlandes, welche überhaupt eine der größten Wallburgen Österreichs ist. Vom Zentrum des Gipfelplateaus (300 x 220 m) und dem äußeren Rand des dritten Vorwalls liegt eine Entfernung von fast 800 Metern. Drei Vorwälle sind es insgesamt, die das mächtig aufragende Hauptwerk gegen die flache und daher gefährdete Nordseite schützen; jeder dieser Vorwälle hat natürlich auch einen Graben davor. Und zwischen dem ersten und zweiten sowie zweitem und drittem Vorwall befinden sich insgesamt etwa 50 hallstattzeitliche Hügelgräber.

Der Wiederentdecker dieser Bergfestung in den 70er Jahren des 19. Jahrhunderts war der Purbacher Pfarrer Josef Nácz. 1895 öffnete der Archäologe O. Darvas 14 Hügelgräber – und war enttäuscht. „Ich hatte vor meinen Augen schon eine reiche Beute gesehen", schrieb er, „doch ich mußte aus meinem angenehmen Traum gerissen werden, denn der größte Teil der Gräber war leer." Grabräuber waren schon vor ihm aktiv geworden. Er fand in jedem der Gräber bloß Scherbenbruchstücke und Asche; nur zwei Lappenbeile, einen Ring und ein Armband hatten die Raubgräber vergessen.

1898 fanden erstmals Grabungen auf dem Siedlungsplateau statt, wobei eindeutige Spuren einer urgeschichtlichen Besiedlung (Keramikbruchstücke, Knochenreste, Reib- und Mahlsteine, Feuerplätze mit dicken Aschenschichten) gefunden wurden.

1943 wurden erstmals die Wälle untersucht, und das war in der gewiß recht bunten Geschichte der Archäologie doch eine etwas eigenartige Grabung – sie wurde von Kindern durchgeführt! Es war Krieg, es fehlte an Arbeitskräften. Dem jungen Archäologen Christian Peschek wurden schließlich Zöglinge der NAPOLA (Nationalsozialistische politische Erziehungsanstalt) Traiskirchen zur Verfügung gestellt, aber nur solche von den ersten Jahrgängen; die Vierzehnjährigen mußten damals schon Dienst bei der Fliegerabwehr leisten. Die Probeschnitte dieser Grabung sind noch heute zu erkennen. Die Steinschichten, auf die man dabei stieß, wurden als Mauerreste gedeutet.

Daß der Kern der Festung auf dem Burgstall aus dem 1. Jahrtausend v. Chr. stammt, ist ziemlich sicher, ebenso, daß er auch noch in der Völkerwanderungszeit, im Mittelalter und bis in die Zeit der Türken- und Kuruzzeneinfälle immer wieder benützt und auch ausgebessert und verstärkt worden ist. Die Toranlage zum Burgstallplateau wird noch heute Türkenschanztor genannt. In dieser Fluchtburg waren die Landbewohner ziemlich sicher, wußten auch, daß die Reiterkrieger aus dem Osten Waldgebiete mieden, weil sie darin unbeweglicher waren und ihre Waffen nicht überlegen einsetzen konnten.

Ungeklärt ist noch immer, ob die ursprüngliche Anlage bereits drei Vorwälle gehabt hat, wobei vielleicht die Gräber zwischen den Wällen eine magische Schutzfunktion gehabt haben. Interessant ist, daß eines der hallstattzeitlichen Hügelgräber über ein Grab der vorangegangenen Bronzezeit gelegt worden ist.

Schon 1934 hatte Franz Mühlhofer auf dem Burgstallplateau „Spuren einer Zisternenanlage" erkannt. Es ist eine etwa 80 Meter vom Triangulierungspunkt entfernte größere verwachsene Mulde. Radiästhetische Mutungen haben nun ergeben, daß unter dieser Mulde eine sehr starke Wasserader ist, wahrscheinlich sogenanntes artesisches Wasser, das durch den eigenen Druck dort einst zutage getreten ist. Artesisches Wasser (nach der Grafschaft Artois in Frankreich benannt, wo man durch Bohrung erstmals unterirdisches Wasser mit gespanntem Spiegel an die Oberfläche gebracht hat) ist wohl ein erklärbares Phänomen, das aber dennoch manchmal unbegreiflich erscheinen kann, wenn man mit ihm konfrontiert wird. Wasser auf einer Hügelkuppe?

Von einem unbegreiflichen artesischen Phänomen erzählt der Radiästhet Jörg Purner. Auf der nach allen Seiten mit steilen Felswänden zum Meer abbrechenden kleinen Insel Skellig Michael vor der Südwestküste Irlands befindet sich unterhalb des um die 270 Meter hohen Gipfels die Ruine eines Klosters aus dem 7. Jahrhundert. Man erzählte Pur-

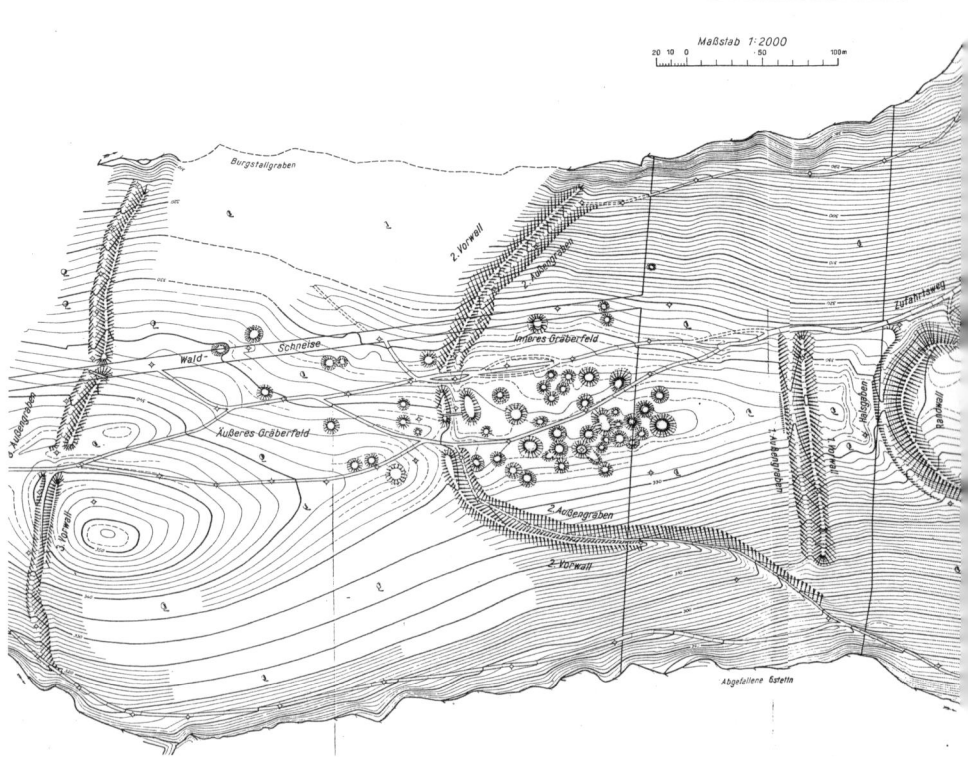

ner, daß es drei heilige Quellen da oben gäbe, von denen aus zweien das
Wasser bis an die Oberfläche steigt. Purner konnte sich artesisches Wasser auf dem hohen schroffen Felsen einfach nicht vorstellen. Tatsächlich
fand er oberhalb der Ruine eine Stelle, an der Wasser hervorquoll.

Ein solch spektakuläres artesisches Wasser wäre das auf unserem Purbacher Burgstall wohl nicht, weil seine Kuppe wesentlich tiefer liegt als
der Hauptkamm des Leithagebirges. Aber eine Wasserstelle auf einer leicht
zu verteidigenden Höhe muß dennoch dem Menschen als ein Geschenk
des Himmels erschienen sein, und so ist nicht auszuschließen, daß die jetzt
verwachsene Mulde in der Vorzeit auch eine Stätte der Verehrung war.

Es gäbe also noch viel zu klären um den Purbacher Burgstall über dem
Neusiedlersee, der zu den schönsten Bodendenkmälern des Landes zählt.
Doch scheint's, daß es noch lange dauern wird, bis das geschieht. Jetzt
hat er noch seine Geheimnisse und beeindruckt auch so jeden Besucher.
Das besonders im Frühjahr, wenn der Bärlauch wild wuchert (und sein
Knoblauchduft den Wald erfüllt), wenn sich von dem grünen Teppich die
Hügelgräber und Wälle besonders gut abheben.

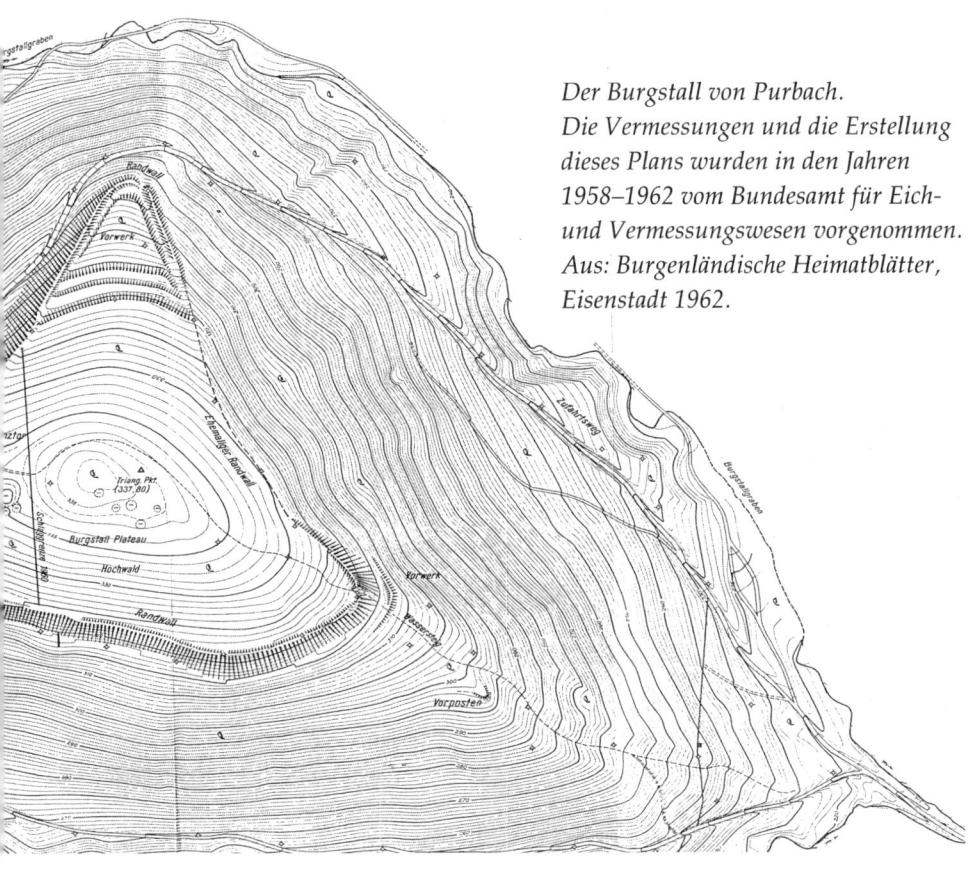

*Der Burgstall von Purbach.
Die Vermessungen und die Erstellung
dieses Plans wurden in den Jahren
1958–1962 vom Bundesamt für Eich-
und Vermessungswesen vorgenommen.
Aus: Burgenländische Heimatblätter,
Eisenstadt 1962.*

I Vor dem Waldgasthof „Am Spitz" steht ein Bildstock, bei dem rechts eine in den Pfaffeneckgraben führende Fahrstraße abzweigt. Auf ihr ca. 20 Minuten bis nahe an den Fuß des Burgstalls. Nach links (Tafel) zweigt ein Weg ab, der nach etwa 200 Metern ganz an seinen Fuß (Zwickel) bringt. Von hier zwei Möglichkeiten für den Aufstieg:
Links über den „Abgefallenen Gstettenweg" bis zum unteren Ende des zweiten Vorwalls und durch den zweiten Außengraben hinauf auf das Plateau zwischen zweitem und drittem Vorwall.
Rechts über den alten Zufahrtsweg (eine Forststraße kreuzend) bis hinauf zum „Türkenschanztor".
Gehzeit für beide Wege vom Spitz bis auf das Burgstallplateau ca. 1 Stunde. Empfohlener Rundgang: Abgefallener Gstettenweg hinauf, alten Zufahrtsweg hinunter.
Im Burgenländischen Landesmuseum in Eisenstadt ist eine Rekonstruktionszeichnung der Anlage zu sehen.

„AYERS ROCK DES BURGENLANDES"

– so wurde der „Hölzelstein" bei Oggau schon genannt – was natürlich eine Übertreibung ist. Dieser Rock ist eher nur ein Rockerl. Doch eines hat der burgenländische Felsen mit dem weltberühmten australischen Monolithen gemeinsam: auch er wirkt wie vom Himmel gefallen in dem flachen Land.

Kein Mensch dieser Welt ist an solchen Steinen unbeeindruckt vorbeigegangen. Am „Hölzelstein" haben sich – so erzählt die Sage – die Hexen getroffen und dort in einer von Blöcken gebildeten Kammer – in der „Hexenkuchl" – ihr Hexensüppchen gekocht. Die Römer standen fester auf dem Boden: Sie haben dort Steine gebrochen (man fand einen Eisenkeil und Münzen aus dem Beginn der Kaiserzeit).

Der Hölzelstein ist ein etwa sechzig Meter langes Kalkriff, das an seinem höchsten Punkt an einer Seite eine Felshöhe von etwa fünf Metern erreicht. Sogar ein Mauerhaken steckt im Gipfelfels. Es gibt also Leute, die keinen Schmäh verzapfen, wenn sie sagen, daß sie am Neusiedlersee klettern waren.

Der Hölzelstein steht dicht am Rande des Schilfgürtels vom Neusiedlersee und ist weithin als markanter Punkt zu sehen. Bei ihm wurden auch Funde aus der Bronzezeit (Waffen und Schmuck) gemacht, welche als sogenannte Depotfunde angesprochen werden. Händler prähistorischer Zeit sollen vor dem Betreten von Siedlungen den Großteil ihrer Waren versteckt und nur das mitgenommen haben, von dem sie meinten, daß sie es auch in dem Dorf verkaufen könnten. Eine Vorsichtsmaßnahme für den Fall, daß die Bewohner weniger handelswillig und dafür umso raublustiger waren. Depotfunde wären also versteckte Warenlager von Händlern, welche zu ihren Waren nicht mehr zurückkehren konnten, weil man sie abgemurkst hatte …

Auffällig ist allerdings, daß Depotfunde zumeist in der Nähe von auffallenden Örtlichkeiten in der Landschaft gemacht werden, die als alte Kultplätze gelten, und bei denen kaum ein Händler seine Waren versteckt haben dürfte. Waffen und Schmuck waren aber bevorzugte Opfergaben und so ist wohl anzunehmen, daß es sich bei diesem Fund am Hölzelstein nicht um ein Depot, sondern um eine Deposition (kultische Hinterlegung) handelt.

Besiedelt war das Gebiet um den Neusiedlersee (durch Funde nachgewiesen) schon seit der Jungsteinzeit. Keramiken aus der Wende zwischen Jungsteinzeit und früher Bronzezeit (um 2000 v. Chr.) sind sogar als „Typus Oggau" in die Prähistorie eingegangen.

Oggau hat eine Seehöhe von 133 m, der Neusiedlersee hat 115 m Seehöhe. In den Jahren 1865–1871 war der See so vollkommen ausgetrocknet, daß ihn der Oggauer Prälat Mayrhofer fünfmal trockenen Fußes von Weiden nach Oggau überqueren konnte; nur Sumpfpflanzen und Seegräser deckten den Boden. Doch im Jahre 1878 war der Wasserstand schon wieder so hoch, daß der See bis knapp an Oggau heranreichte. Diese Schwankungen vom Spiegel des Neusiedlersees hatten schon die Menschen vor 4000 Jahren veranlaßt, ihre Toten an etwas erhöhten Stellen zu bestatten. Der auf einer Kuppe liegende Hölzelstein mußte für sie auch der ideale Kultplatz gewesen sein.

Dreihundert Meter östlich vom Hölzelstein ragt noch eine zweite Felskuppe aus dem Flachland, auf der die Rosalienkapelle steht … „Erpaut Anno 1713. Renofirt 1833". Das Jahr 1713 war ein Pestjahr, die heilige Rosalia eine besonders im Burgenland hochverehrte Pestpatronin. Der Heimatforscher Gerhard Marx hatte beobachtet, daß sich die Nadel von einem auf die Schwelle der Kapelle gelegten Kompaß dort unaufhörlich dreht. Wünschelrute und Pendel reagieren aber stärker an dem neben der Kapelle befindlichen Felsen mit der barocken Kreuzigungsgruppe, wobei sich die Frage ergibt, ob nicht das Kruzifix auf einen alten Opferstein gestellt worden ist.

Im Jahre 1931 wurden im Bereich der Seegasse von Oggau die ersten Skelettgräber aus der Zeit um 2000 v. Chr. freigelegt. Sie befanden sich in dem stark verfestigten Sand nur etwa 80–90 cm tief im Boden. Aus: Burgenländische Forschungen, Eisenstadt 1987

Auch bei der Rosalienkapelle wurden schon seit alter Zeit Steine gebrochen, doch der Platz hat dadurch nichts von seinem romantischen Zauber verloren. Obwohl der Hügel bloß um etwa 20 lumpige Meter den Spiegel des Neusiedlersees und den Schilfgürtel überragt, fühlt man sich auf ihm dennoch erhaben und erhoben über dem weiten Land (was wiederum beweist, wie wenig ein Gipfelglück von der Seehöhe abhängig ist).

Radiästhetisch ist es ein guter Platz, während der gegenüberliegende Hölzelstein (besonders die „Hexenkuchl") ein ausgesprochen negativer Platz ist.

Man kann jetzt oft hören oder lesen, daß dieses positive und negative Nebeneinander ein Kennzeichen alter Kultstätten sei ... das Yin-Yang-Prinzip von Dunkel und Hell und Erde und Himmel und dem Weiblichen und Männlichen. Erstaunlicherweise ist bei vielen alten Kultstätten tatsächlich ein solches Nebeneinander von Positivem und Negativem zutreffend.

Von Störchen heißt es, daß sie nur an positiven Plätzen ihre Nester bauen. Das schöne Märchen, daß Störche die Kinder bringen, soll darauf zurückzuführen sein. An positiven Plätzen sind auch bessere Voraussetzungen für den Kindersegen gegeben.

Als wir zum Hölzelstein kamen, spazierte dort ein Prachtexemplar von Storch herum. Wir hielten die Luft an, um ihn ja nicht zu verscheuchen. Der Storch glotzte uns kurz an und stolzierte dann seelenruhig zur „Hexenküche" hin. Schlechter, ganz schlechter Platz! Der Storch blieb unbeeindruckt davon ...

I   Die Rosalienkapelle liegt dicht an der von Oggau nach Schützen bzw. Donnerskirchen führenden Straße. Von ihr aus erreicht man auch über einen Feldweg den weithin sichtbaren Hölzelstein (ca. 15 Minuten).

RUND UM DIE DREI BERGE VON DONNERSKIRCHEN

Die „Drei Berge" sind hallstattzeitliche Hügelgräber aus der ersten Hälfte des 1. Jahrtausends v. Chr. Und es sind nicht drei sondern fünf Grabhügel. Doch nur drei heben sich von Donnerskirchen aus gesehen als markante Silhouette vom Himmel ab (der vierte ist verdeckt, der fünfte liegt etwas abseits).

Von all den vielen Hügelgräbern Österreichs sind die von Donnerskirchen besonders eindrucksvoll durch ihre Lage ... hoch über dem Neusiedlersee und über dem weiten Land. „A schöne Aussicht haben s' einmal gehabt, die Toten da oben!" sagen die Donnerskirchner.

Jetzt sind die Toten nicht mehr da oben. Bereits in den Jahren 1910–13 wurden die Grabhügel geöffnet und die Urnen und Grabbeigaben ins Museum gebracht. Bei der Bestattung hatte man die Urne mit dem Leichenbrand auf den ebenen Boden gestellt, dann in einem Kreis (Durchmesser ca. 10 Meter) Gefäße mit Nahrungsmitteln deponiert, darüber fast drei Meter hoch Erde aufgeschüttet und diese mit Holz überdeckt. Das war das Haus des Toten über das dann der Grabhügel aufgeschüttet wurde. Durchmesser des großen Hügels: 27 Meter.

In einem der Hügel fand man auch jenes schönverzierte Tongefäß mit den drei stierkopfförmigen Mundlöchern an den Seiten, das heute zu den besonderen Schaustücken des Burgenländischen Landesmuseums in Eisenstadt zählt. Solche Stierkopfgefäße wurden auch in anderen Grabhügeln aus dieser Epoche gefunden, und sie werden mit dem Toten- und Fruchtbarkeitskult in Verbindung gebracht. Vom Mittelmeerraum bis hinauf in den Norden war in der alten Welt der Stier ein bevorzugtes Opfertier, und aus Stierhörnern wurde das Opferblut getrunken. Doch aus diesem Gefäß mit den drei Trinklöchern konnte praktisch nur aus einem Loch getrunken werden, wobei noch die Gefahr bestand, daß man mit den Stierhörnern die Augen verletzte. War es also nur ein symbolisches Trinkgefäß? Oder gab es damals schon Vorläufer unserer heutigen flotten Designer, welche Objekte gestalteten, die zwar schön zum Betrachten aber für den Gebrauch unbrauchbar sind?

Die Grabungen in Donnerskirchen wurden von dem Ehepaar Oberst Max und Emma Groller von Mildensee durchgeführt. Frau Emma hatte die prähistorischen Hügelgräber geöffnet, der Herr Oberst kümmerte sich um die römischen Objekte. Frau Emma durfte aber nachher keinen Grabungsbericht herausbringen, denn das Burgenland gehörte in der Österreichisch-Ungarischen Monarchie noch zu Ungarn und dort war es Frauen nicht gestattet, wissenschaftliche Arbeiten zu veröffentlichen!

Max Groller hatte damals auf den Wolfsbrunnbachäckern römerzeitliche Bauten freigelegt, die von einer Mauer umschlossen waren. Ziemlich in der Mitte fand er in einem etwa 20 Meter langen Gebäude (das er für einen Geräteschuppen oder Tempel hielt) Fragmente einer etwas seltsamen Marmorplatte, für die er und auch alle anderen Archäologen keinen Verwendungszweck erkannten. Es dauerte einige Jahre bis der damals noch junge Archäologe Camillo Praschniker eine Deutung fand und das komplizierte Puzzle zu einem Ganzen gefügt hatte:

- Die Platte war eine altchristliche Altarplatte in Rundform mit zwölf hufeisenförmigen Patenen für das heilige Brot. Ein an die zwölf Apostel erinnernder Abendmahltisch. Solche runde oder halbrunde Altäre haben sich auch in anderen frühchristlichen Kirchen (z.B. in Besançon/Frankreich, Ephesos und auf Delos) feststellen lassen.
- Das Gebäude, in dem die Marmorstücke gefunden wurden, war eine frühchristliche Kirche aus der Zeit zwischen 340–370. Und wahrscheinlich befand sich an diesem Platz schon vorher ein Heiligtum. Diese Kirche hatte – und das wird sogar noch manche heutige Kirchenbesucher mit Neid erfüllen – bereits eine Fußbodenheizung!

Heute steht der rekonstruierte Rundaltar im Burgenländischen Landesmuseum in Eisenstadt. Eigentlich sind es herzlich wenige Originalteile, welche noch erhalten geblieben sind. Doch schaut man das Puzzle näher an, zieht man die vorhandenen Linien und Kreise weiter, dann wird sichtlich, daß man vor keiner Phantasie-Rekonstruktion steht, sondern vor einem für unsere Zonen einzigartigem Denkmal des frühen Christentums.

Ein runder Altar?

Das letzte Abendmahl Christi und erste Abendmahl der Christenheit fand keineswegs (so wie es die Künstler später darstellten) an einem Tisch statt. Im Orient so wie auch bei den Römern war es damals üblich, liegend zu essen. Tische dienten nur zum Aufstellen des Geschirrs und der Speisen. „In den sogenannten Sakramentskapellen der Callistuskatakombe ist ein Bild, auf dem ein Mann in Philosophentracht die Hände über einen kleinen Tisch ausstreckt, auf dem ein Fisch und ein Brot liegen. Daß hier die Eucharistie dargestellt ist, kann keinem Zweifel unterliegen" (Engelbert Kirschbaum in seinem Buch „Die römischen Katakomben"). Der Tisch dieses Katakombenbildes ist rund.

Der Katakombenforscher Kirschbaum wies auch darauf hin, daß bei den frühen Christen ein Tisch oder Altar für die Darbringung der Eucharistie gar nicht das Wesentliche war. Und die schüsselförmigen Vertiefungen in solchen Rundtischen sieht der Archäologe Alphons Barb zeit- und zweckbedingt. „Die kommunizierenden Gläubigen konnten in Gruppen entsprechend der Zahl der Ausbuchtungen an den Tisch herantreten und das für jeden bereitgelegte geweihte Brot zusammen mit dem geweihten Wein über den Tisch gebeugt zu sich nehmen. Die bei der Kommunizierung gelegentlich danebenfallenden Weintropfen und Brotpartikel fielen in die Randschüsseln, aus denen sie in dem um eine weitere Stufe vertieften Mittelteil der Platte flossen bzw. mühelos und vollständig zusammengefegt werden konnten."

Das Meßopfer, das Abendmahl waren in früher Christenzeit anders als heute. Es gab noch keine Hostien sondern Fladenbrote, die gebrochen und verteilt wurden. Und nicht immer und überall wurde mit Wasser vermischter Wein aus einem Becher getrunken, sondern auch bloß Wasser. Es mußten auch keine Kerzen auf dem Altar brennen, und Meßbücher gab es noch nicht.

Es war wahrhaftig ein Glücksfall, daß die Donnerskirchner Altarfragmente damals in behutsame Hände gekommen sind. Denn in der Zeit vor dem Ersten Weltkrieg war man bei Grabungen noch nicht so penibel wie heute, ebensogut hätten die paar kümmerlichen Marmorbruchstücke auch zum Abräumschutt geworfen werden können. Dann gäbe es ein kulturgeschichtlich wertvolles Denkmal weniger in Österreich.

I   Zu den Hügelgräbern von Donnerskirchen auf dem Schönleitenberg führt vom Ort ein beschilderter Weg (Gehzeit ca. 20 Minuten).

Der „Kümmerlingstein" von Kleinhöflein und Attilas Grabstein in St. Georgen

Oberhalb von Kleinhöflein steht an einem in die Weingärten führenden Hohlweg der „Kümmerlingstein", von dem recht sonderbare Geschichten erzählt werden …

Der Stein verneigt sich vor dem ersten Menschen, der am Morgen an ihm vorbeigeht. Und wer ihn fragt, was er hier mache, dem soll er antworten: „Nichts!"

Ein Weinhauerbub (der gerne lange schlief) wollte es einmal erleben, daß sich der Kümmerlingstein auch vor ihm verneigt. So zog er an einem Spätsommerabend mit einer Decke zu dem Stein und legte sich neben ihm hin. Kurz nach Mitternacht wurde er durch ein Lachen geweckt. Ein Greis mit einer Weinbutte ging an dem Stein vorüber, und dieser verneigte sich vor ihm. Der Alte berührte nachher wie segnend jeden Weinstock, und am Morgen waren die abends vorher noch unreifen Trauben prall und süß. Es war der „Leseähnl" gewesen, vor dem sich der Kümmerlingstein zuerst verneigt hatte.

Die bearbeitete Steinsäule ist nicht ein gewachsener Fels, sondern wurde an diese Stelle gesetzt. Sie ruht tief im Boden und ragt heute etwa 1,50 Meter in die Höhe. Und wie die Verwitterung der bearbeiteten Seiten erkennen läßt, muß der Stein schon sehr lange da stehen. An seiner Vorderseite sollen auch „verwischte Spuren einer erhabenen Darstellung" zu erkennen sein … ein bisserl allzu sehr verwischte. Hingegen ist eine ausgeriebene Schale oben auf dem Stein deutlich zu sehen. Möglich, daß sie von Leuten stammt, welche sich von diesem besonderen Stein heilsames Steinpulver geholt haben.

Wir stehen hier vor einem Menhir (= langer Stein). Solche aufgestellten Steine gibt es seit Jahrtausenden fast in der ganzen Welt, und es wird ihnen die verschiedenste Bedeutung zugemessen … als Gedenksteine für große Ereignisse, als Grabsteine, als Seelensitze verstorbener Ahnen …

Der Ahnenkult hatte einst große Bedeutung, weil die Lebenden davon überzeugt waren, daß die Toten auch weiterhin Gutes wie auch Böses bewirken konnten – so wie der „Leseähnl" in der Geschichte vom Kümmerlingstein. Diese Verbindung des Steines mit Vorstellungen des prähistorischen Ahnenkultes würde für sein hohes Alter sprechen.

Übrigens: In und bei Kleinhöflein wurden urzeitliche Funde gemacht, die bis in die Jungsteinzeit zurückreichen.

Daß unser Stein ein Grenzstein gewesen sein könnte, wurde auch schon bedacht. Doch nur etwa hundert Meter von ihm steht ein alter Grenzstein, und der schaut ganz anders aus!

Daß sich der Kümmerlingstein verneigen soll, paßt zu den alten Vorstellungen, nach denen die Steine Leben in sich tragen. Doch kümmerlich und bescheiden ist das, was unser Kümmerlingstein macht, gegenüber dem, was sich die viel größeren und berühmteren Menhire Frankreichs leisten … sie tanzen, sie drehen sich um Mitternacht um, sie gehen zu Weihnachten zum Meer, um ihren Durst zu löschen … Fast von jedem der dort aufragenden Steine wird auch erzählt, daß er sich bewegt. Eine eindeutige Erklärung für diese Sagen wurde bis jetzt nicht gefunden; von dem französischen Megalithforscher Fernand Niel stammt die Vermutung: „Vielleicht sind sie eine Erinnerung an die Zeit der Errichtung dieser Monumente, da die Steine sich zweifellos mindestens einmal bewegt haben müssen. Dies unterscheidet sie von allen anderen unbearbeiteten Blöcken, die man findet. Man mußte sie zu ihrem Standort transportieren, sie vielleicht drehen, und sie ‚tanzten', je nach Beschaffenheit des Geländes, auf den Holzrollen, auf denen sie befördert wurden."

Ein Bauer kam mit seinem Traktor aus den Weingärten herab. Ob sich der Kümmerlingstein noch immer verneige, fragten wir ihn.

„Das sagt man!"

„Und wenn er sich nicht verneigt?"

„Dann sagen wir, daß jemand schon früher dagewesen sein muß!"

Der „Kümmerlingstein" steht westlich von Eisenstadt, und östlich davon gibt es ebenfalls einen recht sonderbaren Stein – Attilas Grabstein in St. Georgen.

Es ist ein großer römischer Grabstein aus dem Beginn des 2. Jahrhunderts n. Chr. mit den Porträtbüsten eines Ehepaares. Etwas beschädigt ist das Reliefbild eines Wagens, der die Jenseitsfahrt der Toten symbolisiert. Sie sind gefahren, sie waren also „bessere Leute". Eine Beziehung zwischen einem bei St. Georgen ausgegrabenen römischen Gutshof aus dem 1./2. Jahrhundert n. Chr. ist anzunehmen. Ein Marcus Atiliae wird in der Grabinschrift genannt – und so kam es, daß die Leute von St. Georgen bald felsenfest davon überzeugt waren, den Grabstein von Attila, dem Hunnenkönig, und seiner Frau vor sich zu haben.

Wo der Stein gefunden wurde, ist nicht bekannt. Im Jahre 1840 soll er vom Pfarrer bei der inmitten des Dorfes entspringenden Quelle aufgestellt worden sein. Von ihr holten seinerzeit die Frauen nicht nur frisches Trinkwasser, dort wuschen sie auch die Wäsche. Und beim Wäschewaschen erzählten sie immer phantastischer werdende Geschichten rund um den gewaltigen Schatz des Hunnenkönigs, der irgendwo bei St. Georgen vergraben sein soll …

Attila, der Hunnenkönig, im 5. Jahrhundert Beherrscher des Donaulandes, ist vor allem wegen der ihm angeblich ins Grab mitgegebenen Schätze zu einer historischen Gestalt geworden, die wie keine andere die Phantasie des Volkes bewegte. In Ungarn sind es mehr als dreißig Orte, wo nach einem Attilagrab gesucht wurde. Aber auch viele mittelalterliche Hausberge in Niederösterreich wurden als Attilas Grab angesehen; in Retz ist sogar im Jahre 1872 eine Aktiengesellschaft gegründet worden zur Hebung des goldenen Sarges, in dem der König im „Gupferten Berg" bei Unternalb ruhen sollte …

Auch an dem „Attila-Grabstein" sind – wie bei vielen römischen Grabsteinen – die Gesichter zerstört. Diese Zerstörung kann schon in spätantiker Zeit erfolgt sein, als man alte Grabsteine für andere Zwecke wiederverwendete, vorsichtshalber aber die Gesichter zerschlug, um den Geist des Toten zu bannen. Die Zerstörung kann aber auch nach der Auffindung des Steins in der Neuzeit geschehen sein, in der naive Gemüter im nachhinein den bösen Hunnenkönig bestrafen wollten, weil er gar so schrecklich grausam war. Das wäre auch eine Erklärung dafür, daß der Frauenkopf nur wenig, der Männerkopf aber ganz arg zerschlagen ist (weil ja die Frau Attila bestimmt nicht so bös war wie der Herr Attila).

Jetzt hat der Dorfbrunnen von St. Georgen eine Fassung bekommen, keine Frauen waschen mehr bei ihm die Wäsche. Um den Römerstein sind bunte Blumen gepflanzt. Ganz vergessen ist der Hunnenkönig aber noch immer nicht … „Zum Attilabrunnen" heißt der Gasthof neben ihm auf dem Platz.

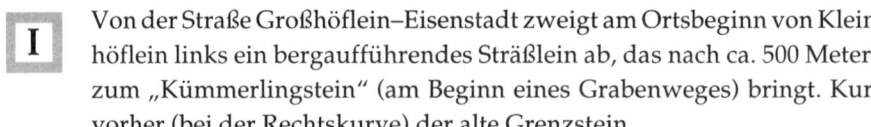

I   Von der Straße Großhöflein–Eisenstadt zweigt am Ortsbeginn von Kleinhöflein links ein bergaufführendes Sträßlein ab, das nach ca. 500 Metern zum „Kümmerlingstein" (am Beginn eines Grabenweges) bringt. Kurz vorher (bei der Rechtskurve) der alte Grenzstein.

SIEGENDORF: DER KRIEGER MIT DEM RASIERMESSER

„Um das Jahr 1200 v. Chr. verstarb im Raum Siegendorf eine für die damalige Zeit offensichtlich bedeutende Persönlichkeit. Der Leichnam dieses Mannes wurde in Festtagstracht, gerüstet mit Schwert, Lanze und Dolch mit umgehängtem Rasiermesser in den Schuschenwald transportiert. Dort war an der Stelle, wo später der Grabhügel errichtet wurde, ein Scheiterhaufen vorbereitet. Darauf wurde der Tote gelegt. Daneben stellte man 10 Tongefäße, die wahrscheinlich eigens für die Bestattungszeremonie hergestellt worden waren und die man mit Speise und Trank für das Jenseits gefüllt hatte. Dann zündete man den Holzstoß an. Nachdem der Holzstoß niedergebrannt und von der Leiche nur mehr ein Häufchen kleiner weißer Knochenstückchen übriggeblieben war, sammelte man die mitverbrannten Gegenstände und stellte sie auf engstem Raum zusammen. Darüber errichtete man die schützende Steinkiste, in die man vorher noch vier mit Getränk gefüllte Gefäße gestellt hatte. Im Viereck um diese Steinkiste wurden dann große Steinplatten aufgestellt und im Inneren über der Kiste ein hoher Erdhügel errichtet, wobei das Erdreich aus der unmittelbaren Umgebung entnommen wurde."

Ist es nicht schön, daß sich Archäologen auch so verständlich ausdrücken können, wie diese Zeilen von Karl Kaus beweisen, der das Kriegergrab ausgegraben hat?

Entdeckt wurden die von Gesträuch überdeckten Grabhügel im Schuschenwald (nach dem Waldbesitzer Sušanj) von zwei heimatkundlich interessierten Siegendorfern im Jahre 1970. Die Ausgrabungen begannen 1974, und bereits 1976 wurden das Kriegergrab und die anderen drei Gräber daneben als archäologisches Freilichtmuseum präsentiert, dessen Besuch ein Burgenlanderlebnis besonderer Art ist ...

... denn einen trotz seiner Restaurierung noch immer so urtümlich wirkenden Grabhügel mit der aus mächtigen Steinplatten gebildeten Umrahmung und der klobigen Steinkiste kann man sich eher im nordischen Hünengräberland vorstellen als am Rande der Pußta.

Eine Inschrift an dem Grab führt die darin gefundenen Beigaben an, darunter auch das Rasiermesser, das der Krieger wie einen Orden um seinen Hals hängen hatte. Eine etwas seltsame Grabbeigabe ...

Warum legte der Krieger von Siegendorf einen so großen Wert auf eine Rasur auch im anderen Dasein?

Einem steten Bedeutungswandel ist der Männerbart unterworfen. Er kann als Zeichen der Verwahrlosung oder als schick (wie jetzt der Dreitagebart) gelten. Der alte Kaiser Franz Joseph hatte einen Bart und galt als weise und erfahren. In seiner Monarchie trugen daher auch junge Männer Bärte, um alt und erfahren auszusehen. Zu einem alten bärtigen Arzt hatten die Patienten mehr Vertrauen als zu einem jungen und bartlosen (auch wenn der noch so tüchtig war). Der Römerkaiser Hadrian trug einen Bart, weil er ein etwas entstelltes Gesicht hatte. Also ließen sich daraufhin alle Leute einen Bart wachsen, die etwas gelten wollten. Vorher sind fast alle Römer bartlos durch die Weltgeschichte gegangen (was an den römischen Porträtköpfen zu sehen ist). Auch die vornehmen Kelten hatten glatte Wangen; sie ließen sich nur den Schnurrbart so lang wachsen, daß er ihnen – wie der Historiker Diodor (1. Jahrhundert v. Chr.) berichtet – beim Essen in die Speisen hing und das Bier gleichsam durch eine Reuse floß. Über die Griechen archaischer Zeit schreibt Ugo Enrico Paoli, daß sie um das ganze Gesicht einen Rund- oder Spitzbart trugen, sich dagegen den Schnurrbart wegrasierten, „so daß wir uns den schönen Achill mit nackter Oberlippe und einem Haarkranz um das Gesicht vorstellen müssen, der selbst dem reizvollsten Antlitz ein leicht affenartiges Aussehen verleiht".

Daß der Urburgenländer von Siegendorf sein Rasiermesser sogar ins Grab mitgenommen hat, bezeugt, daß er ein feiner Herr war, daß ein glattes Antlitz ein Zeichen von Würde bedeutete und Rasieren nur hochgestellten Personen vorbehalten blieb.

Vom Römer Scipio Africanus (der Hannibal besiegte) wird berichtet, daß er sich täglich rasieren ließ. Der Arme! Wie muß er gelitten haben! Seife gab es vor der Zeitenwende bei den Römern noch nicht (die haben sie erst etwas später von den Germanen importiert). Warmes Wasser und Holzasche können zum Aufweichen des Bartes etwas beigetragen haben, doch mit den (im Verhältnis zu heutigen Rasiermessern oder -klingen) eher unscharfen Messern muß eine solche Rasur sauweh getan haben. Immerhin stand Scipio schon ein Messer aus Eisen zur Verfügung, der noch ärmere Krieger von Siegendorf hatte nur ein wesentlich weicheres aus Bronze gehabt. Es ist im Burgenländischen Landesmuseum Eisenstadt zu sehen.

In der näheren Umgebung der Gräbergruppe im Schuschenwald wurden noch andere Grabhügel aus dieser Zeit lokalisiert, einer soll sich auf dem „Königsschüssel" benannten Höhenrücken befinden. Dieser Name klingt so verheißungsvoll ...

Wir fanden auf der Königsschüssel statt des erwarteten großen Königsgrabhügels bloß unzählige „zniachtige" Bodenerhebungen, bei denen unter jeder ein oder auch kein Grab sein konnte.

Siegendorf ist jetzt durch sein archäologisches Freilichtmuseum mit dem Kriegergrab allgemein bekannt geworden; für die Prähistoriker ist das Gebiet schon seit langem bekannt als ein bis in die Jungsteinzeit zurückreichender Siedlungsboden. Nach der Verwüstung durch die Türken wurde nach deren Niederlage der Ort mit Kroaten neu besiedelt. Diese haben wohl ihre Muttersprache beibehalten, aber an der von ihnen erbauten Nepomuk-Kapelle in der Ortsmitte haben sie eine Inschrift in deutscher Sprache angebracht. Schon immer galten andere Sprachen als „bessere Sprachen" ... einst parlierte man Französisch, heute gefällt man sich in Amerikanismen. Die Inschrift an der Nepomukkapelle lautet:

TISE KOBELN HAT
ERBAUT EINE GANZE
GEMEINE 1745

I Zu den Hügelgräbern im Schuschenwald leiten von Siegendorf aus einige Hinweisschilder. Von der Straße Siegendorf–St. Margareten bald nach dem Ortsende einer nach rechts führenden Straße 2 Kilometer folgen.

MITHRAS AM NEUSIEDLERSEE

An dem jetzt vielbefahrenen Radweg um den Neusiedlersee steht an der Grenze Österreich-Ungarn zwischen den zwei Grenzerhäusln noch ein fensterloser Steinbau, der wie ein kleines Feuerwehr-Spritzenhaus ausschaut. Es ist jedoch ein Mithrasheiligtum – ein Mithräum – aus der Römerzeit.

Dieses Mithräum zwischen Mörbisch und Fertörákos (Kroisbach) wurde bereits 1866 entdeckt und sofort restauriert, was für die damalige Zeit etwas Außergewöhnliches bedeutete, denn die „k.k. Central-Commission" für die Erhaltung von Baudenkmälern bestand erst dreizehn Jahre. Man hatte aber sofort erkannt, daß dieses zum Teil aus dem Fels gearbeitete Grottenheiligtum etwas Besonderes war.

Das blieb es bis zum Zweiten Weltkrieg. Dann gab es Zerstörung, einen Eisernen Vorhang, und als man nach der Wende in Ungarn wieder zu den alten Werten zurückfand, stand man vor einem zerschossenen Gemäuer, vor einer von Bäumen und Gesträuch überwucherten Ruine. Und wieder wurde rekonstruiert und restauriert …

Was heute noch original von dem alten Heiligtum erhalten ist, sind einige Grundmauern und ein Teil des aus dem Fels gehauenen Mithrasreliefs. „Mithräen sind in der Regel unterirdische, künstlich erleuchtete Höhlen als Sinnbild für das Dunkel, aus dem der Gott immer wieder hervortritt, um die Welt zu erleuchten. Wo im Terrain solche natürliche Bildungen fehlen, erscheinen um einige Stufen unter die Oberfläche vertiefte rechtwinkelige Bauten, die im Hintergrund das zentrale Kultbild, den stiertötenden Mithras zeigen" – so hatte der Archäologe Erich Swoboda über die Mithräen Carnuntums geschrieben, und diese Beschreibung paßt auch haargenau auf das Mithräum bei Mörbisch. Es ist das einzige an seinem ursprünglichen Platz noch erhaltene Mithrasheiligtum in unserem Donauland.

Der Mithraskult war nicht der einzige orientalische Kult, den römische Legionäre an den Limes gebracht haben, neben einem Jupiter Dolichenus- und Isiskult war er aber der am meisten verbreitete. Lange Zeit meinte man, daß er bloß ein Soldatenkult war; neuere Untersuchungen haben jedoch ergeben, daß der Kult wohl mit den Legionären gekommen ist, daß seine große Anhängerschaft dann aber aus Vertretern des Mittelstandes bestand (aus Offizieren, Verwaltungsbeamten, Händlern). Auch heute sind die Esoteriker (und alles, was darunter verstanden sein will) keine Leute von ganz oben oder von ganz unten.

Mithras ist ein Sohn des Himmels, der aus einer Felsenhöhle zur Erde kam. Er tötet den Stier, damit neues Leben entstehen kann, und vollzieht damit ein Heilswerk, das sich in kosmischen Sphären abspielt. Diese Szene zeigen die Kultreliefs. Mann und Frau und die beiden Fackelträger symbolisieren alles Gegensätzliche im Kosmos: Mann = Sonne = Tag = Leben, und Frau = Mond = Nacht = Tod. Hund, Schlange und Skorpion verkörpern alles Irdische, welches die Kraft des Stieres aus seinem Blut aufnimmt. – Das ist die allgemeine Interpretation dieser Mysteriumsdarstellung; es gibt noch viele andere, in denen wesentlich mehr in sie hineingeheimnist wird.

Mithras war der Mittler zwischen den Menschen und seinem himmlischen Vater, dem höchsten Gott. Sein Heilswerk zeigt Parallelen zu dem Erlösungswerk von Jesus Christus – blutig sind sie beide.

Die Anhänger des Mithraskults glaubten – so wie die Christen – an die Unsterblichkeit der Seele und an ein ewiges Leben, an Weltuntergang und Jüngstes Gericht, an Himmel und Hölle. Es gab bei ihnen eine Taufe und ein Heiliges Mahl, und sie hielten viel von Moral und Askese. Und so wie Jesus Christus ist auch Mithras wieder in den Himmel aufgefahren. Von den Christen unterschieden sich die Anhänger des Mithras dadurch, daß sie an ein individuelles Heil glaubten, ihre Religion nicht für die alleinseligmachende hielten und von keinem fanatischen Missionierungsdrang erfüllt waren.

Der Mithraskult hatte viele Anhänger, und als der Glanz des römischen Götterhimmels im Verblassen war und eine Tendenz zum Monotheismus sich zeigte, haben sogar bei der großen Vier-Kaiser-Konferenz in Carnuntum (307 n. Chr.) die vier Kaiser Diokletian, Maximian, Galerus und Licinius „dem unbesiegten Sonnengott Mithras, dem Schutzherren ihrer Herrschaft" einen Gedenkstein gestiftet ... dem Mithras und nicht Christus! Und von dem Leben-Jesu-Forscher Ernest Renan (1823–1892) stammt der Satz: „Hätte eine tödliche Krankheit das Christentum in seinem Wachstum aufgehalten, so wäre die Welt mithrasgläubig geworden."

Daß der Mithraskult trotz alledem nicht zur Staatsreligion geworden ist, lag daran, daß er mit seinen Riten (Treueeid, Erlangen der sieben Weihetitel vom „Raben" bis zum „Pater") fürs einfache Volk doch ein wenig zu kompliziert war, und daß die Christen alles einsetzten (Mithraskult = Satanskult!), um über alle anderen Religionen siegen zu können. Was ihnen auch gelang, sodaß sie alsbald die „Heidentempel" dem Erdboden gleichmachten und die „Götzenbilder" zerschlugen. Bereits im 5. Jahrhundert war auch der Mithraskult so gut wie erloschen.

Daß manche Mithrasheiligtümer bei der Christianisierung nicht ganz zerstört wurden, verdanken sie dem Umstand, daß sie ohnedies unter dem Erdboden lagen. Und daß sie meist recht klein waren – wie unser Mithräum bei Mörbisch – läßt vermuten, daß diese hauptsächlich für Weihezeremonien für einen kleinen Kreis dienten, daß hingegen die allgemeinen Feiern an bestimmten Plätzen im Freien oder in größeren Privathäusern stattfanden.

Vor dem Mithräum am sanften Ufer des Neusiedlersees erscheint es zunächst unbegreiflich, daß man für ein Heiligtum des „unbesiegten Sonnengottes" justament diese so ganz und gar „zniachtige" und eher düstere Mulde gewählt hat. Begreiflich wird es durch die Mythologie: Auch der Lichtgott ist aus dem Dunkel gekommen. An einem Rand der Mulde steht jetzt das österreichische Grenzerhäusl und am anderen das ungarische, und auf dem Sträßlein davor ziehen die Wanderer und Radfahrer dahin und daher ...

Seltsam: Wenngleich um den kleinen Bau in der Mulde keineswegs heilige Stille herrscht und dessen restauriertes Gemäuer noch so frisch ist, als wären die Maurer erst vor fünf Minuten nur auf ein Bier gegangen, kann der Besucher vor dem Felsenrelief – trotz dessen Verstümmelung – noch immer einen Hauch von Mystik und Mysterium verspüren.

 Das Mithräum liegt direkt am Rad- und Wanderweg, der rund um den Neusiedlersee führt. Von Mörbisch ca. 2 Kilometer bis dicht an die Grenze Österreich–Ungarn zwischen Mörbisch und Fertörákos (Großer Parkplatz). Vom Parkplatz ca. 200 Meter bis zum Mithräum, das sich bereits auf ungarischem Gebiet befindet. Reisepaß!
Die in dem Mithräum aufgestellten Weihesteine sind Kopien, die Originale im Museum Fabricius-Haus, Sopron.

DER „TÜRKENHÜGEL" BEI BAD DEUTSCH-ALTENBURG

Er ist auffallend, sogar unübersehbar, ist sehr beeindruckend – und niemand will ihn so recht …

Es ist der „Türkenhügel" bei Bad Deutsch-Altenburg, ein aufgeschütteter Erdhügel mit einer Höhe von etwa 18 Metern und einem Bodendurchmesser von 72 Metern. Die Prähistoriker schieben ihn ins Mittelalter ab, die klassischen Archäologen fühlen sich für ihn nicht zuständig, und den Burgenforschern paßt er nicht ganz ins Konzept.

Den Namen Türkenhügel bekam er von einer Sage, nach der er von den Türken aufgehäuft wurde, damit sie von seiner Kuppe aus Wien erspähen konnten. Auch „Hütelberg" wurde er genannt, weil Krieger mit ihren Helmen Erde herbeigetragen und über das Grab eines großen Herrschers gehäuft haben. Allerdings: Diese Geschichte wird in ganz Europa von künstlichen Erdhügeln erzählt, und der Brauch, Erde über seine Toten zu häufen, läßt sich bis in die Antike verfolgen und ist auch noch bei heutigen Begräbnissen üblich. Und natürlich wurde auch von großen Schätzen im Inneren dieses Riesenhügels erzählt.

Bereits im Jahre 1824 wollte man diese Schätze heben. Offiziell hieß es allerdings, daß es nur eine Übung einer Pionierabteilung der Armee war. Man rückte dabei dem Hügel so zu Leibe, als ob er ein Berg wäre: Von zwei Seiten wurden sorgfältig gezimmerte Bergwerkstollen hineingetrieben. Doch man fand in dem Hügel weder ein Prunkgrab noch gleißende Schätze; alles, was man (nach unzuverlässigen Angaben) gefunden haben soll, war eine Steinkiste, verbrannte Knochen und einige Pfeil- und Lanzenspitzen.

In den Jahren 1912/13 trieb man wiederum Stollen in den Hügel. Initiator dieser Ausgrabung war das Ungarische Nationalmuseum, ausgeführt wurde sie wiederum von in Hainburg stationierten Pionieren. Ungarns Nationalbewußtsein war so stark gewachsen, daß in allem und jedem seine Bestätigung gesucht wurde. In dem Hügel wollte man das Grab des Nationalheros Árpád finden. Er war es, der mit seinem aus dem Osten kommenden Stamm der Megyer (die Urheimat der Ungarn wird an der Wolga vermutet) im Jahre 896 das Land an der Donau in Besitz nahm, und dessen Nachfolger die späteren Magyaren- oder Ungarnkönige geworden sind. Wo und wann Árpád geboren wurde, ist unbekannt. Im Jahre 907 soll er gestorben sein; wo er begraben wurde, ist ebenfalls unbekannt, nach Volkserzählungen im Türkenhügel.

In der Niederösterreichischen Landesbibliothek liegen die Berichte des Wiener Archäologen Josef Szombathy über diese Grabung auf. Schon vor

*Kein Bergwerkseingang,
sondern das Stollenloch der
archäologischen Grabung
am Türkenhügel (in den
Jahren 1912/13) mit den
Grabungsleitern davor!*

deren Beginn wurde vereinbart, daß der gräfliche Grundbesitzer Árpáds Skelett und Árpáds Schätze an das Ungarische Nationalmuseum verscherbeln durfte und daß die Grabkammer durch einen gewölbten Gang dem Publikum zugänglich gemacht werden sollte. Die Ungarn waren voll Euphorie, obwohl Szombathy (der dann auch die Grabung wissenschaftlich betreute) skeptisch war. Er glaubte nicht an ein Árpádgrab im Hügel.

Ein verzimmerter Stollen (1,8 m hoch, 1,5 m breit) wurde von Norden in den Türkenhügel getrieben. In seiner Mitte stieß man auf die Stollen vom Jahre 1824 und auf eine ältere Holzkonstruktion, die wahrscheinlich zur Verfestigung der für den Hügel aufgeschütteten Erde gedient hatte. Unter dem Bodenniveau fand man ein Kindergrab aus der Zeit um 1000 v. Chr., das höchstwahrscheinlich schon vor der Aufschüttung des Hügels dort gewesen war. Dann brach der nunmehr schon von drei Stollen durchlöcherte Hügel in seiner Mitte ein – gottlob in der Mittagszeit, in der niemand in seinem Inneren gearbeitet hatte – und das war das Ende der Grabung.

Szombathy hatte von Anfang an den Hügel für ein Erdwerk (Wehranlage) aus dem frühen Mittelalter gehalten. Das bestätigten ihm auch die in der aufgeschütteten Erde enthaltenen Mörtelstückchen, die er für aus der Römerzeit stammende Schuttreste hielt.

Der Archäologe Alphons Barb teilte in einer 1966 erschienenen Arbeit über den Hütelberg Szombathys Meinung nur teilweise. Er meinte, daß schon vor 1824 der Hügel von seiner Kuppe aus angegraben worden sein könnte, was die Höhlung erklären würde, durch welche die Stollengräber von 1912 – nach Szombathys Bericht – „wie in einen Schornstein von unten hineinsehen konnten". Nach Barbs Vermutung könnte der Hügel schon von Grabräubern ausgegraben worden sein, oder die schornsteinähnliche Höhlung stammt „von einer sehr bald auf eine Bestattung folgenden Exhumierung".

Barb schließt ab: „Ich selbst neige zur Ansicht, daß es sich doch um ein Grab- oder Ehrenmal (Kenotaph) handelt. Welchem Heerführer oder Ritter der Hütelberg errichtet wurde, werden wir allerdings wohl nie eindeutig feststellen können." Barb bezieht sich dabei auch auf Matthäus Much, der 1871 geschrieben hatte: „Fast erscheint es, als ob das Erinnerungsmal bei diesen Grabhügeln die Hauptsache gewesen ist, und daß es geschehen konnte, daß ein solches auch ohne den Leichnam und die üblichen Beigaben aufgerichtet worden sei."

Andere Deutungen des Türkenhügels: Ein Grenzzeichen? Ein Turmhügel zum Bewachen der Straße? Hans P. Schad'n, Verfasser des 1953 erschienenen Werkes „Die Hausberge und verwandten Wehranlagen in Niederösterreich", schrieb kurz und bündig: „Das Rätsel um das Erdwerk bleibt ungelöst."

Heute führt ein schöner Serpentinenweg auf den Türkenhügel. Oben laden ein Tisch und Bänke die spazierengehenden Kurgäste von Bad Deutsch-Altenburg zur Rast ein. Eine Dame war sehr angetan von der rührigen Kurverwaltung … „An einem wunderschönen Platzl ham s' den Hügel angelegt, diese Leutln!"

An der Ungarischen Pforte

Die Geisterburg Röthelstein

„Wenn in Hainburg die Fronleichnamsprozession beginnt, spaltet sich der Felsen, auf dem die Ruine Rotenstein ruht, und es kommt eine Eisentür zum Vorschein. Diese springt knarrend auf und bleibt offen, bis die Prozession zu Ende ist. Aus dem schwarzen Gewölbe hinter der Türe schreitet ein riesiges Geripppe, das einen blauen Mantel um die klappernden Gebeine trägt und dessen Schädel mit einem schweren Helm bedeckt ist. In den Knochenhänden trägt die schreckliche Gestalt ein dickes Buch, hoch erhoben. Jeder, der dem Blaumantel in den Weg tritt, ist des Todes."

So beginnt nur eine von den sieben gruseligen Sagen, welche Johann Wenzel in seinen 1925 erschienenen „Sagen von der Hainburger Pforte" über die Ruine Röthelstein erzählt und in denen nicht nur verwunschene Ritter, sondern auch „Rotkappler" (Templer) und Schimmelreiter herumgeistern. Röthelstein ist schon seit dem späten Mittelalter eine Ruine; die Burg von Hainburg ist noch immer eine mächtige und imponierende Anlage. Von ihr werden nur zwei Sagen erzählt. Das hat schon zur Vermutung geführt, daß auf dem viel sagenreicheren Röthelstein einst mehr gewesen sein muß als nur eine Burg.

Man dachte daran, daß der über einem Donauarm hoch aufragende Felsen zu jener Zeit ein Heiligtum getragen haben könnte, in der sich auf dem Braunsberg noch die große keltische Höhensiedlung befand.

Zu dieser Vermutung (wie auch Gruselsagen-Bildung) scheint jedoch eher die romantische Lage der Ruine auf dem Felsen über der Donau und am Rande des düster-dunklen Auwaldes beigetragen zu haben. Am Röthelstein wurden aber bisher keine Funde gemacht, welche ein keltisches Heiligtum bestätigen könnten, und auch radiästhetische Untersuchungen taten dies nicht.

Wahrscheinlich befand sich zur Römerzeit ein Wachtturm auf dem Felsen. Tatsächlich stecken viele Römerquadern in der Burgruine. Diese könnten aber auch bei der Erbauung von Röthelstein aus dem zerstörten Carnuntum geholt worden sein (so wie man auch für das mittelalterliche Hainburg von dort viel Baumaterial geholt hat).

Im 11. Jahrhundert ist Burg Röthelstein erbaut worden, und bald entstanden um das Hauptwerk auf dem Felsen noch drei kleine Wehranlagen. Es war eine großmächtige Burg, die ein weites Hinterland beherrschte. Doch die Herren von Röthelstein hielten sich lieber an die Lebensader Donau, wurden hochaktive Raubritter! Darum wurde ihre Burg auch schon im 15. Jahrhundert zerstört.

Ur-Carnuntum auf dem Braunsberg (346 m)

Vom Braunsberg wird in dem Hainburger Sagenbuch nichts erzählt ...
... obwohl die Gipfelzone des Berges nach allen Seiten weithin und deutlich sichtbar zeigt, daß sie behackt und gekappt und geebnet wurde, daß da oben einst Menschen waren. „Dieses die ganze Umgebung vollständig beherrschende Hochplateau war in vorgeschichtlicher Zeit in allen seinen Teilen bewohnt. Obwohl der Boden überall mit einer dichten filzartigen Rasendecke überkleidet ist, konnte doch durch seichtes Graben an allen Punkten, wo man einschlug, die schwarze Kulturschichte, in welcher Scherben von Freihandgefäßen eingebettet sind, konstatiert werden", hatte der archäologische Entdecker dieser Höhensiedlung Matthäus Much im Jahre 1875 geschrieben.

Und weiter berichtete er: „Ist der Bestand einer vorgeschichtlichen Ansiedlung auf dem Braunsberg durch diese Funde allein schon genügend sicher gestellt, so ist jeder Zweifel durch die vollständige Umwallung derselben beseitigt. Der etwa ein Meter hohe Wall umschließt in einer Längenentwicklung von beiläufig 1640 Metern eine Gesamtfläche von etwa 13 Hektar ..."

Much hatte eine der größten prähistorischen Siedlungen unseres Landes entdeckt. Trotzdem: Keine Überlieferung, keine Sage um deren Bewohner. Es war zu lange ein Durchzugsland, dieses Land an der Ungarischen Pforte ...

Nach den Ergebnissen aller bisherigen Grabungen (1986 fand die letzte statt) ergibt sich, daß der Braunsberg im 3./2. Jahrtausend v. Chr. schon fallweise von Menschen bewohnt war, daß am Beginn des 1. Jahrtausends v.Chr. eine größere Siedlung entstand, welche in der zweiten Hälfte dieses Jahrtausends umwallt wurde. Die Römer haben diese Siedlung erobert und die Bewohner dann unten an der Donau angesiedelt. Und sie haben noch mehr vom Berg ins Tal mitgenommen – den Namen der Bergsiedlung, den sie auch ihrem Legionslager und der daneben gelegenen Civilstadt gaben: Carnuntum.

Bei einer im Jahre 1931 durchgeführten Probegrabung wurde auch eines von den Wohnhäusern der Siedlung aufgedeckt, ein Blockhaus mit den Ausmaßen 4,80 x 3,00 m. Der Boden bestand aus gestampftem Lehm; in der Mitte befand sich die von Steinen umgebene Feuerstelle, bei der noch ein 50 cm langer Bratspieß lag. In einer Ecke des Hauses stand auf einer Steinsetzung eine Handmühle aus Muschelkalk, und neben vielen Gefäßscherben wurden auch zwei Nähnadeln und der Eisenhenkel eines Holzeimers gefunden. Den hat man sicherlich notwendig gebraucht – denn, wenn es auf dem Plateau wohl eine Zisterne gegeben haben wird, so haben die Frauen trotzdem auch viel Wasser den Berg hinauftragen müssen.

In seinem Bericht über die Entdeckung der Höhensiedlung auf dem Braunsberg hatte Matthäus Much auch von einem Naturphänomen erzählt. Im Tale hatte es einen heftigen Sturmwind gegeben und Much befürchtete schon während des Aufstieges, deswegen wieder umkehren zu müssen. Doch oben auf dem Plateau konnte er sich – große Überraschung! – in vollkommenster Windstille bewegen … „Offenbar wurde der heftige Luftstrom durch den Berg, an den er anprallte, in die Höhe gelenkt und bildete somit selbst eine unsichtbare Schutzwand, hinter der man in vollster behaglicher Stille wandeln konnte."

Much folgerte aus diesem Erlebnis: „Es ist mir oft rätselhaft gewesen, wie sich Menschen doch entschließen konnten, auf solch isolierten Höhen zu wohnen, die der ganzen Gewalt der Stürme und ihrem Ungemach preisgegeben sind; indes mögen in der geschilderten Weise häufig die Winde abgelenkt und diese Hochflächen deshalb bewohnbarer sein, als sie erscheinen."

Bei einer Fahrt nach Carnuntum besuchen wir meist auch den Braunsberg. Der gehört zu Carnuntum, und außerdem gefällt es uns dort oben. Wir waren also schon sehr oft auf dem Berg, und das nicht nur bei Sonnenschein. Jedesmal, wenn der Wind durchs Donautal pfiff, haben wir gehofft, daß wir ebenfalls das erleben werden, was seinerzeit Matthäus Much erlebt hat … daß wir oben auf dem Plateau „in vollster behaglicher Stille wandeln" können. Doch bisher hat Muchs Naturphänomen bei uns noch nie funktioniert; jedesmal, wenn's unten windig war, hat uns auch oben der Sturm fast aus dem Gewand gebeutelt.

Einmal kamen wir an einem Dezembertag zum Braunsberg und waren sehr überrascht, als wir schon vom Tal aus eine Menge Leute am Plateaurand dahinspazieren sahen, mehr Leute als sonst an einem schönen Sommersonntag …

Ein Volksfest? Eine Wallfahrt?

Kein Volksfest und keine Wallfahrt!

Es war der 8. Dezember 1989, und die vielen Leute waren Bewohner von Preßburg. Zwei Tage vorher waren nach dem Fallen des „Eisernen Vorhangs" die Grenzen wieder geöffnet worden …

Jahrzehntelang hatten die Preßburger sehnsuchtsvoll hinübergeschaut ins freie Land Österreich, und der markante Braunsberg war für sie eine Art Fixpunkt in einer anderen Welt gewesen. Jetzt war plötzlich alles anders geworden und die Preßburger auf dem Braunsberg konnten es noch gar nicht so recht fassen, daß sie wirklich auf dem Braunsberg standen. Sie waren sehr still.

Wenn's einen Himmel gibt und wenn wirklich Menschen einmal dort hinkommen, werden sie wahrscheinlich auch nicht sofort laut ein Halleluja singen …

Die Mauern von Hainburg

Die Bezeichnung „Porta Hungarica" für den Donaudurchbruch zwischen dem österreichischen Braunsberg und den slowakischen Thebener Kogel stammt wahrscheinlich von Wiener Humanisten des 16. Jahrhunderts, und diese Pforte erscheint auch optisch wie ein Tor an der sonst unsichtbaren Grenze zwischen Ost und West. Jedenfalls: Hinter ihr spricht man Slowakisch und Magyarisch.

An dieser Pforte entstand Ende des 9. Jahrhunderts ein deutsches Bollwerk gegen die Feinde aus dem Osten, das aber alsbald von diesen erobert und zu einem Bollwerk gegen die Feinde aus dem Westen wurde. Bei Bollwerken kommt es immer darauf an, von welcher Seite des Türls es gesehen wird. Erst um die Mitte des 11. Jahrhunderts entstand nach einem Sieg des deutschen Kaisers Heinrich III. Hainburg als Reichsfestung.

Unter allen Städten des Donaulandes ist Hainburg die Dornröschenstadt. Es verkauft sich schlecht. Wer weiß schon, daß dort noch eine komplette mittelalterliche Befestigungsanlage mit Türmen, Toren und einer ca. 2 ½ Kilometer umfassenden und stellenweise bis zu zehn Meter hohen Stadtmauer erhalten ist?

Man kennt wohl das Wienertor von Fotos, oder ist sogar schon durchgefahren. Es lohnt sich aber, „eines der künstlerisch wertvollsten Stadttore des deutschen Kulturbereichs" (so wird es im Dehio-Kunsthandbuch bezeichnet) näher anzuschauen. Sein unterer Teil (mit den Buckelquadern) entstand im 13. Jahrhundert, sein oberer Teil im 16. Jahrhundert.

Geheimnisvoll wirken die zwei steinernen Gestalten am Torbogen, von denen sich die linke als behelmter Ritter erkennen läßt, die rechte aber leider so zerstört ist, daß man nicht recht weiß, ob sie ein Manderl oder (wegen ihrer langen Haare und des fliegenden Gewandes) ein Weiberl ist. Schon die verschiedensten Deutungen haben die Figuren gefunden: Der sagenhafte Gründer Hainburgs Heimo (ein Mundschenk des Königs Arnulf im 9. Jahrhundert) und seine Frau Miltrudis. Oder Attila mit Gemahlin. Oder Etzel und Kriemhild. Oder der Erbauer der Festung und seine Frau. Oder allegorische Darstellungen von Sommer und Winter. Jetzt will man zwei männliche Torwächter in den Figuren sehen ...

Magische Torwächter haben Tradition. In der alten Welt glaubte man nicht so recht daran, daß nur das Verschließen von Tür oder Tor genügend Schutz bieten könne, meinte, daß dazu auch noch magische Kräfte wirken müßten. Das konnte ein in Tornähe eingemauertes Lebewesen sein oder das Relief eines Phallus (wie an Zyklopenmauern altitalischer Städte) oder das Mosaik eines Hundes vor den Türschwellen römischer Häuser. Kelten befestigten Köpfe getöteter Feinde an der Außenseite ihrer Häuser, Germanen stellten die Köpfe von geopferten Tieren an Stangen vor ihre Gehöfte. Solche Vorstellungen lebten wohl auch noch in der mittelalterlichen Bauplastik weiter; ob jedoch die zwei Gestalten am Wienertor von Hainburg tatsächlich grimmige „Trutzfiguren" sind, erscheint bei der grazilen Haltung der rechten Gestalt etwas fraglich. Ob's nicht doch ein Weiberl ist?

Auch das wegen der vielen in die Buckelquadern eingravierten Symbolzeichen interessante Ungartor von Hainburg hat an der Innenseite eine rätselvolle Plastik eingemauert ... einen langen Stein in der 16. Quaderreihe mit einem Relief, von dem heute kein Mensch mit Sicherheit sagen kann, was es sein soll. Romanisches Symbol? Eine Sage erzählt von einem fliegenden Drachen, der auf dem Ungartor kurz Rast gehalten und der Stadt Glück gebracht hat. Das wurmähnliche Relief soll den Lindwurm (oder nur seinen Schweif) darstellen. Wahrscheinlich ist aber diese Sage erst zu einer Zeit entstanden, in der man bereits um eine Deutung des Reliefs bemüht war. Sicher ist nur eines: So wie keines der vielen Zeichen nur aus Laune eingraviert worden ist, so ist auch dieser Reliefstein mit einer bestimmten Absicht in die Mauer eingesetzt worden.

Doch weder Ritter noch glückbringender Lindwurm konnten der Stadt beistehen, als im Jahre 1482 der Ungarkönig Matthias Corvinus die Tore und Mauern mit schweren Geschützen beschießen ließ. Einer der Mörser war so gewaltig, daß 80 Pferde für seinen Transport benötigt wurden. Im 14. Jahrhundert wurde im Abendland das Schießpulver zum ersten Mal für Feuerwaffen verwendet; im 15. Jahrhundert war man bereits so weit, daß Geschütze erbaut wurden, welche 600–700 Kilogramm schwere Steinkugeln bis zu 600 Meter weit schießen konnten. Auch damit begann die Neuzeit ...

Das Zwergenloch am Hexenberg

Die Berge an der Ungarischen Pforte kennt der Niederösterreicher und Wiener nur aus der Ferne, erwandert hat sie kaum einer. Höchste Erhebung ist der Hundsheimer Kogel (481 m – nur um lumpige zwei Meter niedriger als der berühmte Wiener Kahlenberg!). Ein seltsamer Berg ist der Hexenberg oberhalb von Hundsheim.

Im Jahre 1618 wurden 26 Männer und Frauen aus Hainburg „wegen begangener Gotteslästerung, Zauberei und Mordtaten nächst der Stadt mit glühenden Zangen gezwickt, nach abgehauener rechter Hand lebendig gebraten, dann verbrannt." Man nahm an, daß das auf dem Hexenberg geschehen sei, der davon den Namen bekam. Doch der Hexenberg befindet sich nicht „nächst der Stadt"; Hainburgs Hinrichtungsplatz war –wie Joseph Maurer in seiner Geschichte Hainburgs nachwies – „außerhalb des Wienertors nahezu gegen Deutsch-Altenburg."

Der Hexenberg ist ein unbewaldeter Höhenrücken über dem stillen Ort Hundsheim, an dessen Steilhang sich von den hellen Felsen und dem grünen Gesträuch der dunkle Eingang des Zwergenlochs deutlich zeigt ... „Wo früher die wunderbaren edelgeschmückten Räume eines unterirdischen Zauberschlosses sich weiteten, ist jetzt das finstere unwirtliche Zwergenloch." – Viele Sagen berichten vom Hexenberg und Zwergenloch. Ein böser Zauberer verwandelte dort Mutter und Tochter in Pferde. Menschen, die ins Zwergenloch gelockt wurden, kehrten überhaupt nicht oder erst nach langer Zeit wieder zurück. Frauen holen sich aus dem Zwergenloch die Kinder ...

Diese Geschichten lassen vermuten, daß sich da oben einst ein alter Kultplatz befand, der dann in christlicher Zeit zum Versammlungsplatz von Hexen verteufelt wurde. Aber wenn auch – wie die sagenumwobene Ruine Röthelstein zeigt – viele Sagen nicht unbedingt auch eine alte Kultstätte beweisen, so spricht für das Zwergenloch noch ein stärkeres Argument: Nach den Funden befand sich in Hundsheim bereits eine vorrömische Siedlung, und bei der Vorliebe unserer Vorfahren für Höhlen als Kultstätten werden die Bewohner die Höhle direkt über ihrem Dorf kaum unbeachtet gelassen haben.

Vom „Zwergenloch, welches eine schreckliche Tiefe hat, daher in früheren Zeiten für unergründlich gehalten wurde" (Schweickhardt v. Sickingen, 1831) berichten schon fast alle Geographen und Topographen des 19. Jahrhunderts – es galt als eine Sehenswürdigkeit in diesem Raum. Von Höhlenforschern in unserer Zeit vorgenommene Messungen ergaben allerdings, daß die „schreckliche Tiefe" des aus der großen Kammer nach unten führenden Schachts bloß 17 Meter beträgt.

Nur einen Meter hoch und breit ist der Zwergenlocheingang. Es folgt ein fünf Meter langer niedriger Schluf, der in ein etwa vier Meter hohes und sechs Meter breites Gewölbe führt. Schon Joseph Maurer ist es im vorigen Jahrhundert aufgefallen, daß dessen Wände „wie gemeißelt aussehen." Tatsächlich sind Bearbeitungsspuren erkennbar. Und radiästhetische Untersuchungen ergeben darin starke Strahlungen. Wir befinden uns in einem Raum, der durch das nur schwach eindringende Licht einen geheimnisvollen Zauber erhält – ein beeindruckender Platz für Kulthandlungen.

Ob der aus diesem Raum in die Tiefe führende Schacht (von dem aus in halber Höhe ein elf Meter langer Gang in eine kleine Kammer bringt) einst eine Funktion (Opferschacht?) hatte, läßt sich nicht feststellen, weil sein Boden mit Blockwerk bedeckt ist und es noch keine Untersuchungen gab.

Wie glattpoliert erscheint der Eingangsschluf des Zwergenlochs, Tausende und Abertausende Menschen sind hier schon dahingekrochen.

Doch keinesfalls, um sich in der Höhle vor Feinden zu verstecken – wie es auch heute noch zu lesen ist. Dafür ist das dunkle kleine Eingangsloch von unten viel zu weit zu sehen, es ist für ein Versteck zu auffällig.

Es ist eine ganz eigenartige Landschaft, in der man sich beim Eingang dieses Zwergenlochs befindet. Die hellen Felsen (rüde reden die Geologen von Gesteinssteppen und Skelettböden), die Gräser, die Sträucher ... alles ist hier ganz anders als im Wienerwald oder in den Voralpen. Durch die Ungarische Pforte geht's wirklich in ein etwas anderes Europa.

Seit 1965 sind die Hundsheimer Berge ein Naturschutzgebiet. Ein stilles Gebiet. Denn noch immer haben die meisten Wanderer davon ihre (falschen) eigenen Vorstellungen: „Diese Gegend ist nur für Botaniker und Schmetterlingssammler lehrreich, für einen normalen Wanderer ist sie uninteressant!"

 Ruine Röthelstein: An der auf den Braunsberg führenden Straße geht ca. 1 Kilometer außerhalb der Stadt ein nach links abzweigender, bezeichneter Fußweg ab, der in ca. 10 Minuten zu der Ruine bringt.

Die Burg von Hainburg: Sie ist jetzt vorbildlich restauriert und kein Besucher Hainburgs sollte ihren Besuch versäumen. Informative Beschriftungen im Burgbereich. Herrlicher Aussichtsplatz! Aufstieg vom Parkplatz unter der Burg auf einem steilen oder einem bequemen Weg 10 bzw. 20 Minuten.

Im Stadtmuseum Hainburg im Wienertor ist eine interessante urgeschichtliche (u. a. Funde vom Braunsberg) und eine heimatkundliche Sammlung untergebracht. Öffnungszeit: Sonn- und Feiertag vom 1. Mai bis 31. Oktober von 9–12 und 14–17 Uhr.

Zwergenloch bei Hundsheim: Vom Sportplatz dem Naturlehrpfad in Richtung Westen folgen. Nach ca. 700 Meter erreicht man die Güntherhöhle. In dieser Höhle entdeckte 1900 der Steinbrucharbeiter Martin Eisler das komplette Skelett eines vor 500.000 Jahren hier lebenden Nashorns (3 m lang, 1,60 m hoch). Er grub es eigenhändig aus, transportierte es in Hunderten von Stücken nach Wien und übergab es dem Naturhistorischen Museum. Doch benannt wurde dann die Höhle nach einem Hofrat Günther Schlesinger, der sie 1931 zur Schauhöhle ausbauen ließ. Jetzt ist diese verschlossen, Schlüssel im Gemeindeamt Hundsheim.

Von der Güntherhöhle den Weg weiter. Nach wiederum ca. 700 Metern (Hinweistafel) führt ein schmaler steiler Pfad ca. 100 Meter hinauf zum Zwergenloch. Licht mitnehmen!

NEUE LIEBE ZU ALTEN RUINEN

„Fundstücke aus der Urzeit bezeugen, daß vor mehr als zweitausend Jahren schon Troglodyten auf den Höhen der Umgebung des Ortes lebten" heißt es in einer 1914 erschienenen Mödlinger Sagensammlung. Tatsächlich kann man auch heute noch auf dem sich hinter der Mödlinger Othmarkirche erhebenden Kalenderberg einen 500 Meter langen urgeschichtlichen Befestigungswall aus dem 1. Jahrtausend v. Chr. entlangspazieren. Auf diesem Kalenderberg (wahrscheinlich Verballhornung von Kahles Geländ) befindet sich aber auch noch ein anderes und besonders exquisites Bauwerk – die Ruine eines römischen Amphitheaters. Baujahr 1810!

Sein Bauherr war Johann Fürst von Liechtenstein (1760–1836). Er war kein verträumter Märchenprinz wie der bayrische Ludwig mit seinen Märchenschlössern. Er war Feldmarschall in den Napoleonkriegen (wobei ihm 23 Pferde unter dem Leib getötet oder verwundet worden sein sollen). Er war Diplomat und nach seinem Abschied vom Staatsdienst ein hervorragender Ökonom für seine vielen Güter. Bevor er in sein Schloß bei Mödling einzog, gab es dort keinen Wienerwald – nur kahle Schafweiden. Fürst Liechtenstein war es, der dort Bäume pflanzen ließ und – wie es noch heute auf einer Marmortafel in der Mödlinger Klause zu lesen ist – „dieser Gegend ihr erhöhtes Ansehen gab". Er hatte aber dort auch neben vielen anderen künstlichen Ruinen das Amphitheater bauen lassen.

Für die imposante Ruine mußten unzählige Wagenladungen von Bruchsteinen herbeigeschafft und hohe Gerüste aufgestellt werden; der Bau kostete viel Arbeitszeit und viel Geld. Sogar ein richtiger Architekt – Josef Hartmuth – wurde dafür engagiert. „Eine künstliche, in größter Stiltreue hergestellte Ruine" wurde das Amphitheater später in einem Touristenführer genannt. In Wirklichkeit hätte jeder Baumeister aus dem alten Rom beim Anblick des unsoliden Gemäuers und der plumpen Bögen diese Ruine höchstens für elenden Barbarenpfusch gehalten und niemals für ein Römerwerk.

Trotzdem: Wofür das alles?

Nur als Stimulans, um beim Anblick der Vergänglichkeit alles Irdischen die Gegenwart besser zu genießen?

„Der Antritt des neuen Jahrhunderts" – so heißt ein Gedicht von Friedrich Schiller, das sehr pessimistisch beginnt ...

> „Das Jahrhundert ist im Sturm geschieden,
> und das neue öffnet sich mit Mord."

Das neue Jahrhundert ist das neunzehnte ... Napoleon führt Krieg in Europa. Und am Ende des vergangenen 18. Jahrhunderts hatte es die Französische Revolution gegeben. Schillers Gedicht schließt mit den Worten:

> „In des Herzens heilig stille Räume
> Mußt du fliehen aus des Lebens Drang:
> Freiheit ist nur in dem Reich der Träume,
> Und das Schöne blüht nur im Gesang."

In dem vergangenen 18. Jahrhundert waren aber auch die verschütteten Römerstädte Pompeji und Herkulaneum wiederentdeckt worden (was Schiller ebenfalls zu einem Gedicht inspiriert hat), und der deutsche Altertumsforscher Johann Joachim Winckelmann hatte 1764 seine „Geschichte der Kunst des Altertums" veröffentlicht, in dem er mit seiner Auffassung vom Wesen griechischer Kunst – „Edle Einfalt und stille Größe" – besonders die Gemüter bewegte. Kleine Geschehnisse im Vergleich zum großen Weltgeschehen, und doch bestimmend für den geistigen Bereich. Römer und vor allem die Griechen wurden zu Idealgestalten, eine neue Kulturepoche – der Klassizismus – entstand.

Man floh auch „aus des Lebens Drang", in das „Reich der Träume", indem man antike Tempel und künstliche Ruinen erbaute! Um die Kaiserstadt Wien waren es besonders viele Adelige aber auch reichgewordene Bürgerliche, die dies taten ...

Mödling um 1830. Um diese Zeit waren die von Fürst Liechtenstein gepflanzten Bäume noch nicht sehr hoch, und kahl erscheinen die Berghänge. Frei und weithin sichtbar zeigen sich noch die künstlichen Ruinen Schwarzer Turm und Amphitheater.

Auf dem Gallitzinberg (dem Galiziberg der Wiener) im heutigen 16. Wiener Gemeindebezirk hatte sich 1785 der russische Botschafter in Wien Fürst Demeter Gallitzin ein Sommerschloß erbauen lassen, natürlich mit einem Tempel und Ruinen daneben. Und das geschah nicht nur aus einer Laune ... dieser Tempel- und Ruinengarten sollte auch seine letzte Ruhestatt werden. Bis in den Tod war man der Antike verfallen. In stillen Hainen wollte man – so wie die alten Helden – auch bestattet sein. In Hadersdorf steht jetzt noch das Grab von Feldmarschall Loudon (1716–1790) – es ist ein gewaltiger Sarkophag. In Neuwaldegg befindet sich das Grab von Feldmarschall Lacy (1725–1801) – es ist ein Tempel.

Der Reiseschriftsteller P.A. Gaheis hat in seinen „Spazierfahrten in die Gegenden um Wien" (1794) die „schauerliche Empfindung" erregenden Ruinen vom Gallitzinberg beschrieben: „Sie sind mit solcher Kunst und Täuschung verfertigt, daß man Mühe hat, sie für Werke unserer Zeit anzusehen. Die in echt römischen Style angebrachte Inschrift hilft diese Täuschung noch vermehren. Man glaubt wirklich ehrwürdige Rudera des Altertums vor sich zu sehen, wenn man die zerbrochenen Säulen erblickt, die eingestürzten Thorbogen, die herumliegenden mit Moos bewachsenen Bruchstücke und die auf dem Gemäuer wachsenden Pflanzen, denen man die pflegende Hand des Gärtners kaum anmerkt."

Pflegende Gärtnerhände für aus dem Gemäuer wuchernde Pflanzen – mehr kann man für Ruinen nicht tun!

Diese Ruinen haben aber nicht einmal als Ruinen von Ruinen die Zeit überdauert; dort wo sie einmal waren (neben dem jetzigen Parkplatz) ist nur noch eine geebnete Fläche zu sehen. Erhalten geblieben ist jedoch der große Rundtempel; er steht innerhalb der Einzäunung eines Waldstückes, wo vom Forschungsinstitut für Wildtierkunde der veterinärmedizinischen Universität Wien die – wie es auf einer Tafel heißt – „Beziehungen zwischen Mensch, freilebendem Tier und Wald erforscht werden." Worunter sich ein schon etwas älterer Wiener scheinbar überhaupt nichts vorstellen konnte, denn nachdem er das gelesen hatte, schaute er kopfschüttelnd zu dem Rundtempel und sagte dann zu seiner Frau: „Möcht' wissen, zu was die für die paar Viecher so a Trumm Pawlatschen gebaut haben?"

In Merkenstein ließ sich im Jahre 1803 Josef Karl Graf von Dietrichstein im Tiergarten neben der Burgruine ein Schloß bauen und den Tiergarten in einen romantischen Park umgestalten, von dessen Zierbauten noch zwei gut erhalten sind: Ein mächtiger steinerner Aussichtsturm (er ist der älteste und am wenigsten bekannte Aussichtsturm des Wienerwaldes) und der sogenannte „Türkenbrunnen".

Beim „Türkenbrunnen" soll angeblich bei der Belagerung der Burg 1683 das Zelt des Befehlshabers gestanden sein. Graf Dietrichstein ließ dort einen Kuppelbau errichten, von dem aus ein etwa 60 Meter langer schma-

ler unterirdischer Gang zur eigentlichen Quelle führt. Mächtige Stein-
quadern von zwei Metern Länge bilden deren Fassung, die älter erscheint
als alles andere, was drumherum gebaut wurde. Dazu eine Bemerkung
des Historikers Franz Kaiblinger aus dem Jahre 1869: „Bei dem Türkenbrunnen im Park soll man vor mehr als 30 Jahren nebst einem menschlichen Gerippe eine angeblich römische Fibula, ein goldenes, kreuz- oder
vielmehr schwertförmiges Geschmeide und einen eisernen Sporn in der
Erde gefunden haben."

In älteren Berichten wird der „Türkenbrunnen" als „Sieben Quellen"
bezeichnet (z.B. bei Franz Sartori, 1819). Und das stimmt nachdenklich,
weil sich bisher fast alle irgendwo vorkommenden „Sieben Quellen" als
alte Kultquellen erwiesen haben. Ob es nur dem Zeitgeist des Klassizismus zuzuschreiben ist, daß für dieses Brunnenhaus die Form eines antiken Nymphäums gewählt wurde?

Vollkommen rätselhaft ist der Trümmerhügel in diesem Park. An einem
Hang unterhalb einer felsigen Kuppe liegen aneinandergereiht und auch
wirr verstreut große Architekturfragmente. Sie sind nicht aus gewachse-
nem Fels gehauen, sondern herbeigeschafft worden, und sie müssen schon
lange da liegen, weil sie von dickem grünem Moos bedeckt sind. Sie scheinen wie bestellt und nicht abgeholt ... oder: Als hätte da ein Riesenkind
mit einem Riesenbaukasten gespielt, und als es spielmüde war, die Rie-
senbausteine einfach fallen und liegen gelassen.

Das Ehepaar Klinger – die derzeitigen Besitzer von Burgruine Merkenstein – hat sich recht intensiv mit der Burg und ihrer Umgebung beschäftigt; über diese Trümmer haben sie jedoch weder in der Literatur
noch in Schriften etwas gefunden. Auch heimatkundlich kompetente Leute, die sie befragt haben, konnten nichts darüber sagen.

Unterhalb des Hügels befindet sich ein rechteckiger Ausbruch, der
wahrscheinlich ein Steinbruch war. Daß die Architekturfragmente Werkstücke von Steinmetzschülern sein könnten, scheint etwas unwahr-
scheinlich: Warum hätten sie diese mühevoll auf den steilen Hang transportieren sollen?

Auf der Felsenkuppe sind keinerlei Ansätze für eine Planierung zu erkennen. Also dürfte auch die Erklärung ausfallen, daß man dort einen
Tempel oder irgendeinen anderen Bau errichten wollte, dies aber dann
bleiben ließ, weil der Spaß doch zu teuer kam. So bleibt eigentlich nur
noch die Deutung, daß die Trümmer eine romantische Gartenstaffage
sind, eine Ruinenallegorie, welche ungefähr besagen sollte, daß hier die
Ahnen einen großen Tempel (oder Palast) bauen wollten, diesen aber nicht
vollenden konnten, weil eine höhere Gewalt das verhindert hat ...

Verrückte Vorstellung?

Verrückt und skurril war eigentlich das ganze sehr sorgfältig auf Stim-

mung und Wirkung berechnete Ruinenbauen in dieser Zeit sowie auch das
Bemühen, die prosaische Umwelt in „arkadische Gefilde" zu verwandeln.
Aber nicht nur hohe Herrschaften waren dem Zauber der klassischen An-
tike erlegen, auch biedere Bürger dachten klassizistisch: In losen wallen-
den Gewändern schritten ihre Frauen wie Griechinnen einher – nur die
Herren konnten sich nicht entschließen, Toga und Sandalen anzulegen ...

Im alten Friedhof auf dem Wiener Kahlenberg befindet sich neben dem
Grab des berühmten Fürsten de Ligne das Grab eines Herrn Stephan Ziegler, der von 1786–1832 gelebt hat. Obgleich Herr Ziegler in der Erde
bestattet worden ist (weil Feuerbestattungen für einen Christenmenschen
in dieser Zeit dem Höllenfeuer gleichkamen), steht auf dem Grabmal eine
große Aschenurne. Ein Eisengußrelief zeigt ein Porträt des Herrn Ziegler
(wie ein römischer Imperator sieht er aus!), und auf einer Marmortafel
steht der Spruch:

> „Um die theure Urne schlingt der Glaube,
>
> schlingt die Lieb und Hoffnung sich
>
> Nur der niedre Staub verfällt dem Staube,
>
> Doch der Geist lebt ewiglich."

War Herr Ziegler ein berühmter Gelehrter? Ein Philosoph? Ein Dichter?
Herr Ziegler war ein Seidenfabrikant.

Am Beginn des 19. Jahrhunderts hatte man noch künstliche Ruinen erbaut, an seinem Ende wurden schon emsig echte ausgegraben. Natürlich
waren nicht die Wiederentdeckung zweier verschütteter Städte am Vesuv
und das Buch des Johann Joachim Winckelmann die alleinige Ursache für
die Wiederauferstehung der Alten Welt.

Andererseits sollte die Wirkung eines Buches auch nicht unterschätzt
werden. In der ersten Hälfte des 20. Jahrhunderts beschränkte sich das
allgemeine Interesse an alten Kulturen bloß auf deren Kunst; die Arbeit
der Prähistoriker und Archäologen, alte Gräber und Ruinen wurden nur
von wenigen beachtet. Dann kam der Zweite Weltkrieg, und nach diesem
gab es zu viele neue Gräber und Ruinen. Und justament und ausgerechnet in dieser Zeit erschien C.W. Cerams Roman der Archäologie „Götter,
Gräber und Gelehrte" und wurde – unbegreiflich für alle damaligen
Experten – zum Bestseller. Dieses Buch wurde sogar mehr als nur ein
Verkaufserfolg, es entfachte aufs Neue eine Beziehung zur Alten Welt, zu
alten Ruinen, und alsbald brachen die ersten Reisekarawanen auf zu den
Schauplätzen in Italien, Griechenland und Ägypten ...

Wir sind nicht so weit gereist in diesem Buch. Dafür sind wir weit durch
die Zeit gezogen ... von Neandertalerhöhlen bis in klassizistische Rui-
nengärten. Und es hat uns sehr gefreut, daß man auch in einem kleinen
Stück vom Donauland so weit in die Alte Welt reisen kann.

LITERATUR

Barb Alphons, Der Hütelberg bei Carnuntum. In: Römische Forschungen in Österreich V, Graz 1966.

-, Die römischen Ausgrabungen von Donnerskirchen und das älteste Denkmal christlichen Kults in Österreich. In: Burgenländische Heimatblätter, Eisenstadt 1953.

-, Mens sacra. In: Jahreshefte des österreichischen archäologischen Instituts, Wien 1952.

Becker Anton, Die Bernsteinstraße in Niederdonau, St. Pölten 1941.

Beninger Eduard, Der mittelalterliche Mahlsteinbruch von Altenhof im Kamptal. In: Unsere Heimat, Wien 1962.

-, Die Germanenzeit in Niederösterreich, Wien 1934.

Boehmker Richard, Exkursionsführer für Stillfried an der March, Wien 1917.

Brandlhofer Rudolf, Die Steinkreuze im Burgenland (Kümmerlingstein bei Kleinhöflein). In: Burgenländische Heimatblätter 1951.

Bittner Rudolf/Müller Peter, Neulengbacher Heimatbuch, Neulengbach 1984.

Calliano Carl, Niederösterreichischer Sagenschatz, Wien 1924.

Calliano Gustav, Prähistorische Funde in der Umgebung von Baden, Wien 1894.

Caspart Julius, Römerzeitliche Grabhügel im Nördlichen Wienerwald. In: Mitteilungen der Anthropologischen Gesellschaft, Wien 1938.

Clauss Manfred, Mithras und sein Kult, München 1990.

Daim Wilfried, Der Mann, der Hitler die Ideen gab, 2. Auflage Berlin 1991.

Denk Stefan, Das Erlaufgebiet in ur- und frühgeschichtlicher Zeit, Wien 1962.

Döbler Hansferdinand, Die Germanen, Gütersloh 1975.

Dungel Adalbert, Die Hügelgräber bei Oberbergern in Niederösterreich. In: Blätter des Vereines für Landeskunde von NÖ, Wien 1868.

Eder Robert, Von Gestern und Ehegestern, Mödling 1919.

Eisenbauer Jeremia, Das Melker Konzentrationslager und die Roggendorfer Stollenanlage. In: Melker Mitteilungen 1984.

Eliade Mircea, Das Mysterium der Wiedergeburt, Zürich 1961.

Eppel Franz, Ein Weg zur Kunst, Salzburg 1965.

-, Fund und Deutung, Wien 1958.

Farka Christa, Eine Porträtstele aus Gablitz. In: Römisches Österreich, Wien 1976.

Felgenhauer Fritz, Geschichte der prähistorisch-archäologischen Erforschung von Stillfried. In: Forschungen in Stillfried I, Wien 1974.

Festschrift Höflein, Höflein 1983.

Flossman Gerhard, Der Bezirk Melk, Melk 1994.

Flugblatt von der Insel Wörth, Nr. 1 und 2, Wien 1917, 1918.

Forster Eugen, Die antiken Ansichten über das Opferwesen, Diss. Innsbruck 1952.

Friesinger Herwig, Die Befestigungsanlagen in Thunau. 5000 Jahre Siedlung im Garser Raum. Eggenburg 1975.

Friesinger Herwig/Vacha Brigitte, Die vielen Väter Österreichs, Wien 1987.

Fundberichte aus Österreich, Wien, verschiedene Jahrgänge.

Funde aus römischer Zeit in Brunn am Gebirge, Brunn 1977.

Garbsch Jochen, Die norisch-pannonische Frauentracht im 1. und 2. Jahrhundert, München 1965.

Gennep Arnold, Initiationsriten, Frankfurt 1969.

Groller Max, Der römische Limes in Österreich, Wien 1900.

Hajos Geza, Romantische Gärten der Aufklärung, Wien 1989.

Hartmann W., Die Höhlen Niederösterreichs, Wien 1983.

Haselböck Lucia, Palmbuschen und Pilgerscharen, Wien 1994.

Häusler Wolfgang, Melk und der Dunkelsteinerwald, Wien 1978.

-, Land zwischen Donau und Schöpfl, Wien 1980.

Heiligenstädter Pfarrführer, Wien o.J.

Heimatbuch Obritzberg, Obritzberg 1988.

Heller Hermann, Höhlensagen, Wien 1924.

Henssler Ortwin, Formen des Asylrechts, Frankfurt/M. 1954.

Hermann Hans/Fuchs Hans, Ein kürzlich aufgefundener Plan vom Leopoldsberg aus dem Jahre 1760. In: Unsere Heimat, Wien 1940.

Herndl Franz, Die Trutzburg, Leipzig 1909.

Hicke Wilfried, Hügel- und Flachgräber der Frühbronzezeit aus Jois und Oggau, Eisenstadt 1987.

Höhle Eva Maria, Profane Wandmalerei. In: Die Kuenringer, Wien 1981.

Hrodegh Anton, Urgeschichte des Waldviertels. In: Eduard Stepan, Das Waldviertel, Band II, Wien 1925.

Huber F./Zaural J., Volkssagen aus dem Bezirk Korneuburg, Graz 1926.

Jantsch Franz, Kultplätze im Land um Wien, Unterweitersdorf 1993.

Jobst Werner, 11. Juni 172 n. Chr., Wien 1978.

-, Provinzhauptstadt Carnuntum, Wien 1983.

-, Antike Mosaikkunst in Österreich, Wien 1985.

Joppich J./Kainz F., Beiträge zur Altstraßenforschung im Dunkelsteinerwald. In: Unsere Heimat, Wien 1969.

Jungwirth Helmut, Beiträge zur Münzgeschichte Ferdinands III., Wien 1962.

Kandler Manfred/Vetters Hermann, Der römische Limes in Österreich, Wien 1986.

Karner Lambert, Über einen Bronzesitula-Fund bei Kuffarn in Niederösterreich. In: Mitteilungen der Anthropologischen Gesellschaft in Wien, Wien 1891.

-, Künstliche Höhlen aus alter Zeit, Wien 1903.

Katzberger Paul, 1000 Jahre Perchtoldsdorf 991–1991, Perchtoldsdorf 1993.

Kaus Karl, Das Kriegergrab von Siegendorf. In: Festschrift Siegendorf, Siegendorf 1975.

Kenner Hedwig, Die Masken von Mautern. In: Jahreshefte des Österreichischen Archäologischen Institutes, Wien 1950.

Kiessling Franz, Eine Wanderung im Poigreich, Horn 1899.

Kirsch W.P., Wer hat die Zeit gezählt?, Korneuburg 1979.

Kirschbaum Engelbert, Die römischen Katakomben und ihre Märtyrer, Wien 1955.

Kneidinger Josef, Der Greiner Strudel als urgeschichtliche Fundstätte. In: Mitteilungen der Anthropologischen Gesellschaft, Wien 1942.

Koch Rudolf, Das ehemalige Franziskanerkloster S. Maria in Paradyso bei Ried am Riederberg. In: Beiträge zur Mittelalterarchäologie Österreichs, Wien 1986.

Kubitschek Wilhelm, Römerfunde in Höflein bei Bruck/Leitha. In: Mitteilungen der k.k. Central-Commission, Wien 1899.

Langmann Gerhard, Bericht über die Grabungskampagnen 1975–1978 in Bruckneudorf. In: Burgenländische Heimatblätter 1979.

-, Ein altes-neues Zeugnis vom frühen Christentum im Burgenland. In: Wissenschaftliche Arbeiten aus dem Burgenland, Band 71, Eisenstadt 1985.

Lanz Georg, Geschichte des Schlosses Sachsengang. In: Blätter des Vereins für Landeskunde von NÖ., Wien 1896.

Lauermann Ernst, Archäologie einer Landschaft, Stockerau 1993.

Lexikon ur- und frühgeschichtlicher Fundstätten Österreichs, Wien 1965.

Lhotsky Alphons, Thomas Ebendorfer. In: Jahrbuch des Vereines der Geschichte der Stadt Wien, Wien 1947.

List Guido, Deutsch-Mythologische Landschaftsbilder, Wien 1891.

-, Der Wiederaufbau von Carnuntum, Wien 1900.

Lotter Friedrich, Severinus von Noricum, Stuttgart 1976.

Lucians Sämtliche Werke, Wien 1797.

Lüdeling Hardtmut, Handbuch der Radiästhesie, Nienburg 1994.

Lukan Karl, Das Wienerwaldbuch, Wien 1980

-, Das Waldviertelbuch, Wien 1982.

-, Das Voralpenbuch, Wien 1986.

-, Weißer Stein und Rotes Türl, Wien 1988.

-, Wanderungen in die Vorzeit, Wien 1989.

-, Das Weinviertelbuch, Wien 1992.

-, Seltsame Kultstätten – Sonderbare Heilige, Wien 1995

Mailly Anton, Allerlei Merkwürdigkeiten vom Wiener Stephansdom, Wien 1923.

Maurer Joseph, Geschichte der landesfürstlichen Stadt Hainburg, Wien 1894.

Menghin Oswald, Urgeschichte Wiens, Wien 1924.

Miltner Franz, Das zweite Amphitheater von Carnuntum, Wien 1949.

Mitscha-Märheim Herbert, Die vorgeschichtliche Wallburg auf dem Braunsberg. In: Mitteilungen des Vereins der Freunde Carnuntums, Wien 1948.

-, Dunkler Jahrhunderte goldene Spuren, Wien 1963.

Mitscha-Märheim Herbert/Falkenhof Ernst, Der Oberleiserberg, Wien 1929.

Morent Robert, Hundsheim – einst und jetzt, Hundsheim 1987.

Moßler Karl, Der Hochberg bei Perchtoldsdorf. In: Völkerkunde, Wien 1926.

Much Matthäus, Germanische Wohnsitze und Baudenkmäler in Niederösterreich. In: Blätter des Vereins für Landeskunde von Niederösterreich, Wien 1875.

-, Neu aufgefundene prähistorische Baudenkmäler in Niederösterreich. In: Mitteilungen der k.k. Central-Commission, Wien 1878.

Müller Felix, Kultplätze und Opferbräuche. In: Das keltische Jahrtausend, Moina 1993.

Neugebauer Christine und Johannes, Die Ausgrabungen in der Pfarrkirche Klosterneuburg-St. Martin 1977–1982. In: Mitteilungen der österreichischen Arbeitsgemeinschaft für Ur- und Frühgeschichte, Wien 1981.

-, Österreichs Urzeit, Wien 1990.

-, Archäologie in Niederösterreich, St. Pölten 1995.

Niegl Manfred, Die archäologische Erforschung der Römerzeit in Österreich, Wien 1977.

Niel Alfred, Unvergessene Kahlenbergbahn, Klagenfurt 1974.

Niel Fernand, Auf den Spuren der Großen Steine, Herrsching 1989.

Noll Rudolf, Frühes Christentum in Österreich, Wien 1954.

Nougier Louis René, Die Welt der Höhlenmenschen, Zürich 1989.

Oberleitner Adalbert, St. Andrä-Wördern und Umgebung, St. Andrä-Wördern 1990.

Obermaier Hugo, Die Gudenushöhle in Niederösterreich. In: Mitteilungen der Anthropologischen Gesellschaft, Wien 1908.

Ohrenberger A.J./Ulbrich Karl, Der Burgstall von Purbach. In: Burgenländische Heimatblätter, Eisenstadt 1962.

Paoli Ugo Enrico, Das Leben im alten Rom, Bern 1961.

Pennick Nigel/Devereux Paul, Leys und lineare Rätsel in der Geomantie, Chur 1991.

Petrin Silvia, Geschichte des Marktes Perchtoldsdorf, Perchtoldsdorf 1983.

Petzenkirchen an der Erlauf, Petzenkirchen 1967.

Pittioni Richard, Beiträge zur Urgeschichte der Landschaft Burgenland, Eisenstadt 1941.

Pollak Marianne, Flußfunde aus der Donau bei Grein. In: Archaeologia Austriaca, Wien 1986.

Prunkwagen und Hügelgrab, Kultur der frühen Eisenzeit von Hallstatt bis Mitterkirchen. Linz 1990.

Purner Jörg, Radiästhesie – Ein Weg zum Licht? Zürich 1988.

Puschnik Herbert und Herta, Urgeschichtswanderweg, Pulkau 1993.

Rabl Josef, Wachau-Führer, Wien 1890.

Ricek G., Heimatkunde des Bezirkes Melk, Wien 1912.

Röhrig Floridus, Stift Klosterneuburg. In: 1000 Jahre Babenberger, Wien 1976.

Sacken Eduard, Die Funde an der Langen Wand bei Wiener Neustadt. In: Sitzungsberichte der Akademie der Wissenschaften, Wien 1865.

Sagenschatz aus dem Bezirk Bruck/Leitha, Bruck/Leitha o.J.

Sartori Franz, Die Burgvesten und Ritterschlösser der österreichischen Monarchie, Brünn 1819.

Schad'n Hans P., Die Hausberge und verwandten Wehranlagen in Niederösterreich, Wien 1953.

Schauer Peter, Befestigte Höhen der Urnenfelderzeit und älteren Eisenzeit in Süddeutschland. In: Das keltische Jahrtausend, Mainz 1993.

Scherrer Peter, Landeshauptstadt St. Pölten. Archäologische Bausteine, St. Pölten 1991.

Schierer Rudolf, Geschichte der Marktgemeinde Ruprechtshofen, Ruprechtshofen 1993.

Schmidt Leopold, Schifferbrauch und Schifferglaube auf der Deutschen Donau, Wien 1939.

Schwammenhöfer Hermann, Archäologische Denkmale: Weinviertel (Wien 1986), Waldviertel (Wien 1987), Viertel unter dem Wienerwald (Wien 1988), Viertel ober dem Wienerwald (Wien 1992).

Seracsin Alexander, Die prähistorische Besiedelung des Marchfeldes. In: Wiener Prähistorische Zeitschrift, 1926.

-, Die vor- und frühgeschichtlichen Hügelgräber bei Jois. In: Forschung und Fortschritt, Berlin 1931.

Severin in Favianis–Mautern, Zwentendorf oder Wien? Baden 1980.

Slezak Friedrich, Saurüssel, Strudel und Wirbel. In: Oberösterreichische Heimatblätter, Linz 1970.

Spöttl Ignaz, Resultate der Ausgrabungen für die Anthropologische Gesellschaft im Jahre 1889. In: Mitteilungen der Anthropologischen Gesellschaft, Wien 1890.

Swoboda Erich, Carnuntum, Wien 1953.

Szombathy J., Der große Tumulus von Bad Deutsch-Altenburg. Manuskript NÖ. Landesbibliothek, Wien 1913.

Talaa Dorothea, Archäologie – Schatzgräberei oder mehr? In: Perchtoldsdorfer Rundschau 1994.

Trimmel Hubert, Aus der Höhlenwelt – Wunderwelt unter Tag. In: Ein Buch vom Wienerwald, Wien 1952.

Trnka Gerhart, Studien zu mittelneolithischen Kreisgrabenanlagen, Wien 1991.

Tscholl Elmar, Funde im Aushub eines Kellers in Wallsee. In: Römisches Österreich, Wien 1979.

-, Das römische Wallsee-Kastell Adjuvense. In: Heimatkundliche Beilagen zum Amtsblatt der Bezirkshauptmannschaft Amstetten 1990.

Ubl Hansjörg, Stiftsmuseum Klosterneuburg, Das römische Lapidarium, Klosterneuburg 1991.

Ulbrich Karl, Das Gschlößl von Leithaprodersdorf. In: Burgenländische Heimatblätter, Eisenstadt 1957.

Urban Otto/Teschler-Nicola Maria/Schultz Michael, Die latenezeitlichen Gräberfelder von Katzelsdorf und Guntramsdorf. In: Archaeologia Austriaca, Wien 1985.

Urban Otto, Wegweiser in die Urgeschichte Österreichs, Wien 1989.

Urgeschichtliches Machlandmuseum Mitterkirchen. Linz 1995.

Vetters Hermann, Die Felsengräber und Felsinschriften vom Schlattenbauer. In: Unsere Heimat, Wien 1948.

Vindobona – die Römer im Wiener Raum, Wien 1978.

Vormaurer Franz/Weiß Berthold, Gablitz im Antlitz seiner Geschichte, Gablitz 1993.

Weitnauer Alfred, Keltisches Erbe, Kempten 1961.

Wenzel Johann, Sagen von der Hainburger Pforte, Hainburg 1925.

Wenzl Kurt, Stopfenreuth, Engelhartstetten 1990.

Werneck Heinrich, Beiträge zur Geschichte der Wasserkraftanlagen an der Traisen, Herzogenburg 1965.

Wichmann H.E./Bayer J., Die Frauenlucke bei Schmerbach. In: Die Eiszeit, Leipzig 1924.

Windl Helmut, Museum für Frühgeschichte Traismauer, Wien 1990.

-, Niederösterreich nördlich der Donau in der römischen Periode, St. Pölten 1981.

Wurth Ernst, Heimatmuseum Guntramsdorf, Guntramsdorf 1987.

Zarl Franz, Die Besiedelung und Christianisierung des Viertels o.d. Wienerwald, Diss. Wien 1963.

Zatloukal Klaus, Das Nibelungenlied und Niederösterreich, St. Pölten 1978.

Der Abdruck der Zeichnung auf Seite 11 erfolgt mit freundlicher Genehmigung des Verlags Anton Schroll.

REGISTER

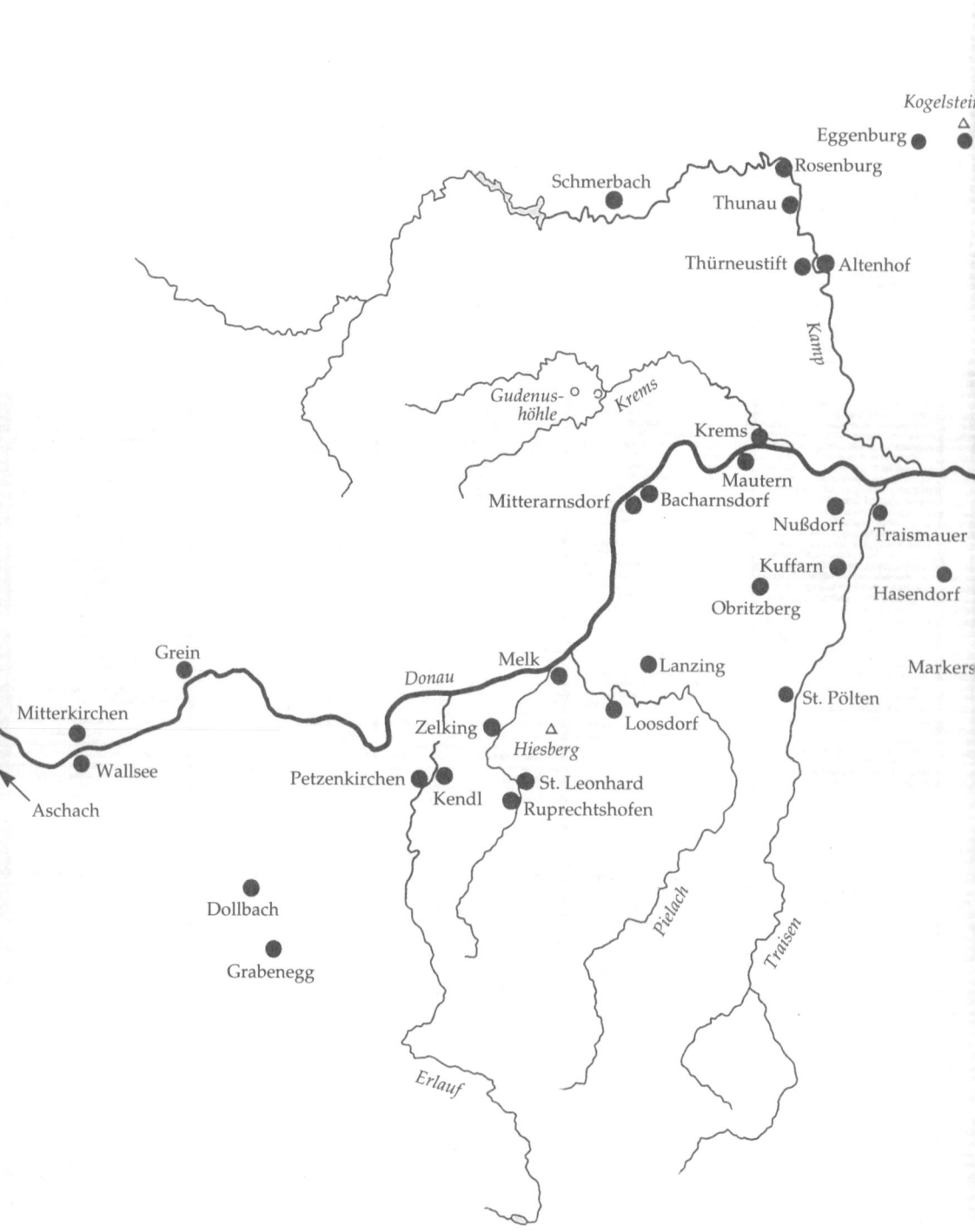

Kogelstei

Eggenburg ●   △

Rosenburg

Schmerbach   Thunau

Thürneustift ● Altenhof

Kamp

Gudenus-   ○ ○ Krems
höhle

Krems

Mautern
Mitterarnsdorf Bacharnsdorf
Nußdorf
Traismauer
Kuffarn
Obritzberg   Hasendorf

Grein   Melk   Lanzing   Markers

Donau   St. Pölten

Mitterkirchen   Zelking   Loosdorf
Wallsee   △
Hiesberg

Aschach   Petzenkirchen   St. Leonhard
Kendl   Ruprechtshofen

Pielach

Dollbach   Traisen

Grabenegg

Erlauf